20대.
우리는
이기적
일까

20대, 우리는 이기적일까

펴 낸 날 | 2015년 7월 29일 초판 1쇄
            2015년 10월 15일 초판 2쇄

지 은 이 | 송가연
펴 낸 이 | 이태권
책임편집 | 김은경
책임미술 | 양보은
펴 낸 곳 | (주)태일소담
            서울특별시 성북구 성북로8길 29 (우)136-825
            전화 | 745-8566~7 팩스 | 747-3238
            e-mail | sodam@dreamsodam.co.kr
            등록번호 | 제2-42호(1979년 11월 14일)
            홈페이지 | www.dreamsodam.co.kr

ISBN 978-89-7381-471-8 03100

이 도서의 국립중앙도서관 출판시도서목록(CIP)은 서지정보유통지원시스템 홈페이지
(http://seoji.nl.go.kr)와 국가자료공동목록시스템(http://www.nl.go.kr/kolisnet)에서
이용하실 수 있습니다.(CIP제어번호:2015019215)

20대,

우리는
이기적
일까

송가연 지음

인문학으로 풀어보는 너, 나, 우리의 16가지 고민

소담출판사

오늘도 자신의 한계와 싸우는
이 땅의 20대에게
이 책을 바칩니다.

이 책의 시작은 책상을 정리하다 발견한 종이 뭉치였다. 그것도 먼지가 수북이 쌓인 종이 뭉치. 그 뭉치가 "먼지가 쌓일 동안 청소도 안 하고 무얼 했느냐"라고 묻는다면 할 말이 없지만, 여하튼 먼지 쌓인 채로 그것은 나에게 왔다.

발견한 김에 무언가 해서 살펴보는데, 예전에 썼던 글들이다. 나는 힘들거나 머리에 과부가 걸릴 것 같은 고민이 있을 때 종이에 끄적이며 정리하는 습관이 있는데, 그렇게 모인 노트와 종이 들이었다. 생각들을 정리하다 쌓아두기를 반복했던 종이가 이만큼이나 되나 싶어 놀라는 것도 잠시, 어떤 내용인가 싶어 읽기 시작했다. 그런데 얼마 읽지 않아 얼굴이 화끈거리고 쥐구멍에라도 숨고 싶었다. 혼자 읽어 정말 다행이었다. 남자 친구를 만날 때 잔뜩 화가 나 감정 정리를 위해 썼는지 흥분과 분노가 느껴지는 글부터, 앞으로 어떻게 살 것인지를 몇 가지 안으로 나누어 복잡하게 분석한 것도 보였다. 진로를 고민한 내용은 학부 졸업 시기에 쓴 글인 듯했다.

이런 종이 묶음들을 보니 별생각이 다 들었다. 지금 생각해보면 작디작은 문제들인데 이런 문제들로 고민했던 때가 있었구나 싶어 자신이 우스워지기도 했고, 새벽에 쓴 듯한 글을 보고 있자니 손발이 오그라들어 더는 종이를 쥐고 있기가 힘들어지기도 했다. 이 글을 쓸 때의 내 모습이 떠올라 마음 한구석이 아파져오기도 했고, 한때에는 이렇게도 많은 생각을 했었구나 싶어 놀라기도 했다. 그리고 마침내는 이런 생각이 떠올랐다. 이걸로 책을 써도 되겠구나. 이 책은 이렇게 시작되었다.

그동안의 내 고민들은 대개 삶에서 마주하는 현실적인 일들에 관한 것이었다. 진로 선택, 연애 방식에 관한 갈등, 삶의 변화를 주기에는 이미 늦었다고 여기는 친구들에 대한 생각, 나에 대한 성찰, 게다가 비현실적으로도 느껴지는 결혼에 대한 생각까지. 이런 고민들을 책으로 쓰겠다고 다짐했지만 이것들을 어떻게 풀어나가야 할지 알 수 없었다. 단지 '내가 이러이러한 고민들을 했어. 그런데 이러이러하게 해결되더라'라고 쓸 수는 없지 않은가? 이런 고민 때문에 또다시 종이에 메모하며 생각을 정리해볼까 하던 찰나, 누군가가 말했다.

"네 전공이 인문학인데, 그것을 적용해봐."

솔깃했다.

하지만 이 작업은 곧 난관에 봉착했다. 다들 알지 않는가? 인문학을 현실적인 삶의 문제들에 직접 적용하는 것은 쉽지 않다. 진로 선택을 고민하는 이에게 플라톤의 동굴의 비유는 어떤 의미가 있을까? 어떤 방식의 연애를 해야 할지 고민하는 이에게 아리스토텔레스는 과연 무슨 말을 해줄 수 있을까? 자신의 삶을 수정하기에는 이미 늦었다고 여기는 친구에게 파블로프의 개 실험과 같은 심리학 실험들이 주는 메시지는 뭘까?

인문학은 우리에게 직접적인 답을 주지는 못한다. "문제 상황 'X'가 발생했을 때, 정답은 바로 'B'예요"라며 답을 떠먹여주지 않는다. 하지만 인문학은 분명 우리에게 메시지를 주고 있다. 물론 메시지를 쉽게 발견할 수는 없지만 조금만 깊이 들여다보면 그것이 담고 있는 의미를 알 수 있다. 게다가 인문학이 주는 바가 쉽게 찾을 수 있는 것도 아니고, 하나의 답에도 여러 의미가 있기에 그것이 갖는 함의는 더욱 넓다. 이런 인문학은 수저로 바로 떠먹을 수는 없지만 조금의 가공을 거친다면 얼마든지 다양한 요리로 만들어 먹을 수 있는 신선한 재료와 같았다. 아, 신선한 재료라는 표현보다는 수백 년, 길게는 2000년 이상 묵은 깊은 장이라는 표현이 더 적절할 것 같다. 이러한 장을 우리 삶에 버무린 결과가 바로 이 책에 있다. 오래 숙성된 장일수록 단맛, 짠맛, 구수한 맛, 감칠맛 등 다양하고 깊은 맛을 내듯 여러 철학자의 이론도 우리의 삶에 다양하게 적용될 수 있었다. 플라톤의 동굴의 비유를 통해서는 진짜 현실적으로 사는 삶에 대해 알 수 있을 것이고, 파블로프의 개 실험을 통해서는 늙음에 대한 우리의 생각을 반추해볼 수 있을 것이다. 데카르트와 로크, 그리고 키르케고르의 이론을 통해서는 실패가 부정적이지만은 않음을 알 수 있을 것이고, 아리스토텔레스의 목적론을 통해서는 우리의 연애의 목적에 관해서 알 수 있을 것이다. 프로이트의 무의식 개념을 통해서는 이성 친구의 속마음에 대해서, 벤담의 공리주의 이론을 통해서는 외로움과 결혼의 관계에 대해서 알 수 있을 것이다.

이 책이 나오기까지 여러 도움이 있었다. 먼저, 원고가 좋다며 힘을 실어주신 소담출판사 편집장님께 감사를 드린다. 그리고 심리학과 선생님들과 철학과 선생님들께도 감사드린다. 해당 부분을 감수해주시고 이런 결론은 어떻겠느냐며 의견을 제시해주신 박영숙 선생님, 논문에 해당하는 수준으로 감수해주신 양윤 선생님, 이젠 기억도 가물가물해질 만큼 오래전에 들었던 수업 내용에 대해 여쭈어보아도 아주 잘 알려주신 최현덕 선생님, 바쁘신 와중에도 감수해주신 김선희 선생님과 김애령 선생님, 그리고 잘할 수 있을 거라며 늘 북돋아주시고 힘이 되어주신 윤보석 선생님, 마지막으로 그동안 고생하신 엄마, 아빠, 그리고 동생 주연과 준호에게도 감사를 보낸다.

끝으로 이 책을 통해 인문학이 현실과 동떨어져 있다는 사람들의 인식이 조금 바뀌었으면 좋겠다.

학교 도서관에서

송가연

| 차례 |

프롤로그 · 006

1   현실에 대해 우리가 알고 있는 것

1.1   사진이 찍은 것은 현실일까

내 앞에 케이크가 있다. 나는 카메라를 가까이 가져간다. 케이크에 비치는 조명 중 일부가 반사되어 케이크의 이미지가 렌즈 안으로 들어온다. 이 빛은 카메라의 가장 안쪽 거울에 닿아 90도로 꺾인 뒤 펜타프리즘으로 향한다. 프리즘 안에서 케이크의 이미지는 몇 차례 더 꺾여 뷰파인더에 맺힌다. 파인더로 본 케이크의 이미지는 눈앞의 케이크와 같다. 기계 속에서 몇 번 굴절되었지만 여전히 먹음직스럽다. 이때 셔터를 누르면 상을 담고 있던 거울이 회전하면서 상은 거울 뒤의 필름에 닿는다. 그리고 이 필름을 인화하면 15분 후에 사진이 만들어진다. SLR카메라 앞의 케이크가 납작한 사진으로 변해 내 배가 아닌 내 손에 쥐어지는 것이다.

우리는 사진이 현실을 있는 그대로 반영한다고 믿는다. 케이크의 모양이나 색깔, 먹음직스러움이 조금의 변형이나 손실 없이 사진에 담긴다고 믿는다. 하지만 그림은 다르다. 그림은 현실과 완전히 일치할 수 없다. 눈으로 본 것을 손으로 표현하기에 작업 방식에도 한계가 있고, 작가의 관점도 개입될 수밖에 없다. 일본 애니메이션 여자 캐릭터들의 가슴이 수박만 할 수 있는 것도 그것이 사진이 아니라 그림이기 때문이다. 게다가 마치 사진인 듯 보이는 극사실주의 그림도 결국 그림이기 때문에 사실과 100퍼센트 일치할 수는 없다. 그런 그림을 볼 때면 매의 눈으로 조금이라도 비현실적인 부분을 찾는다. 흘러내리는 치즈의 색감이 실제보다 둔탁하다든지, 잼이 지나치게 먹음직스럽다든지 등. 그리고 이런 것을 찾으면 그제야 마음을 놓는다. 그래, 이건 그림일 뿐이야. 그림은 절대 현실과 같을 수 없지. 현실을 그대로 반영하는 것은 사진뿐이야.

그런데 사진을 테마로 한 국제 사진전에 다녀오자 이 믿음에 의심이 들었다. 사진은 현실을 그대로 반영할까? 사진 속의 케이크는 테이블 위의 케이크와 같을까? 그림이 현실을 거의 반영하지 못하듯 사진도 그렇지 않을까? 설마 내가 일본 애니메이션에서 본 가슴과 똑같은 사진이 있는 것은 아니겠지?

그때 본 첫 번째 사진은 허리케인 등 자연재해가 자주 일어나는 미국의 캔자스에서 태어난 사진작가 로리 닉스의 작품이었다. 그의 사진은 천장을 뚫을 정도로 나무가 자라난 버려진 도서관, 물이 말라버린 아쿠아리움, 창문이 깨져 회색빛 재로 뒤덮인 교회 등 황폐해진 도시를 보여주고 있었다. 흥미롭다거나 신비하다는 느낌은 전혀 없었다. 단지 현실의 모습이었다. 외국 어느 나라의 버려진 마을 같은 곳. 어쩌면 작가의 고향일지도 모르는 곳. 작품의 제목들도 단순하게 〈도서관〉, 〈아쿠아리움〉, 〈교회〉였기에 한껏 멋 부린 다른 작품들 사이에서 눈길을 끌지 못했다.

그런데 나중에 알게 된 그의 작품 작업 과정이 내 뒤통수를 쳤다. 그 사진은 실제로 있을 법한 배경을 상상해서 가로, 세로, 높이 80센티미터 정도의 세트로 만든 뒤 촬영한 것이었다. 사진 속의 나뒹구는 의자도, 망가진 세탁기와 빛바랜 빨간 벽돌도 모두 실측한 뒤 일정한 비례로 축소한 가공품을 촬영한 것이었다.

그의 사진은 분명 '현실'을 보여주었다. 포토샵 등의 가공은 전혀 없었다. 하지만 내가 사진을 보며 상상했던 그런 '현실'은 존재하지 않았다. 버려진 도서관, 물이 말라버린 아쿠아리움, 재로 덮인 교회 등, 오랫동안 버려졌지만 분명 사람의 흔적이 있는 그곳은 실제로는 어떤 이도 가보지 못한 곳이다. 또 앞으로도 절대 갈 수 없는 곳이다. 굳이 가겠다면, 작가의 두 발도 들어가기 어렵고, 두 손 정도만 들어갈 수 있을 것이다. 그곳은 단지 80세제곱센티, 커보아야 1.8세제곱미터 정도의 공간으로 존재한다. 즉 사진 속의 그 현실은 없었다.

두 번째 사진은 우리나라 작가, 유현미의 작품이다. 그때 반한 뒤로 그녀의 작품 〈십장생 No.13〉은 현재까지 내 노트북 바탕화면이다. 하지만 작품을 처음 보았을 때 느낌은 이랬다. 뭐야? 이거 그림 아니야? 게다가 아주 어색하고 서툴게 그렸네. 사진작가라 그런지 그림 실력은 별로네. 나는 그녀가 한 장면을 사진으로 찍은 뒤 그 사진 위에 물감으로 칠했다고 생각했다. 작품에는 붓 자국도 보였고 명암도 거칠게 표현되어 분명 그림인 듯했지만 그 전시는 분명 '사진전'이었으므로. 그런데 큐레이터를 통해 들은 그녀의 작업 방식은 또 한 번 내 뒤통수를 쳤다.

먼저, 작업실 한쪽에 테이블을 놓고 책, 종이학, 돌, 물이 담긴 유리컵을 얹는다. 그리고 작업실의 모든 조명을 밝힌다. 그러면 사방에서 빛을 받아 사물들의 그림자가 모두 사라진다. 그런 다음 사물들을 모두 흰색으로 칠한다. 원래 색을 전혀 알 수 없게. 그리고 이 하얀 모습을 캔버스라 생각하고 사물에 다시 색을 입힌다. 테이블은 갈색, 책은 노란색, 종이학은 빨간색, 돌은 초록색 등으로. 물이 담긴 투명한 컵도 갈색 테이블과 노란 책이 물에 비칠 형태를 상상해 채색한다. 그리고 왼쪽에 광원이 있다고 '상상해서' 물체들이 겹치며 생길 음영과 벽에 비칠 그림자를 어두운 물감으로 덧칠한다. 그러면 갈색 테이블 위에 노란 책과 빨간 종이학, 그리고 물이 담긴 투명한 컵이 놓인 장면을 그린 '정물화'가 눈앞에 나타난다. 그리고 이 정물화를 사진으로 찍으면 그녀의 작품, 〈십장생 No.6〉가 탄생한다.

이런 작품 제조 과정 때문에 그녀의 사진은 유화 물감이 잔뜩 칠해진 그림 같다. 그러나 그건 현실을 찍은 사진이다. 하지만 그녀의 사진이 현실을 정확히 반영한다고 해서 현실이라고 여기기에는 무언가 불편하다. 사진 속 사물들은 물감이 칠해져, 현실에서는 단 한 번도 본 적 없는 모습을 하고 있기 때문이다.

로리 닉스의 사진은 현실을 있는 그대로 보여준다. 하지만 우리가 상상하는 그 현실은 존재하지 않는다. 반면 유현미의 사진은 지나치게 비현실적이다. 마치 그림처럼 보인다. 하지만 그건 분명 현실이다. 사진 속의 노란 책과 빨간 종이학은 그녀의 작업실에 실제로 존재한다. 물론 실제 크기로. 단지 물감이 칠해져 있을 뿐이다. 어쩌면 그녀의 다른 작품에 등장하기 위해 이미 다른 색으로 칠해져 있을지도 모르지만.

현실을 있는 그대로 보여줄 줄 알았던 사진전에 다녀오니 오히려 궁금해졌다. 사진은 현실을 있는 그대로 보여줄까? 우리는 현실과 비현실을 제대로 구분할 수 있을까? 우리가 현실이라 여기는 것과 비현실은 어떤 차이가 있을까?

1.2 현실적으로 살고 있습니까

우리는 모두 현실에서 산다. 현실에서 밥을 먹고, 현실에서 연애를 한다. 간혹 게임 공간에서 연애를 하는 이도 있지만, 그도 현실에서 게임 중이다. 나도 마찬가지이다. 현실에서 밥을 먹고, 연애 중인 이들을 현실에서 지켜본다. 그런데 누군가 내게 말했다.

"현실적으로 좀 살아."

글쎄다. 나는 원하는 공부를 하고 싶어 전공을 몇 번 바꾸고, 이런 과정에서 삶에 대해 여러 고민을 했으니 이걸 책으로 써 작가가 되겠다는 꿈을 가졌을 뿐이다. 처음에는 '나도 현실에서 살고 있는데 무슨 소리야?' 싶었지만, 그럴 만했다. 아니, 그런 말을 하고도 남았다. 대학 졸업 후 결혼해서 딸까지 있는 친구가 생각하는 현실과, 세 전공을 거친 뒤 베스트셀러 작가가 되려는 내 현실은 분명 달랐다. 같은 현실에 있었지만 우리는 서로에게 넘사벽이었다. 그러자 의문이 들었다. 어떻게 사는 것이 진짜 현실적으로 사는 걸까? 현실에서 사는 나는 현실적으로는 살고 있지 않은 걸까? 그렇다면 이들은 어떨까? 이들은 얼마나 현실적으로 살고 있을까?

A가 말한다.

"나는 세계 100대 부호인 삼성 전자 회장도, 스포트라이트를 받으며 레드 카펫을 밟는 배우도 안 부러워. 뭐든 자기 진로를 찾은 이가 제일 부러워. 그들은 진로를 어떻게 찾았대? 물론 내가 뭘 잘하고 좋아하는지는 늘 고민해. 하지만 쉽게 안 떠올라. 특별히 못하는 것도 없지만 잘하는 것도 없는 나 같은 애들은 어쩌라는 건지……. 요즘에는 이런 생각도 들어. 모두가 자기 적성을 발견할 수 있기는 한가? 대개는 하고 싶은 일보다는 할 수 있는 일을 하는데, 나도 그래야 하나? 아니면 진로를 발견할 때까지 계속 고민해야 하나? 이런 생각 때문에 나는 요즘 방황해. 갈팡질팡하기만 해."

지인 B. 학부 마지막 학기에 함께 수업을 듣다 알게 된 우리는 이런저런 이야기를 했는데, 어느 날 B가 물었다.

"면접을 보러 가야 해서 다음 수업에 빠질 텐데, 어떻게 처리하는지 알아?"

일단 B의 분위기가 범상치 않았고 순탄치 않았던 학생회 이력도 소문으로 들었던 터라 B가 왠지 특별한 일에 지원했을 것 같았다. 기자나 환경단체? 그래서 되물었다.

"실례지만 어디 지원했는지 여쭤봐도 돼요?"

주저했던 물음이었지만 대답은 간단했다.

"은행."

예상치 못했던 대답에 나는 할 말을 잊었고 B도 말이 없었다. 잠시 정적 후, 먼저 말을 꺼낸 것은 나였다.

"원래 하고 싶었던 일은 뭐였어요?"

B가 답했다.

"뭐였는지 기억도 안 나."

이후 B를 대학원 도서관 열람실에서 종종 볼 수 있었는데, 은행에 입사했더라도 B가 일하는 모습을 상상하는 것은 〈마님은 왜 돌쇠에게만 쌀밥을 줄까〉라는 제목만 보고 그 영화 내용을 짐작하는 것만큼 쉬웠다. 적성에 안 맞는 일에 힘들어하는 B. 그리고 B에게 이런 말을 해주는 회사 동료.

"일이 재미없지? 그럴 때에는 드라마를 봐. 거기에서 우리는 캔디도 되었다가, 신데렐라도 되었다가, 팜 파탈도 되잖아? 우리가 그런 행복을 어디에서 느끼겠니? 일이 즐겁다는 말은 다 거짓말이야. 우리가 행복을 느낄 때는 드라마를 볼 때뿐이야."

친구 C. 학교에서 마주칠 때마다 자기 동아리에서 개최하는 영화제에 놀러 오라던 친구이다. 비록 영화제에는 못 가보았지만, 영화를 참 좋아한다고 기억된다. 가끔 교내 신문에서 그녀를 볼 때면 괜스레 반가웠다. 감독의 얼굴을 뚫어버리겠다는 눈빛으로 인터뷰하는 모습. 몇 해 뒤, 갑자기 그녀가 생각났다. 그녀는 지금 뭘 하고 있을까? 아직도 영화 쪽 일을 할까? 연락처에서 이름을 찾아 통화 버튼을 누르기 전, 그녀의 대답을 상상해보았다. "나 영화 일 하려다가 너무 힘들 것 같아서 포기하고 지금은 적당한 데 취업했어" 혹은 "영화사에서 몇 달 일하다 때려치우고 지금은 공무원 시험 준비 중이야". 하지만 육성으로 들은 친구의 대답은 이랬다.

"나 졸업하고 영화사 취직해서 3년간 경력 쌓고 그만두었어. 너도 알다시피 이쪽 일이 힘들잖아. 박봉이고 일도 괴로워서 다른 일 알아볼까도 생각했는데, 안 되겠더라고. 어떻게든 좋아하는 일을 해야겠더라고. 그래서 지금 영상 대학원 가려고 준비 중이야. 요즘 포트폴리오 만들어서 여기저기 면접 다니고 있어. 그런데 면접관들이 이력서에 적힌 내 전공 보고 은근 비웃는 것 같아(순간 스치는 친구의 학부 전공, 정치 외교학). 세 군데 지원했는데 어디든 합격했으면 좋겠다."

이들 중 누가 가장 현실적일까? 나와, 나에게 현실적으로 살라고 했던 친구 중, 누가 더 현실적일까? 우리는 과연 얼마나 현실적으로 살고 있을까?

플라톤의 『국가론』에 동굴에 비유한 이야기가 있다. 동굴에 죄수들이 갇혀 있다. 쇠사슬에 손과 발, 목이 묶여 움직이지 못한 채. 이들 뒤에는 작은 모닥불이 타고 있고, 모닥불과 죄수들 사이에는 또 다른 사람들이 있다. 이들의 모습은 동굴 벽에 그림자로 비치고, 목이 고정된 죄수들은 이 벽을 바라보고 있다. 움직일 수 없는 죄수들이 볼 수 있는 것이라고는 그림자밖에 없기 때문이다. 그래서 죄수는 그림자가 현실이라 믿는다. 그러던 어느 날, 동굴 밖을 수상하게 여기던 한 죄수가 쇠사슬을 풀고 밖으로 걸어 나갔다. 하지만 곧 돌아올 수밖에 없었다. 어두운 동굴에서 그림자만 보던 그에게 태양 빛은 너무 눈부셨다. 하지만 동굴 밖에 대한 의심을 거둘 수 없었던 그는 다시 밖으로 향했고, 얼마 못 가 또 돌아왔다. 수차례 시도 끝에 그는 동굴을 벗어날 수 있었다. 그리고 진짜 사물과 햇빛을 볼 수 있었다. 태양 빛에 빛나는 나무들과 그 사이를 뛰어다니는 동물들은 그림자와는 비교도 안 될 만큼 화려하고 아름다웠다. 그는 이 사실을 동료에게 알려야겠다고 생각했고, 동굴로 돌아왔다.

"우리가 그동안 현실이라고 믿었던 것은 전부 그림자였어. 동굴 밖에는 진짜 사물이 있어. 너희도 보면 깜짝 놀랄 거야. 같이 나가보자."

하지만 동료는 그를 믿지 않았다. '동굴 밖'이라는 세상이 어디 있느냐며. 그런 것은 없다며. 우리가 있을 곳은 동굴뿐이고, 우리가 볼 수 있는 것은 그림자뿐이라며.

우리가 "현실적으로 산다"라고 할 때의 현실은 진짜 현실일까? 어쩌면 이런 현실이야말로 동굴 속이지는 않을까? 혹시 우리는 우리의 발과 목에 묶인 쇠사슬을 더욱 견고하게 조이고 동굴에 비친 그림자에서만 즐거움을 찾으려 하고 있지는 않은가? 동굴에서의 삶이 전부라며 말이다. 그러면서 태양을 보고 온 이에게, 혹은 동굴 밖으로 나가기 위해 방황 중인 이에게 그런 것은 절대 없다며 이렇게 말하지는 않을까?

"객기 부리지 말고 너도 좀 현실적으로 살아."

과연 어떻게 사는 걸까? 현실적으로 사는 것은.

1.3 현실이 바뀌면 우리는 어떻게 될까

"현실적으로, 원하는 일을 하는 건 너무 어려워."

누군가 이렇게 말하면 여기저기에서 이런 외침이 들릴 것이다.

"맞아! 맞아!"

이 말만큼 우리가 격하게 동의하는 말이 있을까? 이때 우리가 떠올리는 생각도 비슷하다. 현재로서는 우리가 어떤 일을 좋아하고 원하는지 아는 것도 어렴다. 어렸을 때부터 알 기회조차 없었으니. 게다가 원하는 일을 알아도 사회는 우리를 도와주지 않는다. 네가 하고 싶은 일이니 네가 알아서 하란다. 그래서 하고 싶은 일을 홀로 시작했다 실패라도 하면 그때에는 정말 답이 없다. 실패한 이력은 이력서에 쓸 수도 없고, 해놓은 일 없이 나이만 먹어 취업은 코끼리가 개미 땀구멍을 통과하는 것보다 더 어려워진다. 게다가 취업 자체도 힘든 요즘 원하는 일이 웬 말인가? 지금 그것을 따질 때인가? 히말라야 베이스캠프에서 스테이크를 레어로 먹을까 미디엄으로 먹을까를 고민하는 건가?

그래서 우리는 대개 사회적 현실에 순응한다. 원하는 일을 찾기보다는 자신을 원하는 곳이 있으면 어디든 달려간다. 굽기 정도야 어떻든 고기가 있으면 일단 먹고 보는 거다. 먹고 탈 나면 그때 가서 생각하는 거고. 간혹 원하는 일을 찾은 이를 볼 때면 "겁나게 운 좋네" 하며 흘려버린다. 하지만 미련이 남는지 뒷말을 덧붙인다.

"그래도 현실이 변하면 나도 원하는 일을 할 텐데."

이 말에 우리는 또 한 번 격하게 동의한다.

"맞아! 맞아!"

그러면서 또 비슷한 이미지를 떠올린다. 비현실적이지만 현실이었으면 하는, 다음과 같은 세상.

우리는 모두 원하는 일을 발견할 충분한 기회를 갖고, 사회는 이를 돕는다. 심지어 돈이 안 되는 일을 하겠다는 이에게도 국가는 넉넉히 지원한다. 이런 현실에서는 인문학의 위기라는 말은 들어본 적도 없다. 철학과를 나와도 100퍼센트 취업 가능하다(정말 엄청난 현실이지 않은가?). 직업을 바꾸는 것도 쉽다. 어떤 일을 하다가 그만두고 바로 다른 일을 시작할 수 있다. 시험에 몇 번이나 불합격하거나 사업에 실패해도 원하는 일을 할 수 있을 때까지 기회는 계속 주어진다. 마치 코너를 돌 때마다 직업을 하나씩 체험해볼 수 있고, 마음에 드는 직업을 찾을 때까지 기회가 계속 주어지는 어린이 직업 체험관처럼.

그런데 이런 비현실적인 현실을 상상하고 있으니 의문이 들었다. 현실이 이렇게 바뀌기만 하면 우리 삶도 진짜 달라질까? 현실이 직업 체험관으로, 회사가 체험관의 부스가 되면, 우리도 부스를 옮겨 다니며 원하는 일을 발견할 수 있을까? 우리가 원하는 일을 못 하는 원인이 현실이니 현실만 바뀌면 다 될까? 이런 고민을 하다가 떠오른 생각이 있다. 기억의 구조. 현실이 변하는 것과 정말 요만큼도 상관없는 내용이 떠올라 살짝 뜬금없었지만 생각해보니 그렇지도 않았다. 현실의 모습과 기억의 구조가 은근 유사했다.

기억은 서술 기억과 절차 기억으로 나뉜다. 서술 기억은 우리가 조금만 의식하면 바로 회상할 수 있는 기억이다. '대한민국의 제18대 대통령은 여성이다', '내 고등학교 졸업 연도는 2002년이다' 등 우리가 익히 아는 지식과 사실이다. 반면 절차 기억은 의식적으로 떠올리려 하지 않아도 그 상황에 처하면 자연스레 기억나는 것이다. 자전거를 타는 법, 신발 끈 묶는 법, 젓가락질하는 법 등 행동하는 과정 자체가 기억의 회상이다. 자전거를 10년 만에 타도 10년 전 바로 그 자세로 탈 수 있고, 운전도 몸에 익으면 이어셋으로 통화하며 할 수 있다. 이 기억은 거칠게 표현하면, 머리가 아니라 몸이 기억하고 있기 때문이다.

두 기억의 차이는 이뿐 아니다. 기억을 담당하는 뇌 부위인 '해마'가 손상되어 새 정보를 기억할 수 없게 된 이가 있다. 하지만 이것은 서술 기억일 뿐 그는 자전거 타는 법을 배울 수 있었다. 알츠하이머 환자들도 비슷하다. 아내조차 못 알아보는 말기 환자라도 걷거나 노래하는 것은 물론 왈츠 추는 법은 또렷이 기억한다. 이 병에 걸렸던 화가 빌럼 더 코닝도 자기 작품에 늘 하던 서명은 예전과 똑같이 했다. 비록 아침에 뭘 먹었는지 기억하지 못했고, 복잡한 대화에 끼지 못해 자기 작품에 대한 토론이나 평가를 할 수도 없게 되었을 때에도.

모든 기억이 사라져도 몸의 기억만은 사라지지 않는 이 사례를 보면 의문스럽지 않나? 우리를 둘러싼 현실이 변하면 과연 우리도 변할까? 현실이 직업 체험관으로 변해 여러 경험 후 구미에 맞는 선택을 할 수 있게 되어도, 우리는 그러거나 말거나 처음 있던 그 부스에만 있지 않을까? 전체 현실이 변해도 우리는 그대로이지 않을까?

그러면 우리는 계속 이렇게 살아야 할까? 현실이 변하면 우리도 무언가 달라질 줄 알았는데, 현실이 변해도 우리에게 영향이 없다니? "현실적으로, 원하는 일을 하는 건 너무 어려워"라는 말에 격한 동의만 하며 살아야 할까? 원하는 일을 하는 이를 보아도 "운 좋네" 하며 흘려버려야 하나?

그러던 어느 날 이런 생각이 들었다. 원하는 일을 하는 이들은 현실이 바뀌기를 기다리기보다 자신의 생각과 행동을 바꾼 게 아닐까? 이들은 원하는 일을 위해 안정된 직장을 그만두고 스팀 청소기 사업을 시작했고, 상업고등학교를 졸업한 뒤 변호사 사무실에서 근무하다 변호사가 되었다. 이들은 원하는 일을 할 수 없는 원인이 현실이 아니라(물론 사회적 현실 또한 원인이겠지만) 자신에게 있을지 모른다고 생각했다. 진짜 변해야 하는 것은 현실이 아니라 자신일지도 모른다고 여겼다. 이들은 애초 우리의 고민인 '현실이 변할 것인가, 현실이 변하면 우리도 변할 것인가' 따위는 고민도 안 했다. 이 답에는 관심도 없었다. 기억의 종류에 대한 이야기도 이들에게는 사실 필요 없다. 기억에 관한 내 이야기를 읽으며 코웃음 쳤을 것이다. 쓸데없는 설명하느라 고생한다며. 이들은 현실을 깨기보다 스스로가 만들어놓은 한계를 깼다. 현실을 바꾸기보다는 자기를 바꾸었고, 현실을 부수는 대신 자기를 부수었다.

'현실이 변했다'라는 말의 진의는 '자신의 현실이 변했다'이다. 사회적 현실이 변하지 않아도 만약 우리 자신이 변한다면 우리의 현실은 분명 달라진다. 그리고 이런 변화는 우리에게 마치 현실 자체가 달라진 것처럼 느끼게 할 것이다. 우리가 깨지는 순간이야말로 현실이 부서지는 순간이니까.

1.4   현실과 비현실의 간극

친구와 미술관에서 저녁 내기를 했다. 상영되는 작품이 실제인지 CG인지에 대해. 영상은 놀이 기구를 타는 사람들을 보여주었는데, 기구가 완전 대박이었다. 가로세로로 접혔다 펴지기를 수십 번 반복했고 그 폭과 속도도 엄청났다. 탑승한 사람들도 세상에 이렇게 신나는 놀이 기구는 처음이라는 표정이었다. 나는 그런 놀이 기구가 충분히 있을 것 같았다. 하지만 친구는 아무리 놀이 기구 종류가 다양하고 짜릿해졌다 해도 저 정도는 없을 것이라며 분명 CG일 것이라 주장했다. 우리는 내기를 한 뒤 큐레이터에게 물었다. 큐레이터는 너희 같은 질문 하는 애들이 간혹 있더라 하는 눈빛으로 말했다.

"실제 놀이 기구에 합성한 거예요."

나는 "저녁은 돈가스"라는 친구를 무시한 채 다음 작품을 보았다.

그것은 사람이 기계로 변해가는 과정을 담은 영상이었다. 한 남자가 팔에

철로 된 보철 기구를 삽입했는데, 그 철이 몸속에서 자라 영역을 넓히고 있었다. 팔에만 있던 철은 어깨와 몸통, 다리를 지나 나중에는 머리 일부에까지 이르렀다. 영화 〈디스트릭트 9〉의 남자 주인공이 서서히 외계인이 되어가듯 그도 점점 기계가 되어갔다. 그가 얼마나 아플까 생각하며 5분 정도 영상을 보았을까. 나는 그의 몸을 뒤덮은 철 모양이 납땜한 것처럼 울퉁불퉁한 것이 아니라 당장 어느 기계의 부품으로 사용되어도 무방할 만한, 즉 공장에서 틀에 찍어 만든 듯 일정하고도 반듯하다는 것을 보고 나서야 영상이 CG임을 깨달았다. 그리고 놀라며 친구에게 말했다.

"어머, 이거 다큐가 아닌가 봐."

친구는 '네가 저녁을 살 수밖에 없는 이유를 알겠다'라는 눈빛으로 나를 보았다.

그런데 억울해하며 친구에게 저녁을 산 이후, 의문이 들었다. 과연 우리는 현실에서 실제로 일어나는 일과 그렇지 않은 일을 잘 구별할 수 있을까? 설마 나만 제대로 구별 못 하는 것은 아니겠지? 아래 이야기들 중 어떤 것이 현실에서 일어난 이야기이고 어떤 것이 비현실일까?

첫 번째 이야기. 장애를 가진 학생들이 학교에서 오랫동안 상습 성폭행에 시달렸다. 이들의 연령은 일곱 살에서 스무 살까지 다양했다. 표현이 자유롭지 못했기에 쉽게 저항하지도 못했다. 게다가 누구도 이들의 고통에 귀 기울이지 않았다. 가해자들이 학교 내부 관계자였기 때문이다. 쌍둥이인 교장과 행정실장을 필두로 교사들이 수년간 아이들을 괴롭힌 것이다. 진실을 더는 덮을 수 없다고 판단한 내부 고발자가 경찰에 신고해 이 사건은 세상에 알려지게 되었다.

혐의가 있는 이들은 대부분 조사를 받았다. 하지만 교장은 전과가 없고 이미 합의를 했다는 이유로 집행유예로 풀려났고, 가담자들은 여전히 같은 학교에 재직할 수 있었다. 이들은 자신들의 행위가 언론에 알려지자 재단명을 바꾸려는 시도도 했고, 최근까지 열다섯 명의 학생을 관리하기도 했다. 하지만 결국 폐교 조치되었다.

두 번째 이야기. 중동 어느 지역에 한 여자 N이 있다. 그녀는 사랑하는 남자의 아이를 배 속에 가졌다. 하지만 남자는 N의 가족에게 죽음을 당했고 N은 홀로 아기를 낳았다. 아기는 외할머니에 의해 뒤꿈치에 문신을 새겨 고아원으로 보내졌다. 세월이 흘러 대학생이 된 N은 고향을 떠났고, 학생운동을 했다. 그런데 이때 전쟁이 일어났고, 예전에 살던 지역이 공격을 당했다는 소식을 들은 N은 아이를 찾기 위해 고향으로 향했다. 수소문 끝에 N은 아이가 지냈다는 고아원에 가지만 그곳은 이미 파괴되어 아이의 흔적을 찾을 수 없었다. 복수를 결심한 N은 전쟁을 일으킨 단체의 수장을 죽였고 결국 감옥에 가게 되었다. 그곳에서 N은 고문관에게 강간당해 쌍둥이를 낳았다. 그리고 복역을 마치던 날 아이들을 품에 안을 수 있었다. N은 아이들과 캐나다에서 새 삶을 시작했다. 오랜 기간 변호사의 비서로 평범하게 살아가던 N은 어느 날 한 남자의 뒤꿈치에서 자신의 어머니가 아기에게 새긴 문신을 발견했다. 반가운 마음에 N은 천천히 아들의 얼굴을 확인했는데 그는 감옥에서 자신을 강간한 고문관이었다.

세 번째 이야기. 심리 검사에서 정상이라 판명된 사람들이 심리학 실험에 참여하기 위해 모였다. 기간은 2주. 이 기간 동안 실험을 포기하지 않고 잘 참여한 이는 꽤 큰 금액을 받을 수 있다. 실험은 간단했다. 기간 동안 죄수와 교도관의 역할을 각각 맡아 이행하는 것이다. 실험이 시작되자 교도관이 된 이들은 제복을 입고 죄수의 도발을 저지할 수 있는 약간의 무기 사용이 허용되었다. 죄수가 된 이들은 죄수복을 입고 철창에 갇혀 교도관의 말을 따라야 했다. 실험 초기에 교도관과 죄수는 농담도 주고받으며 함께 농구도 했다. 자신의 역할이 단지 실험의 일부라 여겼기 때문이다. 하지만 이들은 서서히 역할에 몰입하기 시작했다. 교도관은 죄수 역할의 사람을 마치 엄청난 죄를 저지른 죄수인 양 대했고, 죄수들도 교도관의 이런 대우를 쉽사리 반박하지 못했다. 그런데 며칠이 지나자 상황은 걷잡을 수 없어졌다. 교도관들이 죄수들을 더 강력히 통제하려 하자 죄수들이 반발하기 시작한 것이다. 마침내 이들 사이에 폭력이 일어났고 2주간 진행하기로 했던 실험은 6일 만에 중지되고 말았다.

어떤가? 이 세 이야기가 말이 되나? 과연 현실에서 일어날 수 있을까? 학교 관계자가 학생을 지속적으로 성폭행하고, 아들이 엄마를 강간해서(물론 엄마인지 모른 채) 자식(혹은 동생)을 낳게 하고, 교도관 역할을 맡았을 뿐인 이들이 며칠 만에 실제 교도관인 양 행세한다. 이들 중 일부는 분명 현실에서 일어난 일이다. 과연 어떤 것이 현실이고 어떤 것이 비현실일까? 우리는 현실과 비현실을 잘 구별할 수 있을까?

첫 번째 이야기는 다들 알겠지만 안타깝게도 현실에서 일어난 일이다. 소설과 영화로 각색되기도 한, 광주 인화 학교에서 2000년부터 벌어진 사건이다. 그런데 이 사건은 우리가 일반적으로 생각하는 '현실에서 일어날 법한 일'과 얼마나 동떨어져 있나? 국가로부터 상까지 받은 학교가 아이들에게 이런 짓을 한다는 것이 말이 되나? 만약 사건이 세상에 알려지지 않았다면 이런 일이 현실에서 일어날 것이라고 우리는 상상할 수 있었을까? 소설과 영화로 만들어질 수 있었을까? 아무리 상상력이 뛰어난 작가라도, 워쇼스키 남매라도 이런 이야기를 어떻게 상상할 수 있을까?

두 번째 이야기는 다행히 실화가 아니다. 우리나라에서 〈그을린 사랑〉이라는 제목으로 개봉한 영화의 내용이다. 이 영화는 베니스 국제 영화제의 '베니스 데이즈' 부문에서 최우수 작품상을 받기도 했고, 2011년 아카데미 최우수 외국어 영화상에 노미네이트되기도 했다. 그런데 불행히도 이 영화가 실화를 바탕으로 했다는 의견이 많다. N이 살던 곳이자 영화의 첫 배경인 중동의 어느 지역은 레바논 남부의 가톨릭 마을이고, N이 대학을 다니던 지역은 레바논의 가장 큰 도시, 베이루트이다. N의 남자 친구가 N의 가족에게 죽음을 당한 이유는 그가 팔레스타인 난민이기 때문이다. N이 복수를 결심하는 결정적 계기도 물론 아이를 잃은 분노와 전범자를 제거하기 위함도 있지만, 자신이 탔던 버스의 모든 승객이 종교의 차이 때문에 몰살되었기 때문이다. 영화에서 N이 타고 있던 버스를 테러하기 위해 한 집단이 버스에 올라타는데, 이때 N은 감추어두었던 십자가 목걸이를 보여주어 승객 중 유일하게 살아남을 수 있었다. 영화의 이 장면은 1975년 레바논에서 실제로 일어난 버스 학살 사건과 닮아 있다. 기독교 단체인 팔랑헤가 버스에 타고 있던 이슬람교도 스물여섯 명을 몰살시킨 사건이다. 게다가 실제로 레바논에서는 대학을 졸업한 지식인들이 테러리스트가 되는 일도 있었고, 이들은 범죄에 대한 적절한 재판을 받기도 전에 감옥으로 향했다.

이런 영화와 현실과의 관련성에 대해 감독도 일부 인정했다. 단 '보편성 강화'를 위해 일부러 구체적인 지명을 등장시키지 않았다고 했다. 실제로 그는 영화를 준비하는 동안 중동의 역사를 공부하고 레바논과 요르단도 방문했다. 그리고 이런 인터뷰도 했다.

"영화의 내용이 꽤 충격적인데, 주로 충격적이고 강렬한 이야기에 끌리는 편인가요?"

"일반적으로 현실 자체가 충격적이고 강렬하죠. (……) 영화의 주제들이 그런 현실을 내포할 뿐, 내가 그런 것들을 특별히 선택한 것은 아닙니다."

세 번째 이야기도 영화로 만들어졌지만, 현실에서 이루어졌던 실험을 바탕으로 한 것이다. 영화는 미국과 독일에서 각각 만들어졌는데(보겠다면 독일 편을 추천한다), 실험이 진행된 곳은 1971년 미국 스탠퍼드 대학이었고, 심리학과 교수인 필립 짐바르도가 과 학생들을 상대로 실시한 실험이었다. 하지만 실험 전, 일반 학생들이 이토록 '만들어진 역할'에 몰입할 것이라 예상한 이는 없었다. 다툼이 일어날 것이라 추측했던 이도, 실험이 폭력으로 중단될 것이라 짐작했던 이도 없었다. 하지만 이들의 실제 행동은 예상을 철저하게 벗어났다. 모두 굳이 저렇게까지 할 필요가 있나 싶을 정도로 역할에 충실했고, 이들을 지켜보던 짐바르도조차 여자 친구가 만류하기 전까지 실험에 몰두했다. 현실에서 보여준 이들의 행동은 일반적으로 상상한 현실과는 확연히 달랐다.

현실에서 일어날 수 있는 일의 범위는 생각보다 넓고 다양하다. 여기에 한계란 없다. 절대 일어나지 않을 것 같은 비현실적인 일들은 이미 현실에서 마구 일어나고 있다. 그러므로 현실과 비현실을 날리 볼 수 있는 것은 상상에서만 가능할 것이다. 어쩌면 상상 속에서도 우리는 이들을 구분하지 못할 수 있다. 비현실에서는 최소한 우리가 상상은 할 수 있는 일이 일어나지만, 현실에서는 우리가 상상도 못 했던 일들이 마구 일어나니까.

인도의 소설가이자 에세이스트인 아룬다티 로이의 강연 '9월이여, 오라'는 이렇게 시작한다.

"작가들은 자기가 이 세계 속에서 이야기를 고른다고 상상합니다. 그들이 그렇게 생각하는 이유는 허영심 때문일 겁니다. 실제로는 정반대로, 이야기가 작가를 골라냅니다. 이야기는 스스로를 우리에게 드러냅니다. 공적인 이야기이든 사적인 이야기이든 이야기는 우리를 지배합니다. 이야기 자신이 우리에게 이야기하라고 명령합니다. 논픽션과 픽션은 이야기를 전하는 기법의 차이일 뿐입니다. 내가 정확히 알 수 없는 이유로 픽션은 내게서 춤추듯 흘러나오고, 논픽션은 내가 매일 아침 일어나 맞이하는 이 고통스럽고 깨진 세계가 비틀어 짜듯이 내보냅니다."

현실과 비현실은 이미 혼재되어 있다. 꿈꾸는 일을 할 수 없는 것이 현실이고, 꿈꾸는 일을 하는 것은 비현실이라 여기는 생각은 우리의 상상일 뿐이다.

2   늦었다는 것은 과연 문제일까

2.1   파블로프의 개와 우리의 차이점

심리학 수업 때 놀랐던 것이 몇 가지 있다. 첫 번째는 인간에 대한 설명이 있을 줄 알았던 심리학책에 개와 새를 활용한 실험 내용이 수두룩한 것이었다. 사람을 알기 위해 심리학을 공부하려는데 개와 새라니? 그런데 이는 당연했다. 사람을 알기 위해서는 실험을 해야 하는데 인간의 입에 구멍을 뚫고, 다리를 부러뜨리고, 깜깜한 곳에 오래 가둘 수는 없지 않은가? 그랬다가는 인권위원회에서 가만있지 않을 것이다. 하지만 새와 개에게는 할 수 있다. 물론 동물에게 이런 실험을 가하는 것이 옳은 것은 아니지만, 세계 동물협회에서 환영하지는 않겠지만 인간보다는 거부감이 덜하다. 게다가 이런 실험을 식물이 아닌 동물에게 할 수밖에 없는 이유는 인간과 매우 유사한 부분이 있기 때문이다. 무려 동물의 실험 결과를 인간에게 바로 적용할 수 있을 만큼. 이런 이유들로 인간을 알기 위한 심리학 실험에 동물이 이용된다.

두 번째로 놀랐던 것은 전기 충격이다. 심리학책에는 개와 새에게 전기 충격을 주는 실험이 쉴 틈 없이 나왔다. 머리와 다리는 기본이고 동물의 각 부위에 빈틈없이 전극을 꽂았다. 수업을 듣기 전에는 살아 있는 동물에게 전기를 가한다는 것은 상상도 못 했는데 책에 워낙 자주 나오니 나중에는 동물의 뇌에 바로 전극을 꽂아도 눈 하나 깜짝하지 않게 되었다. 얼마나 고통스러울까와 상관없이 동물이 어떤 반응을 보였나만 궁금할 뿐이었다.

고통을 느낄 때의 동물 반응을 알기 위해 다른 자극이 아닌 전기 충격을 주는 이유도 인간을 위한 심리학책에 새와 개가 등장하는 이유와 같다. 동물의 실험 결과를 인간에게 바로 적용하기 위해서는 동물과 인간이 똑같이 반응하는 '무언가'가 필요했기 때문이다. 고통을 느끼는 동물의 반응을 알기 위해 새를 어두운 곳에 가두었다 하더라도 그것이 만약 부엉이류였다면 전혀 고통을 느끼지 않을 것이다. 게다가 어둠을 편안하게 느끼는 사람에게도 전혀 고통스럽지 않을 것이다. 그러므로 개와 새, 인간 모두에게 똑같이 고통으로 인식되기 위해서는 전기 충격이 가장 적절하다. 심지어 전기 충격은 모든 인간에게 같은 고통을 준다. 휴대용 거짓말탐지기에 전기 충격이 사용되는 것도 이 때문이다. 만약 거짓말을 하면 매운맛이 느껴지도록 탐지기를 설계했다면 매운 불닭으로 세끼를 해결하는 이는 거짓말을 해도 전혀 고통스럽지 않을 테고, 그것을 지켜보는 우리도 진실 여부를 알 수 없다. "당신은 그때 정말로 회사에서 야근하고 있었나요?"라는 물음에 청양 고추의 100배인 부트 졸로키아 맛을 느끼면서도 아무렇지 않게 "예"라고 답할 수 있다. 그러므로 전기 충격이야말로 동물을 통해 인간의 모습을 알 수 있게 해주는 도구이다. 극히 드물지만, 아주 간절하면 전기 충격도 참을 수 있다. 초인적 힘을 발휘해 "아니요"라는 답을 하며 전기 충격을 참아내는 이를 딱 한 번 본 적 있는데, 그때 질문은 이것이었다.

"가슴이 급성장했는데, 혹시 수술했나요?"

물론 이것은 아주 드문 경우이다.

궁극적으로 우리는 인간을 알기 위해 동물에게 전기 충격을 준다. 그러니 심리학책에는 동물에게 전기 충격을 가하는 실험이 많을 수밖에 없는데, 그중 가장 유명한 것은 이반 파블로프의 실험이다.

실험실 한 곳에 개, 찰스가 묶여 있다. 이때 어디에서인가 종이 울린다. 그리고 한 남자가 찰스에게 줄 음식을 가지고 온다. 찰스는 음식을 보자 침을 흘리고 맛있게 먹는다. 다음 날에도 어디에서인가 종이 울리고 곧바로 음식이 나온다. 찰스는 침을 흘리고 음식을 먹는다. 이 과정은 며칠 동안 반복된다. 종소리가 들리고, 음식이 나오고, 침을 흘리고, 먹는다. 그러자 얼마 뒤, 신기한 일이 일어난다. 찰스가 종소리만 듣고도 침을 흘리기 시작한 것이다. 아직 음식이 나오지 않았는데 말이다! 그동안 종이 울릴 때마다 음식이 나왔기 때문에 종소리만 듣고도 침을 흘리게 된 것이다. 이런 과정으로 파블로프의 고전적 조건 형성이 만들어진다.

이것을 변형한 실험도 있다. 종소리가 들리면 음식이 나온다는 것을 아는 찰스는 커다란 상자 안에 있다. 상자의 가운데는 칸막이로 막혀 있고, 한쪽에 찰스가 있다. 이때 어디에서인가 종이 울린다. 찰스는 침을 흘린다. 그런데 이때, 찰스에게 전기 충격이 가해진다. 음식을 기대하다가 놀란 찰스는 얼른 칸막이 반대쪽으로 가려 한다. 하지만 칸막이는 움직이지 않는다. 밀어도 당겨도 꿈적도 않는다. 몇 번의 탈출 시도 후, 도망가기를 포기한 찰스는 전기 충격을 계속 받을 수밖에 없었다.

잠시 후, 음식이 아니라 계속되는 전기 충격에 의해 침을 흘리며 끙끙대는 찰스를 다른 상자에 옮겼다. 칸막이를 올려 반대편으로 갈 수 있는 상자이다. 그리고 종소리를 들려주고, 곧바로 전기 충격을 가했다. 이때 보통 개들은 이런 반응을 보인다. 충격을 피해 날뛰다가 우연히 칸막이를 올려 얼른 옆 칸으로 이동한다. 만약 그곳에서도 전기 충격을 받았다면 원래 있던 칸으로 다시 이동할 것이다. 이렇게 왔다 갔다를 반복할 것이다. 하지만 찰스는 달랐다. 이전 실험을 통해 어떤 방법으로도 반대편으로 넘어갈 수 없음을 깨달은 찰스는 그 자리에서 움직이지 않았다. 반대편에서 실험자가 음식으로 유혹해도 꿈쩍하지 않았다. 그곳에서 전기 충격을 받으며 끙끙댈 뿐이었다. 이전 실험을 통해 찰스는 깨달았다. 칸막이는 절대 움직이지 않음을. 칸막이 상자에 갇힌 이상 상황을 절대 바꿀 수 없음을. 자신이 할 수 있는 일은 그곳에서 고통을 견디는 것밖에 없다고 생각했다. 이미 무기력에 빠진 개는 달라진 환경에서도 이를 극복하지 못했다.

찰스의 두 번째 실험은 인간에게 적용된다. 아니, 바로 대입된다. 이런 찰스의 모습이 바로 우리의 모습이기 때문이다. 칸막이 상자에 들어온 이상, 반대편으로 갈 수도, 전기 충격을 피할 수도 없다고 확신하며 고통 속에만 있는 찰스가 바로 우리이다. 언제부터인가 원치 않는 삶을 살고 있지만 절대 바꿀 수 없다며 자조만 하고 있는 게 바로 우리이다. 하지만 바로 여기까지가 심리학이기도 하다. 심리학의 역할은 찰스가 곧 우리라는 걸 보여줄 뿐이기 때문이다. 인간이 가진 특징을 감안할 때 이런 실험들을 통해 볼 수 있는 것이 전부일 리는 없다. 실험심리학으로부터 알 수 있는 것에서 그칠 리 없다. 우리에게는 찰스에게는 없는 다른 모습도 있다. 우리 행동이 적절한지, 이대로 괜찮은지 등, 찰스에게서는 보이지 않는 스스로의 모습을 관찰하고 돌아볼 수 있는 능력이 있다. 우리는 스스로 성찰할 수 있는 존재이다.

심리학을 뛰어넘는 이런 능력들을 발휘해 다시 생각해보자. 우리는 이런 고통 속에 있을 수밖에 없을까? 우리 삶이 변하기에는 정말 너무 늦었을까?

2.2   진로를 결정하는 시기는 언제인가

알을 깨고 새끼 거위가 태어난다. 거위는 눈을 다 뜨기도 전에 눈앞에 보이는 어미를 따른다. 이를 두고 '새끼 거위가 왜 저러나?'라고 의문 품는 사람이 있을까? 어미이니까 따르는 것이다. 하지만 오스트리아의 동물학자 콘라트 로렌츠는 이를 유심히 관찰했다. 그리고 조류의 일부 새끼들은 태어날 때 바로 눈앞에서 움직이고 있는 물체를 무조건 따른다고 주장했다. 중요한 것은 그것이 어미이든 뭐든 상관없다는 것이다. 이를 증명하기 위해 로렌츠는 갓 태어난 거위 옆에서 직접 움직여보았다. 알에서 깨어나자마자 활발히 움직이고 있는 로렌츠를 본 새끼들은 다 자랄 때까지 그를 따라다녔고, 물속에서 스노쿨링 장비를 끼고 헤엄치는 그를 따라 동동 떠다녔다. 그는 이것을 '각인'이라 했다. 태어나서 처음 본 움직이는 물체가 새끼 거위에게 '엄마'로 각인되는 것이다. 그런데 이 '각인'이 살면서 언제나 이루어지는 것은 아니다. 거위의 경우 알을 깨고 나온 지 36시간까지만 가능하다. 이 동안 움직이는 무언가를 전혀 보지 못했을 때에는 이후에 진짜 어미가 눈앞에서 걸그룹 최신 안무를

춰도 '저 아줌마가 왜 저러나?' 싶을 것이다.

비슷한 현상은 인간에게도 발견된다. 1970년 미국의 한 가정집에서 지냈던 소녀, 지니. 발견 당시 그녀의 나이는 열세 살. 어두운 방에서 유아용 변기에 묶여시만 지내, 손발 외에는 제대로 움직일 수 없었던 그녀를 제 나이로 보기는 어려웠다. 게다가 소리라도 내면 윽박지르고 구타했던 아빠 때문에 지니는 말도 제대로 못했다. 이 모습을 안타깝게 여긴 엄마는 지니와 함께 도망쳤고, 지니는 이후 수년간 재활 치료를 받을 수 있었다. 그 결과 그녀는 자연스럽게 손도 사용하고, 걸을 수도 있게 되었다. 또 단어도 말할 수 있었다. 하지만 이게 전부였다. 그녀는 성인이 되어서도 일반 사람들 수준의 문장을 말할 수 없었고, 의문문을 만드는 등의 기본적인 문법도 익힐 수 없었다.

어렸을 때 어떤 언어에도 노출되지 않은 아이는 성인이 되어도 말을 제대로 할 수도, 배울 수도 없다. 새끼 거위가 태어난 지 36시간이 지나면 어미를 보아도 따르지 못하듯, 언어를 익히는 데에도 그 시기가 지나면 학습이 어려워지는 '결정적 시기'가 있기 때문이다. 연구에 의하면 인간의 언어 학습의 결정적 시기는 생후 5년까지이다(그러니까 한국에서 태어난 우리가 영어를 잘하려면 여섯 살에 시작해도 늦었다는 것이다). 인간의 시력 발달에도 결정적 시기가 있다. 생후 수개월까지 아무것도 보지 못한 아이는 성인이 되어서도 사물을 제대로 볼 수 없다.

인간의 결정적 시기들은 대개 어렸을 때 온다. 두뇌 속의 뉴런이 생성되고 정리되는 과정이 어릴 때 거의 완료되기 때문이다. 하지만 우리의 모든 영역이 이른 시기에 그 발달을 마감하는 것은 아니다. 인간의 어느 영역은 한참 성장하고 나서 결정적 시기를 맞기도 한다. 게다가 이 영역은 결정적 시기를 맞는 때와 횟수를 우리 마음대로 조절할 수도 있다. 와우!

이 영역의 결정적 시기를 지나고 있던 친구가 있었다. E는 경제학과 경영학을 전공하고 중간에 영국으로 어학연수도 다녀왔다. 그는 졸업 후 경제 연구소에서 인턴으로 일하다가 미국 회계사 시험을 준비하던 중 불쑥 이런 말을 했다.

"나 한의사가 되고 싶어."

뭐라고? 나는 공부를 너무 열심히 하면 저런 말도 안 되는 생각도 하게 되는구나 싶어 근심 어린 눈빛으로 E를 쳐다보았다. 그러자 E는 나보다 더 근심 가득한 얼굴로 한의사가 진심으로 되고 싶지만 몇 가지 걱정이 있다고 했다. 그 걱정은 이랬다.

한의사가 되는 유일한 방법은 수능뿐인데 그 공부를 다시 하려니 엄두가 안 난다. 게다가 거의 만점을 받아야 할 텐데 그것을 해낼 수 있을지 의문이다. 또 합격한다 해도 한자를 익혀야 하는 것이 걱정이다. 한자는 자신에게 그냥 그림이란다. 심지어 추상화다. 게다가 앞으로 최소 6년 동안은 공부를 더 해야 한다고 상상하니 엄청 지겨울 것 같다. 그런데 이 지겨움을 견딜 수 있을 만큼 한의사가 자신에게 매력적인 직업인지도 확신이 안 든다.

회계사 시험을 준비하며 한 고민치고는 제법 깊고 상세했다. 그가 수능을 다시 볼지는 알 수 없지만 회계사 시험을 보지 않을 것은 확실해 보였다. 하지만 E의 가장 큰 고민은 이것이 아니었다. 공부야 하면 되고, 한자야 외우면 된단다(추상화를 외울 생각을 하다니, 대단하다). E의 최대 고민은 이것이었다. 나는 왜 남들이 10대에 끝낸 진로 문제를 지금까지 고민 중이지? E는 한의사가 되기 위한 고민들보다 이 고민 때문에 더 힘들다고 했다. E의 뜬금없는 고민을 들어주다가 나도 고민하게 되었다. 진로 고민은 도대체 언제 해야 하는 걸까? 혹시 각인이나 언어의 결정적 시기처럼 어느 시기까지만 할 수 있는 걸까? 진로도 10대에 고민하고 결정까지 끝내야 했나? 진로를 20, 30대에 고민한다는 것은 이미 출발한 버스를 쫓아 나를 태우고 가라며 고래고래 소리치는 것만큼 소용없는 걸까? 진로 결정의 결정적 시기는 과연 언제일까?

이 답을 얻기 위해서는 일단 우리의 중·고등학교 때를 돌아보아야 했다. 뭐, 돌아보아야 답은 뻔했지만, 혹시나 해서. 당시 우리는 진로를 고민할 수 있었나? 우리가 어떤 일을 제일 좋아하는지 경험해볼 수 있었나? 그리고 학교는 이를 위해 도움을 주었나? 게임에 소질이 있는지, 적성이 미술인지 바리스타인지 알 수 있게 해주었나? 대학 시절은 어떤가? 전공 공부 외에 토익 공부, 봉사 활동, 어학연수, 공모전을 하며 우리가 찾는 것은 진로였나 아니면 진로가 될 가능성이 조금이라도 있는 모든 것이었나?

결정적 시기에는 환경으로부터의 자극이 중요하다. 갓 태어난 거위는 움직이는 무언가를 보아야 하고, 다섯 살 미만의 아기에게는 말을 걸어주어야 한다. 그렇다면 학교에 다닐 때가 진로를 찾을 만한 환경이었는지 아닌지는 답이 나왔다. 더 말해보았자 입만 아프다.

그럼 혹시 대학 이후가 진로를 고민할 때일까? 사회에 발을 디뎌야만 진로가 제대로 보이는 것은 아닐까? 아니면 진로 결정의 시기는 중학교 이전일까? 김연아가 여섯 살 때 스케이팅을 시작한 것처럼 우리도 그때 진로를 찾았어야 했나? 그럼 우리는 지금 진로의 결정적 시기를 훨씬 넘어서, 결정은커녕 고민도 해서는 안 되는 시기를 지나고 있는 걸까? 지금 진로를 고민하는 것은 로렌츠를 따르던 새끼 거위가 짝짓기 할 때가 되어서야 로렌츠의 짝짓기 방법이 자신과 다름을 깨닫고 진짜 엄마를 찾아야겠다고 다짐하는 것처럼 늦어도 한참 늦은 걸까? 궁금했다. 우리의 진로 결정의 결정적 시기는 과연 언제일까?

우리는 가끔 이런 질문들과 마주한다. 나는 지금 좋아하는 일을 하고 있나? 이 일은 내게 생계유지 수단 외에 어떤 의미가 있나? 물론 이런 불편한 질문들은 되도록 마주하고 싶지 않다. 질문에 답한다고 해서 답한 대로 이루어지는 것도 아닐 테니. 하지만 매번 피할 수는 없다. 그래서 이에 대한 우리 대답은 늘 'YES'와 'NO' 사이를 왔다 갔다 한다. 어떨 때에는 지금 하는 일이 내키지는 않지만 결정 당시에는 내가 할 수 있는 최선이었다고 답하기도 하고, 또 어떨 때에는 그때의 결정이 정말 어쩔 수 없었을까 싶기도 하다. 나름 좋아하는 일을 택했다고 스스로를 설득하지만 어떨 때에는 이 설득도 안 먹힌다. 그래서 가끔은 가보지 않은 길에 미련도 생긴다. 이렇게 우리는 이미 진로를 결정하고도 진로에 대해 끝없이 고민한다.

여러 진로를 거치고도 여전히 진로를 탐색 중인 E를 떠올리니 이런 생각이 들었다. 어쩌면 진로에 관해서는 '결정했다' 혹은 '이제 더는 고민은 없다'라는 말이 무색한 것은 아닐까? E의 고민에서 비롯된 나의 고민. 그 끝에 든 생각은 이것이다. 진로를 고민할 때 가장 중요한 것은 '시기'가 아니라 진로에 관한 질문들을 대하는 '태도'라는 것. "진로를 언제 결정해야 하나? 지금은 너무 늦지 않았을까?" 하는 질문이 중요한 것이 아니라 "나는 내가 진짜 하고 싶은 일을 하고 있나?", "10년 후의 나에게 부끄럽지 않은 일을 하고 있나?" 등의 질문에 늘 열려 있는 것. 갑자기 떠오르는 이런 질문들을 무시하거나 합리화하지 않고 대면해보는 것. 생각해보면 이런 태도를 가질 때가 바로 진로 결정의 결정적 시기였다. 진로 결정 시 가장 중요한 것은 결정적 시기가 지금이냐 혹은 더 이전이었느냐가 아니라, 그것이 언제가 되었든 그때를 결정적 시기로서 맞이할 것인가, 아니면 그냥 흘려보낼 것인가였다. 삶에서 진로의 결정적 시기를 갖느냐 혹은 갖지 않느냐, 언제 갖느냐, 몇 번 갖느냐, 어떻게 갖느냐는 결국 자신에게 달려 있었다.

끝없이 차오르는 진로에 관한 질문들을 늘 고민하고 또 대답해야 하지만, 어느 시기가 지나면 어미를 따르고 싶어도 따르지 못하고 어미를 보고도 알아채지도 못하는 새끼 거위보다, 때를 놓쳐 평생 언어를 제대로 배울 수 없었던 지니보다, 그래도 우리가 더 나은 것 같지 않은가? 적어도 우리는 스스로의 진로 문제에 대해 언제나 물을 수 있고, 또 그에 따라 얼마든지 새로운 결정을 할 수 있으니까.

2.3   우리의 고민이 가리키는 것

심리 상담에는 다양한 고민의 내담자들이 온다. 일 중독, 폭식증, 착한 아이 증후군, 성 문제, 도벽 등. 이들의 상담은 매우 까다롭다. 하지만 이들보다 더 어려운 내담자도 있다. 어떤 이일까? 혹시 아래 내담자들 중 그런 이가 있을까?

내담자 1. 호주 남성 포츠 씨는 한국계 부인과 별거 중 부인 집에 몰래 들어가 그녀를 폭행했다. 호주 경찰은 주거침입과 가정 폭력 혐의로 그를 조사했다.

그런데 이 과정에서 새로운 사실을 알게 되었다. 포츠 씨가 백인 우월주의자였던 것이다. 부인과 별거한 이유도 이 때문이었다. 경찰은 그의 총기 소지를 막고, 그를 상담사에게 보냈다.

내담자 2. 한 청소년이 상담실을 찾았다. 몇 차례의 학교 폭력을 경험한 그는 아주 우울해 보였고 매사에 의욕이 없었다. 자신이 아무 가치가 없다 여겼다. 누구도 자신에게 관심 없다 생각했다. 수면제 없이는 잠을 이루지 못했고 매일 아침 눈을 뜨는 것이 고통이라 했다. 며칠 전에는 자신을 심하게 괴롭힌 친구들을 용서하고 아끼던 학용품과 옷도 주변 친구들에게 나누어주었다. 그는 당장에라도 자살할 것 같았다.

내담자 3. 자식 문제로 고민 중인 내담자가 말했다.

"아이가 너무 말을 안 들어요. 제가 많은 걸 바라는 것도 아니고, 아이가 공부를 못하지만 않았으면 좋겠는데 공부를 전혀 안 해요. 과외를 해도 성적은 안 오르고 친구들과 놀려고만 하네요. 정말 속이 타요."

이 내담자의 문제는 그리 심각하지 않았다. 우리나라 부모 중 자식 문제로 골치 아프지 않은 부모가 있을까? 아, 그런데 듣다 보니 이상했다. 이 내담자의 문제는 상담사 자신도 해결 못 한 문제가 아닌가? 상담사는 과연 이 내담자에게 무슨 말을 할 수 있을까?

이들 중 상담하기 가장 힘든 내담자는 누굴까? 인종차별주의자? 당장 자살할 것 같은 이? 상담사도 해결 못 한 문제로 고민인 이? 여기, 한 사람이 더 있다. 그의 고민은 어떨까?

"저는 직장에 다녀요. 그런데 요즘 다른 일을 해보고 싶어요. 진짜 원하는 일이요. 그런데 몇 가지 고민 때문에 행동으로 못 옮겼어요. 첫 번째 고민은 새 일을 시작하면 지금까지의 일들이 전부 쓸모없어진다는 거예요. 전공, 그동안의 경력, 그것을 통해 얻은 능력도요. 일이 적성에 맞지 않아 그래서 더 열심히 해왔는데 이걸 버려야 하는 것이 아까워요. 두 번째는 이런 고민이 한때일 수도 있다는 생각이 든다는 거죠. 이 일을 계속하면 2년 후에는 과장이 될 테니 그때에는 일도 능숙할 테고 여유도 생길 거예요. 그러면 그때 가서 '이 일이 내게 맞았구나. 그것을 이제야 깨달았구나'라고 생각할 수 있잖아요? 세 번째는 무언가를 지금부터 시작하면 바닥부터 해야 한다는 거예요. 무언가를 새로 배워야 할 수도 있고 어느 팀의 신입이 되어야 할 수도 있어요. 이건 진짜 걱정이에요. 그때쯤에는 제 후배 놈은 과장이 되었을 테고 친구들의 연봉도 지금보다 훨씬 높아졌을 테지만, 그때 전 아무것도 내세울 것 없이 초라하겠죠. 그리고 가장 심각한 고민은 이거예요. 만약 퇴사 후에 진짜 원하는 일이 뭔지 고민해도 결국 찾지 못하면 어쩌죠? 또 새로 시작한 일도 적성에 안 맞으면 그때에는 정말 어쩌죠? 분명 지금보다 열 배는 더 힘들 거예요."

누군가 이런 고민을 털어놓는다면 뭐라고 할 텐가? 뭐, 쿨하게 이렇게 답할 수도 있다.

"그럼 하던 일이나 계속해."

하지만 좀 더 긍정적으로, 상담자스러운 어투로 이렇게 말할 수도 있을 것이다.

"첫째, 새로운 일을 시작해도 지금까지의 이력과 능력을 모두 포기해야 하는 건 아니에요. 지금까지 배운 내용과 방법, 재능은 무슨 일을 하든, 어떤 경로를 통하든 결국 쓰여요. 이런 것들은 버려도 버려지는 게 아니니 아까워하지 않아도 돼요. 둘째, 시간이 지나서라도 그 일이 적성에 맞는 걸 알게 되면 다행이에요. 셋째, 만약 좋아하는 일을 하면 동료나 친구들보다 더 잘될 거예요. 즐기는 이가 노력하는 이를 이겨요. 넷째, 고민하다 보면 언젠가는 적성을 발견할 거예요. 누구에게나 하고 싶은 일은 있어요. 적성을 쉽게 발견할 수 있는 힌트를 드리자면, 직업의 종류를 살피기보다 스스로를 살펴보면 더 빨리 답을 얻으실 겁니다. 그리고 진로를 바꿀 기회는 생각보다 많으니까 안심해도 돼요."

살짝 오글거리는 말투이긴 하지만 각 고민에 대한 적절한 해결책 같아 보이기는 하다. 고민하던 그에게도 도움이 되었을 것 같다. 그런데 그의 고민들을 다시 살피다가 이런 생각이 들었다. 고민이 왜 네 개씩이나 될까? 한두 개도 아니고 왜 네 개나? 물론 아주 구체적으로 고민할 정도로 많은 생각을 했다고, 또 새 일을 시작하기 전에 준비를 철저히 한다고 볼 수도 있다. 나쁘게 말하면 겁이 많다고도 할 수 있다. 그래도 고민이 네 개씩이나 되는 것은 좀 이상하지 않나?

그의 고민이 네 개씩이나 되는 것은 이 때문인지도 모른다. 그는 새 일을 시작하기에는 이미 늦었다고 생각했다. 절대 못 한다고 생각했다. 그래서 늦었다는 핑계를 네 가지나 만들었던 것이다. 그는 속으로 이렇게 생각했을 것이다.

'첫째, 나는 무언가를 하기에는 이미 늦었기 때문에 과거마저 버릴 수 없어. 둘째, 나는 새 일을 시작하기에는 늦었기 때문에 하던 일을 계속할 수밖에 없어. 그러니까 현재 내 모습은 안 바뀔 거야. 하지만 이렇게 생각하면 희망이 전혀 없으니 미래는 달라질 것이라 기대해야겠다. 셋째, 지금 새 일을 시작해도 나는 이미 출발이 늦었기 때문에 친구나 동료에게 뒤처질 거야. 그러니까 나는 절대! 네버! 새 일을 시작할 수 없어. 넷째, 지금 새롭게 시작한다 해도 이미 늦었는데 고민해도 답이 안 나오거나 새 일마저 적성에 안 맞으면 나는 더더더더더 늦어지겠지. 그러니 새 일을 하겠다는 생각은 아예 휴지통에 버리고 영구 삭제까지 해야겠다.'

때문에 그의 네 고민들은 고민이라기보다 새로운 일을 시작하지 않기 위해 만든 핑계들 같았다. 이미 늦어 새로운 시도를 할 수 없다고 생각했기 때문에 더 설득력 있어 보이기 위해 대는 핑계. 만약 이 추측이 옳다면 그에게 이런 말을 해줄 수 있다.

"우리는 종종 성공이 자기 앞에 있다고 생각해요. 시간과 노력을 들여서 그곳으로 가야 한다고 여기죠. 그래서 새롭게 무언가를 시작하는 것은 처음부터 시간과 노력을 다시 투자해야 하므로 성공과 멀어진다 생각해요. 그런데 곰곰이 생각해보면 성공은 우리 앞이 아니라 뒤에 있어요. 우리가 쏟은 시간과 노력 뒤에서 열심히 따라오고 있어요. 무언가를 꾸준히 노력하다 보면 그 뒤에 자연스레 따라오는 것이 성공 아니던가요? 만약 당신이 좋아하는 일을 하면 시간과 노력을 더 투자할 테고 그러면 성공이 당신 뒤에서 더 잘 따라올 거예요. 그러니 좋아하는 일을 새로 시작하는 것이 성공에 더 가까워지는 일이에요."

어떤가? 그도 꽤 마음에 들어 하지 않을까?

그런데 그의 네 고민을 한 번 더 들여다보니 이 해결책도 좀 잘못된 것 같았다. 그의 고민이 네 가지나 되었던 이유는 새로운 일을 시작하기에 이미 늦었다고 생각했기 때문이 아닌 것 같았다. 그가 수많은 고민을 했던 이유는 단지 새 일을 시작하기 싫었기 때문인 것 같았다.

그의 마음은 처음부터 결정되어 있었다.

'나는 새로운 일을 할 생각이 없어.'

하지만 사람들에게 이렇게 솔직하게 말하면 문제의식도 없어 보이고, 현실에 안주하는 것만 같고, 스스로도 찜찜하고 그랬을 것이다. 그래서 좀 더 그럴듯한 핑계가 필요했을 것이다. 그렇게 생각해낸 것이 새 일을 시작하기에는 이미 늦었다는 이유였을 것이다. 이런 이유라면 자신이 보기에도 꽤 설득력이 있을 테니. 이미 늦었다는데 뭐 어쩔 텐가? 하지만 이보다 더 그럴듯한 이유도 필요했을 것이다. 더 많은 공감을 얻고 싶기도 했을 것이고, 많은 고민을 했다고 자랑하고 싶었을 것이다. 그리고 무엇보다, 더 많은 핑곗거리를 만들어 스스로를 속이고도 싶었을 것이다.

'나는 새로운 일을 하고 싶지 않거나 늦었기 때문에 하지 '않는' 게 아니야. 네 가지나 되는 이유들 때문에 '못' 하는 거야.'

서두에 냈던 문제의 답은 이것이다. 상담할 때 가장 힘든 내담자는 백인 우월주의 생각을 가진 이도, 자살을 코앞에 둔 이도, 상담자도 해결 못 한 문제로 고민 중인 이도 아니다. 너무 늦게 상담소를 찾아 해결 시기를 놓친 이도, 현대 의학으로는 치료 불가능한 병을 가진 이도 아니다. 가장 상담하기 어려운 내담자는 바로 비자발적 내담자이다. 상담받을 의지가 없는 이, 문제를 해결할 생각이 없는 이를 상담하는 것이 가장 힘들다.

어떤 내담자들은 상습 음주 운전으로 상담하러 온다. 이들 중 일부는 법 절차에 의해 의무적으로 상담을 받는다. 이들은 음주 문제 때문에 스스로가 불편함을 느끼지는 않기 때문에 생각이나 행동을 바꾸려는 의지가 없다. 그러니 상담의 효과가 있을 리도 없다. 상담을 안 받으면 법적으로 문제가 되니 상담실에 와서 어서 시간이 가기만 고대하고 있다. 부모에 의해 상담소에 끌려오는 비행 청소년도 있다. 부모의 성화에 못 이겨 상담을 받지만 자기 문제에 대한 자각이 없기에 자신이 왜 상담을 받아야 하는지 이해하지 못한다. 그가 상담받는 모습은 수업 시간의 우리 모습과 같다. 상담자의 얼굴을 빤히 보지만 속으로는 딴 생각 중이다. 한쪽 배우자의 강요로 부부 상담을 받는 이도 있다. 이런 이 또한 문제는 상대에게 있을 뿐, 자기는 상담이 필요 없다 여기므로 성과가 있을 리 없다.

문제를 해결할 때 과거의 상황, 이후의 변화, 친구와의 비교, 해결하지 못할 수도 있다는 두려움 등은 진짜 중요한 요인이 아니다. 그리고 이미 문제를 해결하기에 늦었다는 생각도 대수가 아니다. 문제를 해결할 때에는 자신에게 문제를 해결하려는 의지가 있느냐 없느냐, 이것만 확실히 알면 된다. 이를 확인하는 방법은 쉽다. 스스로에게 솔직하게 물어보면 된다. 고민만 하고 있는 나는 문제 해결 의지가 있나? 새 일을 시작하고 싶긴 하나?

3   실패를 통해 배우는 것

3.1   빨간 장화가 준 깨달음

당신은 자신의 이성 취향을 언제 알게 되었나? 자신이 어떤 성격과 잘 맞고 어떤 외모에 끌리는지 언제 정확히 알게 되었나? 나는 확실한 시점은 기억 안 나지만, 시간이 갈수록 분명해지고 확실해졌다. 쉽게 말해, 꽂히는 폭이 점점 좁아졌다. 예전에는 작은 눈과 아담한 코, 선한 미소면 되었는데 요즘에는 눈웃음에 귀여움도 언뜻언뜻 비쳐야 꽂힌다. 이 변화 과정을 지켜본 친구는 이를 양궁 과녁에 비유했다.

"예전에는 7점만 맞아도 좋다더니, 점점 좁아져 9점, 10점을 맞추라더니, 이젠 렌즈를 깨야 한다는 말이군."

과연 이 시점은 언제일까? 원빈처럼 생기면 무조건 좋아하고, 친구들이 한 이성을 좋아하면 덩달아 호감을 갖던 때를 벗어나, 자신의 진짜 이성 취향을 아는 시기는(아, 실수. 원빈느님에게서는 절대로 못 벗어날 것 같다). 여기, 두 친구가 있다. 이들은 언제 자신의 이성 취향을 알게 되었을까?

친구 L. 그녀는 모태 솔로였다. 이성에 대한 관심은 넘쳤고 소개팅도 종종 했지만 매번 마음에 안 들어 했다. 무려 25년 동안이나. 그러던 어느 날 L이 덜컥 연애를 시작했다. 생각 없이 나간 소개팅에서 마음에 쏙 드는 남자를 만난 것이다. 소개팅의 2대 미스터리가 소개팅에서 마음에 드는 이를 만났다는 것과, 생각 없이 나간 소개팅이 잘되었다는 것인데 말이다. 여하튼 L은 한 번에 꽂힌 그와 첫 연애를 시작했다. 물론 이들도 여느 커플과 마찬가지로 작은 언쟁도 했고 사건 사고도 겪었지만 연애는 꽤 오래갔다. 그랬던 L이 최근 결혼했다. 누구와? 바로, 처음 연애한 그와.

대개 우리는 몇 번의 연애 후에 자신의 이성 취향을 깨닫는다. 내가 어떤 외모를 선호하는지, 어떤 성격과 잘 맞는지, 상대의 무엇을 절대 용납 못 하는지에 대해 서서히 알아간다. 심지어 연애를 수십 번을 하고도 전혀 모를 수도 있고. 하지만 L은 달랐다. L은 연애를 전혀 해보지 않고도 이를 잘 알았다. 자신의 이성 취향을 태생적으로 알고 있던 것이다. L은 모태 솔로이기도 했지만, 모태 이성 취향 인지자이기도 했다.

친구 C를 제외한 몇몇 친구들이 모인 자리, 누군가가 말했다.

"C, 남자가 또 바뀌었더라."

상황 판단이 느린 한 친구는 C의 '현재 남자'가 얼마 전의 '그'와 다른 인물이냐고 되묻고 있다. 그리고 '그것을 지금 질문이라고 하느냐'라는 친구들의 표정을 보고는 언제 또 남자를 갈아탔느냐며 혼란스러워한다. 또 다른 친구는 우리가 추정 중인 C의 현재 남자가 자기가 3일 전에 C의 페이스북에서 본 남자와는 다른 인물인 듯하다며, C의 현재 남자 친구에 대해 이미 의사봉까지 두 번 두드린 우리 주장에 의심을 보낸다. 페이스북에 한 남자와 찍은 다정한 사진이 있었는데, 그는 분명 지금 우리가 언급하는 '그 남자'는 아니란다. 단 몇 마디가 오가는 사이 C의 남자 친구는 두 번이나 업데이트되었고, 업데이트 속도를 따라잡느라 우리는 할 말을 잃었다.

물론 이런 불분명한 근거와 추측만으로 C의 남자의 수를 늘려댈 수는 없다. 하지만 이것이 전혀 불가능한 일이지도 않은 것은 C가 생각하는 괜찮은 남자의 조건이 계속 바뀌기 때문이다. 어느 날 C가 말했다.

"남자는 코가 잘생겨야 해. 이 오빠가 눈도 작고 키도 작은데, 코는 진짜 잘생겼어."

몇 개월 뒤에는 이렇게 말했다.

"딴 거 필요 없고 어깨 넓은 남자가 최고더라. 가연아, 너도 어깨 넓은 남자를 만나."

1년 뒤에는 또 이렇게 말했다.

"야, 남자는 엉덩이야. 무조건 힙 업!"

C의 연애 횟수가 증가함에 따라 이성 보는 눈이 높아졌는지는 알 수 없지만 C가 수많은 연애를 통해 자신의 이성 취향을 서서히 알아가고 있다는 것은 분명했다.

두 친구의 자신의 이성 취향에 대한 깨달음을 얻는 과정을 떠올리고 있으면 엉뚱하게도 두 철학자의 연구 방법이 연상된다. 어떤 것으로부터 전혀 다른 것을 떠올려 둘 사이의 공통점을 발견하는 것은 근대 철학자 프랜시스 베이컨도 했는데, 그는 『신기관』에서 학자들의 연구 스타일을 곤충에 비유했다. 결과는 안 내놓고 자료만 모으는 이를 저장고에 음식을 쌓기만 하는 개미에, 독단적으로 추론한 것을 진리인 양 쏟아내는 이를 몸에서 뽑아낸 실로 집을 만드는 거미에 비유했다. 이처럼 두 친구의 연애 방식은 다음의 두 철학자의 연구 방법과 닮아 있었다. 연애를 하지 않고도 이성 취향을 정확히 알고 있었던 L과 자신의 이성 취향을 현재까지도 알아가고 있는 C는 각각 르네 데카르트와 존 로크의 연구 방식에 비유될 수 있다(베이컨은 학자들을 곤충에 비유했는데 나는 내 친구들을 철학자에 비유하다니, L과 C는 나에게 고마워해야 하지 않을까?).

먼저 데카르트의 연구 방법의 시작은 일단 의심이다. 그는 모든 것을 의심했다. 먼저 기억을 의심했다. 리모컨은 늘 생각지도 않은 곳에서 발견되는 것처럼, 우리의 기억은 불완전하기 때문에 기억에 의존해서 중요한 것을 판단할 수 없다고 믿었다. 그는 우리의 감각도 불완전하기 때문에 믿을 수 없어 했다. 이런 의심도 수긍이 가는 것이, 내 주변에는 이렇게 말하는 이도 있기 때문이다.

"가끔은 여자 친구가 김태희보다 예뻐 보여."

물론 이 정도면 시각이 불완전한 정도가 아니라 안구를 통째로 이식해야 할 테지만.

또 데카르트는 자신이 책을 읽고 있어도 그것이 꿈일 수 있기 때문에 책을 읽는다는 사실을 믿을 수 없어 했다(여기에서 그는 현실 세계를 의심하기 시작한다). 더 나아가 그는 2 더하기 3이 실제로는 7이지만 악마가 자기를 속여 5라고 생각하게 만들었을 수도 있다고 여겼다(이쯤 되면 그의 의심이 약간 병적인 것 같지 않나? 데카르트 부인이 다른 남자를 힐끗 보기만 해도 그가 어떤 반응을 보였을지 짐작되지 않나? 그래도 어쩌겠나? 의심하는 것이 철학자의 역할이니. 아, 그렇다고 모든 철학자가 이런 수위의 의심을 하는 것은 아니다. 게다가 이 모든 것이 탄탄해야 할 학문의 기초를 세우기 위해서이니, 한 번쯤 이해해주자). 그럼에도 불구하고 그는 절대 의심할 수 없는 것이 있다고 확신했다. 그건 바로 자신이 이들을 의심하고 있다는 사실이었다. 기억과 감각이 불완전해도, 꿈을 꾸고 있어도, 악마가 자기를 속여도, 지금 자신이 이들을 의심하고 있다는 것은 분명했다. 그런데 의심할 때에는 반드시 의심하는 '사람'이 있어야 한다. 의심하는 사람 없이 의심하는 것은 있을 수 없다. 그러므로 의심하는 한 의심하는 주체는 분명 존재한다. 바로 여기에서 유명한 명제가 탄생한다. 오천만이 아는 명제.

나는 생각한다, 고로 나는 존재한다.

이 말은 적어도 내가 생각하는 한 나는 존재한다는 의미이다. 여기에서 생각한다는 것은 의심한다는 것이므로 '나는 의심한다, 고로 나는 존재한다'가 더 정확하다. 결론적으로 데카르트가 확실하게 믿은 것은 바로 '자신이 존재한다는 것'이다.

그런데 그가 존재한다고 확신한 '자신'은 뼈와 살로 이루어진 그의 육체가 아니라 자신의 '정신'이었다. 자신이 의심하고 생각하는 한, 자신의 정신은 분명 존재한다는 것이다(정말 철학자답지 않나? 육체는 확신할 수 없지만 정신의 존재는 확신할 수 있다니. 가끔 이런 의문도 든다. 그가 만약 신체는 멀쩡한데 생각은 텅 빈 우리를 보았다면 사람이라 인정했을까? 존재한다고 여기기는 했을까?). 그는 정신에는 세 관념이 있다고 주장했는데 이 중 본유관념本有觀念의 존재에 대해 확신했다. 이것은 우리가 태어날 때부터 가지고 있던 것이기 때문이다. 그에 따르면 '나의 외부에 사물이 있다' 등이 본유관념에 해당한다. 사물이 있다는 것은 우리가 경험하거나 배우지 않아도 알 수 있기 때문이다.

반면 데카르트의 이런 주장에 대해 로크의 생각은 달랐다. 로크는 데카르트가 존재한다고 믿어 의심치 않았던 본유관념 따위는 없다고 주장했다. 태어날 때부터 아는 것은 절대 없다는 것이다. 우리가 알고 있는 모든 것은 경험과 학습에 의한 것이라는 점이다. 그는 데카르트 지지자들이 본유관념의 증거로 늘 제시하던 'A=A', 즉 A와 A가 같다는 단순한 개념도 배우지 않으면 모른다고 주장했다. 교육받지 않은 어린아이들은 알지 못한다고 했다. 그는 아마 원빈이 잘생겼다는 것도 원빈의 얼굴을 보고, 심지어 그가 5 대 5 가르마를 하고도 미모를 잃지 않음을 본 뒤에야 알 수 있다고 했을 것이다. 물론 원빈을 본 후에는 그가 잘생겼다는 걸 확실히 알았을 테지만. 그러므로 로크가 본 인간은 태어날 때 아무것도 쓰여 있지 않은 '빈 칠판tabula rasa'과 같았다. 그에게 인간은 경험을 통해 칠판을 채워나가는 존재였다.

두 철학자의 주장에서 뻗어 나온 현대 이론들은 아직도 팽팽하다. 본유관념을 주장했던 합리론은 '인간은 태어날 때부터 언어 이해 능력을 가지고 있다'라고 주장하는 촘스키의 언어 이론에서 맥을 발견할 수 있고, 경험을 통해야만 알 수 있다고 주장한 경험론은 '우리가 추상적 관념을 떠올릴 때에도 외적 경험을 할 때와 똑같이 뇌가 변화한다'라고 주장하는, 즉 모든 것은 우리의 외적 경험을 통해 설명될 수 있다고 주장하는 현대의 행동주의에서 그 흔적을 볼 수 있다. 이들 중 어떤 이론이 참인지는 여전히 우열을 가리기 힘들다. 하지만 나는 적어도 다음 세 영역에 대해서는 로크가 옳다고 생각한다. 하나는 자신의 이성 취향을 아는 것이고(내가 본 사람 중 모태 솔로였다가 바로 유부녀가 된 경우는 L이 유일했다), 또 하나는 행동의 옳고 그름을 판단하는 '도덕'에 대해 아는 것이다. 그리고 한 가지 더 있다. 먼저, 경험과 도덕은 무슨 관계일까? 이를 알기 위해서는 아주 쉬운 문제를 풀어보면 된다. 진짜 쉬운 문제이다.

첫 번째 상황. 당신은 거실에서 텔레비전을 보고 있다. 그때 안방에서 엄마가 당신을 불렀다. 당신은 안방으로 걸어간다. 그런데 안방 문 뒤에는 접시 세 개가 놓여 있다. 그것을 알 리 없는 당신은 안방 문을 열었고, 접시를 세 개 깼다.

두 번째 상황. 형이 거실에서 텔레비전을 보고 있다. 배고픔을 느낀 형은 부엌을 살피기 시작한다. 그러다 찬장 꼭대기에서 엄마가 숨겨둔 홍삼을 발견한다. 이게 웬 떡이냐며 눈이 뒤집힌 형. 하지만 엄마의 말이 떠오르며 이성도 깨어난다.

"이건 아빠가 드실 거니까 절대 손대면 안 돼."

잠시 갈등하는 형. 하지만 어떤 이성도 배고픔을 이길 수는 없다. 형은 의자 위에 올라가 홍삼을 꺼내려 한다. 그런데 그만 발을 헛디뎌 접시를 하나 깬다.

당신과 형 중 누가 더 나쁠까? 이것은 우리에게는 문제도 아니다. 당신은 엄마에게 가려다 접시를 깼고, 형은 엄마의 선악과인 홍삼을 꺼내려다 접시를 깼다. 그러니 당연히 형이 더 나쁘다(혹시 이 문제를 다르게 생각했다면 다음 문단을 잘 읽기 바란다. 이 문제가 도덕 개념 탑재 여부 테스트가 아니라 정신 연령 테스트가 될 수 있다). 그런데 아이들은 이를 다른 시선으로 바라본다.

2~4세 아이들은 도덕에 대한 개념 자체가 없어 이 문제를 풀 수조차 없다. 그들 눈에는 '이게 문제인가?' 싶을 것이다. 5~7세 아이들은 상황의 결과만 보고 참, 거짓을 판단한다. 과정이나 의도가 어떻든, 결과적으로 자기가 형보다 많은 접시를 깼으니 자기가 더 잘못했다 여긴다. 게다가 이들이 상상하는 규칙은 절대적이다. 신이나 부모 같은 절대자가 만든 것이기에 누구든 꼭 지켜야 한다고 믿는다. 나도 그맘때에는 그랬다. 유치원 소풍날 아침에 비가 조금 왔는데, 엄마는 이런 비에는 운동화를 신어도 된다고 했지만 나는 무조건 장화를 신어야 한다고 주장했다. 선생님께서 비가 오면 장화를 신어야 한다고 말씀하셨다며. 결국 나는 장화를 신고 소풍을 갔고, 그날 찍은 단체 사진에는 나 혼자 빨간 장화를 신고 있었다.

8~11세 정도 되면 단순히 상황의 결과만으로 잘잘못을 판단하지 않는다. 겉으로 보이지 않는 행동의 동기나 의도를 파악할 수 있게 되기 때문이다. 그래서 자기가 더 많은 접시를 깼어도 좋지 않은 의도로 깬 형이 더 나쁘다고 판단한다. 또 도덕이 상대적이라 상황에 따라 규칙을 안 지켜도 됨을 안다. 비가 와도 꼭 장화를 신어야 하는 게 아님을 안다. 우리는 태어날 때부터 도덕 개념을 알고 있는 것이 아니라 경험을 통해 익혀나간다.

경험이 반드시 필요한 마지막 하나는 뭘까? 그것은 바로 '실패하는 것'이다. 누구에게나 하고 싶은 일은 있을 것이다. 하지만 섣불리 도전하지 못하는 것은 '혹시 실패하면 어쩌나' 하는 걱정 때문이다. 시험에 불합격하면 또 한 해를 아무런 성과 없이 보내야 할 테고, 자기 이름으로 디자인을 론칭하지 못하면 또 몇 해를 좁은 작업실에서 보내야 한다. 사업이 망하면 빚을 떠안아야 할 수도 있고, 이로 인해 다시는 어떤 일도 못 하게 될 수도 있다. 이런 경험은 다시는 하고 싶지 않을 것이다. 나 또한 상상도 하기 싫다.

하지만 그럼에도 불구하고 무엇에든 도전해야 한다고 내가 말할 수 있는 이유는 실패를 통해 이런 고통만 얻는 것은 아니기 때문이다. 대개 실패를 하면 소득 없이 시간만 낭비한다 여기지만 실제로 이 과정 동안 우리는 또 다른 능력을 얻기도 하고 시행착오를 통한 지식을 쌓기도 한다. 또 자기만의 노하우를 배울 수도, 어떤 방법이 자기에게 안 맞는지도 확실히 알 수 있다. 그뿐 아니다. 오랜 시간을 인내하는 법, 쉽게 이루어지는 일은 없다는 세상의 이치도 깨달을 수 있다. 그리고 이런 배움들은 다른 도전을 할 때 엄청난 자산이 된다. 실패하며 얻은 깨달음들이 보이지 않는 문신처럼 온몸에 새겨지기 때문이다. 그리고 이 문신은 핫식스 열 캔을 먹어도 얻을 수 없는 엄청난 힘을 준다.

하지만 차라리 핫식스 20캔을 먹고 말지, 여전히 실패는 하기 싫은 것이 우리의 솔직한 생각이다. 실패할 때의 고통과 좌절, 눈물을 누가 경험하고 싶겠는가? 그래서 나는 가끔 이런 생각도 한다. 실패해야만 얻을 수 있는 능력과 지식, 세상의 이치들이 태어날 때부터 온몸에 문신처럼 새겨져 있었으면 좋겠다는 생각. 혹은 실패를 해야만 알 수 있는 모든 노하우가 태어날 때부터 머릿속에 있었으면 좋겠다는 생각도.

안타깝게도 이런 것은 절대 없다. 만약 이런 것이 있었더라면 내가 유치원 소풍 때 빨간 장화를 신었겠는가? 나는 아직도 그때의 단체 사진을 볼 때마다 어디론가 숨고 싶다. 흰 운동화들 사이에서 빨간 장화는 수십 년이 지나도 도드라진다. 전혀 색이 바래지도 않는다. 하지만 이런 소풍의 실패는 아직도 나에게 이런 가르침을 준다. 아이의 장화는 반드시 흰색으로 사주어야 한다. 실패를 통해야만 무언가를 배운다는 것은, 안타깝지만 사실인 것 같다.

3.2 　 성공과 실패보다 중요한 것

　　　　　　　혹시 이런 적 없나? 같은 경험을 여러 번 했는데 반응이 완전히 달랐던 적. 임용 고시를 준비하던 친구가 처음 불합격했을 때에는 이랬다.

"원래 처음에는 문제 간만 보는 거야. 어차피 별로 준비도 안 했고."

그러다 두 번째 불합격했을 때에는 이랬다.

"떨어질 수도 있지. 한 번 더 해보지 뭐."

세 번째 불합격했을 때.

"이번에는 공부도 열심히 해서 합격할 줄 알았는데……."

그리고 네 번째 불합격했을 때 친구는 말했다. 확신에 찬 목소리였다.

"나 박사과정 들어갈래."

왜일까? 세 번째까지는 당연히 다시 고시를 보려던 친구가 네 번째에는 왜 진로를 틀었을까? 중·고등학생보다 대학생이 가르치기에 낫다고 판단해서였을까? 그런데 이런 경험은 내게도 있다. 그것도 두 번이나.

첫 번째 경험. J와 연애할 때 나는 그를 많이 아껴주었다. 물론 주관적 평가이겠지만 그를 얼마나 생각하고 마음을 쓰는지 자주 표현하려 했다. 내가 그를 좋아하고 있다는 느낌이 들 때마다 말로 혹은 선물로 그것을 보여주었다. 그런데 연애한 지 1년쯤 되었을 때 헤어져야겠다는 생각이 들었다. J의 특정 행동에 불만이 쌓였는데 그게 폭발한 거다.

"우리 그만 만나."

이렇게 우리는 헤어졌다. 그런데 며칠이 지나자 이상했다. 자꾸만 그가 떠올라 견딜 수가 없었다. 과제가 밀려 있었지만 책은 내게 얼룩말로 보였다. 검은색과 흰색이 교차하며 얼룩말 떼가 질주하고 있었다. 나는 씻지도 먹지도 못한 채 멍하게 있었다. 헤어지자고 한 건 분명 나인데 오히려 내가 그 사실을 못 받아들이고 있었다.

그때 이런 생각이 들었다. 내가 더 참았더라면 어땠을까? 그 행동에 대한 내 감정을 더 잘 표현했더라면? 그때 더 잘해주었더라면? 여기에까지 생각이 미치자 지금은 헤어지면 안 될 것 같았다. 나는 미안함, 창피함, 어이없음, 내가 이럴 줄은 몰랐음 등이 섞인 목소리로 그에게 전화했고 우리는 다시 만났다. 이후 우리는 예전처럼 잘 지냈다. 하지만 그로부터 1년 후, 우리는 진짜 이별했다. 1년 전과 같은 문제로, 같은 방식으로. 그런데 나는 달라져 있었다. 더는 그가 머릿속에 떠오르지도 않았고 과제의 질은 더 높아졌다. 얼룩말 떼가 학점으로 승화된 것이다. 나는 멍하니 있기는커녕 더 잘 돌아다니고 더 잘 먹었다. 이때 나를 본 친구들의 반응은 두 가지였다. 남자 친구랑 헤어진 애가 상태가 너무 좋다며 걱정하는 이들과, 새로운 연애를 시작했느냐며 축하해주는 이들. 하지만 당시 내가 새로운 연애를 시작한 것은 아니었다.

두 번째 경험. 이 또한 주관적일 수밖에 없지만, 게다가 믿기지도 않겠지만, 나는 학부 4년 동안 심리학 공부를 정말 열심히 했다. 이런 말을 하는 스스로도 잘 믿기지 않지만 정말이다. 출석률은 거의 100퍼센트였고, 몸이 아파도 수업에 들어갔다. 전날 술을 잔뜩 먹어 구토하면서도 학교에 갔다. 필기도 열심히 했고 거의 모든 수업을 녹음했다. 수업 때 못 들은 내용을 다시 들으며 노트를 정리했다. 이런 내 노트는 거의 수업 스크립트였기에 친구들에게 인기였다. 단, 글씨를 못 알아봐 도움이 안 되었다는, 차라리 암호화된 문서를 해독하는 게 낫겠다는 의견이 대다수였지만. 나는 시험 기간에 암기도 했다(암기가 뭐가 대단하냐 할 테지만 암기는 공부가 아니라 여기던 나에게 이건 엄청난 도전이었다). 고3 때보다 더 열심히 공부했던 때가 아마 이때였을 것이다. 원하는 공부를 하기 위해 입학했고, 바로 그 공부를 할 수 있었기에 이 모든 것이 가능했다.

그래서 학부 졸업 후 같은 과 대학원에 지원서를 냈다. 4년간 열심히 했다고 자신했기에 대학원 입학시험도 자신 있었다. 그런데 시험장에 들어가자 영어 텍스트가 전혀 안 읽혔다. 지금 생각해보아도 아주 쉬운 텍스트였는데 그때 내 눈은 뭘 보고 있었는지 알 수 없었다. 이때 나는 또다시 얼룩말 떼를 보았는데 이번에는 얼룩말 떼가 사자에게 쫓기고 있었다. 하지만 귀는 멀리서의 소음까지도 바로 옆에서 나는 소리인 양 제 역할을 너무 잘해주었다. 내 귀가 그렇게 뛰어난 능력을 가진 줄은 처음 알았다. 소머즈의 느낌을 어렴풋이 느낄 수 있었다. 결국 나는 질문에 제대로 답하지 못했고, 불합격했다. 대학원 입학시험쯤은 충분히 해낼 것 같았는데 꽤 아쉬웠다. 그런데 그때 이상한 느낌이 들었다. 다시 시험을 보아야겠다는 생각이 전혀 안 들었던 것이다. 나는 즉시 심리학 공부를 접었다. 그리고 어떤 공부를 할까 고민했다. 답은 철학. 이번에는 철학과 대학원 입학시험을 쳤다. 그런데 이번에도 불합격했다. 하지만 이때에는 달랐다. 얼룩말도 안 보였고 소머즈의 능력도 사라져 있었다. 나는 다음 학기에 입학시험을 다시 쳤고, 철학과 대학원에 입학할 수 있었다.

왜일까? 임용을 준비하던 친구가 세 번의 불합격 후에는 바로 재도전했지만 네 번째에는 시험의 '시' 자도 안 꺼낸 이유는? 나는 왜 첫 번째 헤어짐을 견딜 수 없었을까? 동물도감도 아닌 심리학책에서 얼룩말을 발견하고, 왜 그에게 다시 전화했을까? 반대로 두 번째 헤어졌을 때 나는 왜 얼룩말을 학점으로 승화시키고, 또 잘 지냈을까? 심리학과 대학원 시험에 불합격했을 때 나는 왜 다시 지원하지 않았을까? 나를 떨어뜨린 심리학과가 미웠나? 반면 철학과 대학원에는 왜 다시 지원했을까? 철학과는 안 미웠나? 같은 상황, 다른 반응. 이것은 왜일까? 쇠렌 키르케고르에게 이에 대한 답이 있다.

키르케고르는 인간이 살아가는 방법에는 세 가지가 있다고 말한다. 심미적으로 사는 것, 윤리적으로 사는 것, 종교적으로 사는 것. 심미적으로 사는 삶은 쾌락 속에서 사는 삶이다. 온갖 향락과 즐거움을 쫓는, 한 번쯤, 아니 여러 번 살아보고픈 삶이다. 하지만 실제로 이렇게 사는 이들은 안정을 얻지 못하고 좌절 중이다. 늘 더 큰 쾌락을 추구하지만 심미적 쾌락을 얻는 데는 한계가 있기 때문이다. 결국 이들은 심미적 삶에 절망하고 다른 삶을 살기를 원한다. 바로 윤리적으로 사는 삶이다. 이런 삶은 사회적 법규와 규칙을 엄격히 지키며 사는 삶이다. 한마디로 숨 막히고 답답한 삶이다. 알다시피 이렇게 사는 것도 쉽지 않다. 완벽한 규율을 따르기에는 우리는 너무 불완전하기 때문이다. 아무리 규칙을 완벽하게 지키려 노력해도 인간인 이상 불가능하다. 이런 절망을 계기로 윤리적으로 살던 이는 다른 삶을 살려 한다. 바로 종교에 귀의하는 삶이다. 종교적인 삶은 신에게 의존하며 사는 삶으로, 신에 대한 믿음을 통해 본래의 자신을 찾을 수 있다 믿으며 산다.

여기에서 중요한 것은 다음 삶으로 도약하기 위해 꼭 필요한 것이다. 그것은 바로 현재 삶에 절망하는 것. 각 단계에서 절망하지 않으면 다음 단계로의 도약도 없다. 사업을 제대로 말아먹고 집에 빨간 딱지가 붙어야 비로소 사업에 손을 떼 다른 일을 찾고, 맛없다는 음식도 직접 먹어보고 토할 것 같은 느낌이 들어야 다음부터는 그 메뉴를 절대 안 먹는 것처럼. 그런데 이 흐름은 일방향이 아니다. 다음 삶으로 도약한 후에도 이전 삶으로 되돌아갈 수 있다. 대박 아이템을 보면 다시 사업에 손을 대고, 토한 기억이 사라질 때쯤에는 그 메뉴를 다시 주문하는 것처럼. 그러므로 다음 삶으로의 도약보다 더 중요한 것은 미련이 남지 않게 현재 삶에서 충분히 좌절하고 절망하는 것이다. 이전 삶에 미련이 남지 않아야 다음 단계로 제대로 넘어갈 수 있다. 친구와 내가 같은 결과에 대한 반응이 달랐던 이유도 이 때문이다. 과거에 미련이 남았거나 혹은 남지 않았거나.

첫 번째 경험의 후기. 처음 헤어졌던 이후에도 그는 '그 행동'을 멈추지 못했다. 내가 정말 싫어했던 그 행동을. 나는 그것을 이해해보려 더욱 노력했다. 그의 시선에서 그 행동을 바라보기도 했고, 그런 행동에 대한 내 감정을 있는 그대로 전달하기도 했다. 온갖 상상력을 동원해 그 행동을 합리화해보기도 했다. 혹시 그가 그렇게 안 하면 곧 죽을 것 같았기 때문일까? 그에게 그렇게 할 수밖에 없는 유전자라도 있나? 그래서 그건 치료를 받아야 하는 병인가? 하지만 역부족이었다. 그는 변하지 않았고, 나는 여전히 이해하지 못했다. 그러던 어느 날, 이런 생각이 들었다. 아, 이건 안 되는 일이구나. 내가 그 행동을 이해하려 이렇게까지 노력했는데 그래도 이해할 수 없다면 그건 불가능하기 때문이구나. 이어서 이런 생각도 들었다. 나는 할 만큼 했다. 최선을 다했다고 여겨지는 일에 대해서는 그 결과가 성공이든 실패이든, 만남을 지속하든 이별하든, 받아들이자. 이런 생각 끝에 나는 그에게 마지막으로 말했다.

"이번에는 진짜야. 헤어져."

두 번째 경험의 후기. 심리학과 대학원에 지원할 때, 많은 고민이 있었다. 공부를 더 하고 싶은데 내가 하고픈 공부가 심리학이 맞을까? 심리학을 공부하며 사람에 대해 아는 것은 좋지만, 사람에 대해 알고 싶지도, 보고 싶지도 않은 부분까지 접하게 되는데 과연 이 공부를 계속해야 할까? 하지만 이들은 큰 고민이 아니었고, 가장 큰 울림을 주었던 생각은 이것이었다. 수험 번호를 입력한 뒤 '불합격했습니다'라는 메시지를 보자마자 든 생각. 지금까지도 생생히 기억나는 당시의 마음의 소리. 이 길은 내 길이 아니구나. 나는 지난 4년 동안 나름 열심히 공부했다. 내가 할 수 있는 한 최선을 다했다고 스스로에게 말할 수 있다. 그럼에도 불구하고 도전에 실패했다면 그건 내 길이 아니기 때문이라는 생각이 들었다. 그러자 그 길에 전혀 미련이 안 남았다. 깨끗이 포기하게 되었다. 하지만 철학과 대학원 시험에 불합격하자 다시 도전해보고 싶었다. 이때에는 시험 준비가 부족했기 때문이다. 나는 철학과 수업을 청강하며 준비했고 두 번째 도전에는 합격했다.

누군가 나에게 J와 처음 연애했던 때로 돌아가 다시 연애를 해보라 한다면 나는 반기며 다시 연애를 할 것이다. 하지만 그는 그 행동을 계속할 것이다. 나는 조금 더 참으며 그를 더 아껴주고 더 이해하려 노력할 것이다. 하지만 나는 알고 있다. 나는 결코 그 행동을 이해하지 못할 것이다. 그래서 우리는 결국 또 헤어질 것이다. 하지만 이것만큼은 달라져 있을 것이다. 나는 더는 이별을 번복하지 않을 것이다. 깔끔하게 한 번 만에 헤어질 것이다. 왜냐하면 그를 이해하려 더 많은 노력을 했을 테고, 그에게 더욱 미련이 안 남았을 테니까.

그리고 학부 시절로 다시 돌아갈 수 있다면 나는 더 열심히 공부할 것이다. 누가 보면 고3인 줄 알 만큼, 국가고시를 준비한다는 마음으로 공부할 것이다. 이젠 그때 공부했던 내용으로 이 책을 쓰게 된다는 것을 아니까. 이 책에 인용한 이론이나 실험이 나오면 더 열심히 듣고 필기할 것이다. 그리고 대학원 입학시험 준비도 더 열심히 해서 꼭 합격하고 싶다. 공부를 더 열심히 했으니 어쩌면 이번에는 합격하지 않을까? 하지만 심리학 대학원에는 가지 않을 것 같다. 더 많이 공부했으니, 인간의 보고 싶지 않은 모습을 더 많이 보고 더 많이 알게 되었을 테니까. 그래서 그 길에 더욱 미련이 안 남았을 테니까.

친구가 네 번째 불합격 소식을 접하며 알게 된 것은 합격자 커트라인 점수였다. 97.2점. 그 점수를 듣자 친구는 흐르던 눈물도 멈췄다고 했다. 그리고 다시 시험 볼 생각도 완전히 사라졌다고 했다. 임용 고시는 대학 학점과 매년 말에 치는 시험 점수를 합해서 총 점수를 계산하는데, 자기가 시험에서 몇 점을 받아야 합격할지 바로 계산이 나오더란다. 그동안 정말 최선을 다했다고 생각했지만 지금도, 그리고 앞으로도 그 점수는 절대 못 받을 것 같았단다. 그러자 그 길에 대한 미련도 사라졌다고 했다.

미련을 남기지 않는 것, 이것은 성공하느냐 실패하느냐의 문제보다 더 중요하다. 그런데 어찌 보면 우리가 진짜 궁금해하는 것은 이런 것이 아닐지도 모른다. 이보다 더 궁금한 것은 따로 있다. 미련이 안 남도록 최선을 다했지만 그래도 여전히 미련이 남았을 때에는 어떻게 해야 할까? 그 일을 계속해야 할까, 아니면 즉시 포기해야 할까? 조금만 더 노력하면 성공할 수 있기에 미련이 남는 것인지, 아니면 어차피 실패할 텐데 미련만 남는 것인지 어떻게 알 수 있을까? 이것이야말로 우리가 가장 궁금해하는 질문이 아닐까? 하지만 안타깝게도 우리는 이 답을 알 수 없다. 적어도 지금은. 시간이 흘러 결과를 마주할 때에야 비로소 그때 어떤 것이 답이었는지 알 수 있다. 그때 포기하지 않기를 잘했네, 혹은 그때 손을 뗐어야 했는데.

그런데 지금은 답을 알지 못해도, 이후에 답을 알 때보다 정확하고 확실한 답을 알 수 있는 방법은 있다. 그것은 바로, 지금 하는 일에 최선을 다하는 것이다(너무 뻔한 답인 거 안다. 그런데 이게 답인 걸 어쩌나?). 중요한 것은 이것이다. 남에게 보이기 위함이 아닌 스스로에게 당당히 말할 수 있을 정도로 최선을 다해야 한다는 것이다(정말 미안하다. 여전히 뻔한 답이어서). 그 노력을 남이 알든 모르든 상관없다. 자기만 알면 된다. 만약 자신에게 떳떳할 만큼 열심히 노력한다면 성공 가능성은 더 커질 것이다. 하지만 정말 열심히 노력한 뒤에 실패했다면, 이때에는 다시 도전하고픈 생각이 조금도 안 들 정도로 실패했을 테니 미련이 전혀 안 남을 것이다. 모 아니면 도. 이런 극단적 결과는 아주 중요하다. 어떤 일이 진짜 끝나는 것은 두 경우밖에 없기 때문이다. 물론 하나는 성공하는 것이고, 또 하나는 단순히 실패했거나 포기한 것이 아니라 그 일을 더 하고 싶다는 미련이 들지 않을 정도로 실패하거나 포기하는 것이다. 이후에 미련이 남지 않도록 현재에 충실하는 것, 이것은 더 확실한 성공과 더 분명한 실패를 위해 꼭 필요하다.

3.3　실패와 성공 사이에 들어갈 말은

　　　　　　　　　"〈겨울 왕국〉을 본 이 남자가 다음에 볼 영화는?"
라는 질문으로 시작하는 광고. 그리고 소파에 앉아 영화를 보는 남자가 앉아 있
는 각도, 동공이 확장되는 크기 등을 사뭇 진지하게 측정한다. 곧 하얀 가운을
입은 남자가 그가 시청한 영화들을 분석해 마침내 질문에 대한 답을 밝혀낸다.
　　"여주인공이 금발이야."
　　그러고는 여주인공이 금발인 영화를 추천해준다. 엄청난 연구 과정에 비해
결론이 다소 우습지만 소비자의 취향에 대해 다각도로 연구했다는 점에 있어서
는 대단하다 싶다.
　　근래 이런 광고가 나올 수 있었던 것은 기업이 소비자층을 꼼꼼히 분석했
기 때문이다. 소비자의 연령과 성별, 취향이 다름에 따라 주로 보는 영화도 다
름을 안 것이다. 그런데 소비자에 대한 이런 연구가 영화 시청 분야에서만 이루
어진 것은 아니다. 오래전부터 소비자 심리학 분야에서는 소비자에 대한 연구
가 있어왔다.
　　사이코그래픽스Psychographics는 소비자의 먹고, 일하고, 즐기는 생활양식을
파악해 어떤 사람이 어떤 소비를 하는지 알기 위해 만든 프로그램이다. 처음 개
발된 프로그램은 스탠퍼드에서 만들어진 'VALSValues, Attitudes and Lifestyles 1'이
다. VALS 1은 소비자를 네 가지로 분류했다. 욕구 추구 집단(기본적 욕구만 추구
하는 유형), 외부 지향 집단(타인의 시선을 의식하는 유형), 내부 지향 집단(스스
로 판단해 행동하는 유형), 통합 집단(내부와 외부 지향을 통합한 유형). 개발

자들은 이를 통해 각 유형의 소비자들의 소비 특성을 정확히 파악할 것으로 기대했다. 그런데 과연 성공했을까?

안타깝게도 VALS 1은 실패했다. 전체 소비자를 단 네 가지로 나누겠다는 시도도 무리이지만, VALS 1을 통해서는 소비자의 라이프스타일만 알 뿐, 그들이 어떤 소비를 하는지는 알 수 없었기 때문이다. 기본적 욕구만 추구한다 해서 쌀과 김치만 사지도 않을 테고, 외부를 지향한다 해서 쌀과 김치는 제쳐두고 유행하는 옷만 구매하지도 않을 테니.

이후 같은 연구 기관은 VALS 2를 만들었다. VALS 1의 실패를 통해 소비자를 네 유형으로 구분하는 것은 무리라 여겼는지 이들은 재정 상태 등의 요인을 추가해 소비자를 여덟 개 범주로 구분했다. 그리고 이번에야말로 소비자의 구매 패턴을 예측할 것이라 기대했다. 하지만 이 또한 실패했다. 일부 소비자가 소비 유형의 여러 범주에 중복 포함되었기 때문이다. 그런데 이런 문제가 일어나는 것은 내 소비 스타일만 보아도 당연하다. 물건을 고르는 기준이 상황에 따라 완전히 달라지기 때문이다. 샌드위치를 살 때에는 재료와 칼로리는 물론, 가격당 그램 수, 유통기한이 아닌 유통 시간까지 체크하지만, 케이크를 살 때에는 가게에 들어선 지 2분 만에 칼로리도 제일 높고, 가격당 그램 수 따위는 적혀 있지도 않은, 하지만 전시된 것 중 가장 먹음직스러운 케이크를 골라 포장까지 완료한다. 소비자의 이런 대중없는 소비 심리를 예측하기 어려웠던 VALS 2는 수정될 수밖에 없었다.

이 문제들을 보완해 마침내 만들어진 분석 도구는 LOVList of Value이다. LOV는 소비자를 추구하는 가치에 따라 분류했다. 자기실현, 재미와 즐거움, 타인과의 따뜻한 관계 등 아홉 가지 가치 중 소중히 여기는 가치로 소비자를 구분했다. 그리고 이번에야말로 구매 성향을 잘 예측하길 기대했다. 하지만 이 또한 실패했다. 자기실현 가치를 중요하게 여긴다 해서 자기 계발서만 구매하지는 않을 테고, 타인과의 따뜻한 관계 가치를 추구한다고 해서 타인을 위한 선물만 사지는 않을 테니.

VALS 1으로 시작해 LOV에 이르기까지, 프로그램을 만들 때마다 연구자들은 이번에야말로 소비자의 구매 패턴을 제대로 예측할 것이라 기대했다. 하지만 이 시도는 언제나 실패했고 프로그램은 수정될 수밖에 없었다. 그런데 이런 경우는 우리 삶에도 많다. 이번에야말로 성공할 줄 알았는데 알고 보니 이 또한 실패더라는 사이코그래픽스처럼, 지금이 바로 '그때'인 줄 알았는데 지나 보니 아니었더라는 경우들. 예를 들면 이런 것들.

10대였을 때 우리는 종종 좌절했다. 학교에서 더러 문제를 일으켰기 때문이다. 우리는 치마 교복 안에 체육복 바지를 입었다는 이유로 혼나 좌절했고, 머리 길이가 규정 길이를 초과한다는 이유로 야단맞아 좌절했다. 이름표를 가져오지 않은 날에 복장 검사를 하면 잔뜩 긴장했고, 지각하면 운동장을 몇 바퀴씩 돌아야 했기에 또 좌절했다. 그런데 한참이 지난 뒤 이런 생각이 들었다. 그때의 좌절이 진짜 좌절이었을까? 복장 문제, 두발 길이, 지각 때문에 야단맞던 것이 과연 좌절이었을까?

좌절은 자신이 세운 목표가 실패로 돌아가는 것이다. 우리는 과연 이렇게 말하며 생활 규칙에 대한 목표를 세웠나?

"학생이 교복 치마와 체육복 바지를 함께 입는다는 게 말이 됩니까? 너무 단정치 못한 거 아녜요? '학생은 치마와 바지를 함께 입어서는 안 된다'라는 교칙을 만들어 실천해야겠어요."

"공부하는 학생이 머리를 기르다니요. 세상이 어떻게 되려고……. '학생의 두발은 귀밑 4센티미터를 초과해서는 안 된다'라는 교칙도 만들어 지켜야겠어요."

목표 달성에 실패해 좌절했다는 그 '목표'는 우리가 만든 것이 아니었다. 누군가가 만들어놓은, 왜 지켜야 하는지 알 수 없는(나는 10년이 지난 지금까지도 그 이유를 알 수 없다) 그런 교칙을 우리는 어겼고, 그래서 혼나 좌절했다. 이런 좌절이, 이런 실패가 과연 진짜 실패였을까?

10대의 우리의 진짜 좌절은 이것이었다. 바로 성적이 떨어지는 것. 모의고사 점수가 가채점보다 떨어졌을 때 우리는 낙담했다. 친구가 내 성적을 추월하자 우리는 절망했다. 고3 3월 모의고사 점수와 10월 모의고사 점수가 같았을 때 우리는 세상에 배신당한 듯한 좌절을 겪었다. 이때의 절망과 좌절은 진짜 실패였을까? 10대에 우리가 할 수 있는 도전은 성적을 올리는 것뿐이었다. 그것만이 학교가 허한 도전이었다. 학교에서 시를 쓰거나 작곡을 하거나 그림을 그리는 것은 있을 수 없었다. 작곡과나 미대 지망생이 아닌 이상. 설령 국문학과 지망생이라도 시를 쓸 수는 없었다. 시를 쓰는 실기 시험이 없기 때문이다. 당시 우리에게 허락된 것은 모든 방법을 동원해 성적을 올리는 것뿐이었다. 그렇다면 이때 우리 성적이 떨어졌다면, 그것이 실패일까? 대략 200만 명에게 주어진 하나의 목표를 달성하지 못했으니 이 또한 실패라 해야 할까? 그런데 수많은 아이에게 하나의 목표만 주고 이를 달성하지 못하면 예외 없이 실패로 여기겠다는 생각이 정상일까? 이렇게 생각하는 것이야말로 실패가 아닐까?

지금까지 제대로 실패해보는 걸 실패한 우리는 당연하게도 20, 30대가 된 지금에야 수많은 실패를 겪고 있다. 삶 전체가 실패로 가득 차 있다 해도 누구하나 태클 걸 수 없을 정도로 처참히 실패 중이다. 간절히 쓴 입사 지원서는 담당자의 손을 스친 뒤 곧장 쓰레기통으로 향하고, 몇 년째 도전 중인 고시는 올해도 불합격이다. 특별한 스펙도 필요 없고 안정적이라 도전한 공무원 시험도 예상과 달리 쉽게 합격하지 않는다. 입학 당시 취업 걱정은 없다던 전공도 상황이 달라졌다. 먼저 졸업한 선배들이 이미 한 자리씩 차지해 이제 내 자리는 없다. 이렇게 우리는 계속 실패 중이다.

그런데 우리는 진짜 실패 중일까? 조금만 생각해보면 우리의 이런 상황은 당연하다. 몇 안 되는 길에 지나치게 많은 사람이 몰리기 때문이다. 지원자가 엄청나니 인사 담당자는 당연히 지원서를 대충 보고, 고시와 공무원 쪽 지원자도 넘쳐나니 쉽게 합격하지 않는다. T.O.가 쉽게 나지 않는 이유도 마찬가지. 그렇다면 우리의 이런 실패가 진짜 실패일까? 누구나 가려는 수월한 길을 나도 가겠다며 끼어들다 실패한 것이 과연 실패일까? 남들 뒤만 쫓아가면 누구나 종착점에 도착하는 트랙에 진입하다 실패한 것이? 합격만 하면 평생이 보장되는 안정된 일에 지원하다 불합격한 것이? 의문 끝에 이런 생각도 들었다. 실패는 차치하고, 우리의 이런 노력과 시도가 과연 도전이기는 할까? 그동안 우리는 도전이란 걸 해보기는 했나?

소비자의 구매 성향을 예측할 거라 기대했지만 매번 실패해 프로그램을 계속 수정할 수밖에 없었던 VALS 1과 VALS 2, 그리고 LOV. 그리고 매번 좌절하고 실패한 줄 알았지만 그것들이 진짜 실패는 아니었음을, 심지어 다시 생각해보면 도전이었는지 아닌지도 아리송한 것임을 지금에야 깨달은 우리. 이 둘은 절대 같을 수 없다. 소비자의 심리를 예측하고자 했던 사이코그래픽스 분석은 실패들을 바탕으로 더 나은 프로그램을 만들 수 있을 것이다. 소비자 구분 범주에 개방성 요인을 추가해 최신 트렌드를 쉽게 받아들이는지 아닌지를 고려한다면 더 정확한 소비 패턴을 알 것이다. 또 쇼핑 빈도를 첨가해 소비자 분류 형태에 변화를 줄 수도 있을 것이다. 실패들을 바탕으로 이런 시도들을 계속한다면 아마 언젠가는 소비 심리를 정확히 예측하는 프로그램이 만들어질 것이다. 그 프로그램의 이름은 LOV 3나 LOV 5쯤이 되지 않을까?

하지만 우리는 이후에 어찌 될까? 지금과 같은 모습으로 30, 40대가 되었을 때 우리 모습은 어떨까? 실패는커녕 도전다운 도전조차 제대로 해본 적 없는 우리는 어떻게 깨달음을 얻어 이후의 삶을 수정해나갈까? 혹시 현재의 실패가 진짜 실패인 줄 착각하며 계속 좌절하고 있지는 않을까? 아니면 지금까지의 우리처럼 실패인 듯 보이는 행동만 반복하고 있지는 않을까?

이런 어리석은 우리 행동을 멈출 방법은 하나이다. VALS 3와 VALS 4처럼 여러 프로그램을 만들어보는 수밖에 없다. 이 길이든 저 길이든 여러 길을 가보는 수밖에 없다. 자기만의 진짜 도전을 해보고 또 이를 통한 진짜 실패를 해보아야 이로부터 깨달음을 얻어 LOV 3나 LOV 5를 만들 수 있다. 아마 우리의 완성작은 LOV 10 정도일 수도 있고, LFF Learn from Fail Ver.5일지도 모르겠다.

우리는 종종 잊는다. '나는 실패했다'라는 문장 뒤에 '나는 성공했다'라는 문장을 이어 쓰기 위해 중간에 필요한 접속사는 '하지만'이나 '그러나'가 아니라, '그래서'나 '그랬기 때문에'라는 사실을. 이것만 기억하면 된다. 나는 실패했다. 그래서 성공했다.

4 가능성의 절대성

4.1 당신은 눈앞의 고릴라가 보이나요

고등학교 친구 중 초등학교 교사가 되기 위해 교대에 간 이들이 꽤 있다. 서울, 인천, 춘천, 공주, 진주 등 도마다 한 명씩 거의 빠짐없이 흩어져 있어 전국 일주를 해볼까도 생각했다. 물론 이들에게 숙식을 제공받으면서. 고등학교 졸업 후 2, 3년이 흘렀을 때 친구들이 모였다.

"전공 완전 재미없어. 내가 상상했던 공부가 아니야."

"나 유럽 여행 한 달 가려는데 뭐부터 알아봐야 하나?"

"남자 친구 생겼는데…… 복학생이야. 잘해주기는 하는데, 그런 느낌 알지? 왠지 아저씨 같은 거."

중구난방 내뱉는 우리 고민들은 거의 공통점이 없었지만 대학 2, 3학년이라면 대개 하는 것들이었기에 은근한 동질감도 느껴졌다.

그런데 이 속에서 교대에 다니는 친구들의 고민은 도드라졌다. 그들의 고민이 바로 결혼이었기 때문이다(물론 이것은 내가 아는 교대의 일부 학생들에게만 해당될 뿐 교대 학생들이 전부 이렇다는 것은 절대 아니다). 생뚱맞은 고민에 우리는 일단 크게 놀랐다. 하지만 그들의 관심도 이해되었다. 우리는 성인이었고 법적으로 결혼 가능한 나이였기 때문이다. 지금 당장 애인과 혼인신고를 해도 문제 될 것은 없었다. 부모님은 놀라 나자빠지시겠지만. 또 결혼에 관해 고민하는 시기가 정해져 있는 것도 아니지 않은가? "자, 지금부터 결혼에 관해 고민하세요!"라고 누군가가 알려주나? 게다가 다른 대학도 아닌 교대에서는 그런 이야기가 가능하다 싶었던 것이, 교대에는 사회생활을 하다가 늦게 교사에의 꿈을 꾼 이들이 많아 평균 연령이 타 대학에 비해 높았기 때문이다.

하지만 무언가 불편한 기분이 드는 것은 사실이었다. 교대 친구들은 벌써 결혼을 고민하는데 이제 갓 제대한 남자 친구 문제나 전공으로 고민하는 우리는 너무 뒤쳐져 있는 것 같았다. 결혼을 고민하는 그들이 대단해 보이고 부럽기까지 했다. '나름 열심히 살았다고 생각했는데 나는 그동안 뭘 한 건가?', '더 열심히 살아야 하나?'라는 생각이 들며 그동안의 인생에 대해 돌아보게 되었다. 그러다 이런 생각이 들었다. 그들과 우리의 차이는 뭘까? 그들은 벌써 결혼을 고민하는데 왜 우리는 할 수 없을까? 우리는 언제쯤 결혼을 고민할까?

고등학교를 졸업한 이가 결혼에 대해 생각하기까지, 일반적으로는 이런 질문들을 해야 할 것이다. 꼭 대학에 가야 할까? 취업을 하거나 다른 교육기관에서 공부하는 것은 어떨까? 이때 대안학교는 어떨까? 만약 대학에 간다면 어떤 학교에 갈까? 어떤 전공을 택할까? 복수 전공은 뭐가 좋을까? 취업에 도움 될 경영학을? 엉뚱하지만 철학은 어떨까? 휴학을 해볼까? 한다면 얼마 동안? 어학연수는 가야 할까? 간다면 언제, 어디로? 안 간다면 대안은 없을까? 대학 졸업 후 취직을 할까 계속 공부를 할까? 1, 2년 일한 뒤 대학원에 가는 것은 어떨까? 어떤 직종에 취직할까? 가장 핫한 직업? 연봉이 탑인 직업? 결혼은 빨리하는 것이 좋을까 아니면 다양한 연애를 해보아야 할까? 그런데 결혼은 꼭 해야 할까? 물론 모든 이가 이 모든 질문을 하는 것은 아닐 테지만 나름 꼼꼼히 생각해본다면 고등학교 졸업과 결혼 사이에 이런 질문들을 할 것이다.

결국 교대 친구와 우리의 차이는 이것이었다. 그들은 이런 질문들에 대해 빨리 고민하고 빨리 답을 얻어 바로 다음 질문을 고민했다. 혹은 하나를 결정함으로써 다른 문제들은 자연히 결정되는 1타 쌍피, 혹은 1타 3피의 결정력까지 발휘했다. 대학 선택과 동시에 전공 결정, 취업까지 해결한 것이다. 그들에게 남은 질문은 오직 결혼이었다. 하지만 우리는 1타 쌍피는커녕 1타 1피도 어렵다. 우리는 일부 문제들에 대해 여전히 고민 중이고, 고심 끝에 결정을 끝내고 다음 질문을 고민하는 사이에도 그 결정이 옳았는지 의문이 끊이지 않는다. 장고 끝에 복수 전공을 경영학으로 결정했지만 경제학이 나았나 싶고, 고심 끝에 선택한 전공도 마음속으로는 수십 번도 더 바꾸었다. 졸업 후 취직했지만 공부를 더해야 했나 싶고, 직장을 다니면서도 다른 회사에 기웃댄다. 이런 우리의 결정력을 확률로 나타내면 1타 1피는커녕 1타 마이너스 쌍피일 것이다. 그런데 우리가 이렇게 진도를 뒤로 나가는 동안에도 교대 친구는 벌써 저만치 앞서가고 있다. 이럴 때면 쓸모없는 고민 따위는 제쳐두고 하나를 결정한 뒤 뒤도 안 보고 앞으로 치고 나가는 교대 친구가 더욱 대단해 보인다. 결정력을 겨루는 올림픽이 있다면 우리나라 대표로 교대 학생들을 내보내도 될 듯했다. 우리는 물론 예선 탈락일 테고. 끝내는 이런 생각도 들었다. 이런 우리는 잘못 사는 걸까? 어차피 우리 앞에 놓인 선택지 중 일부는 피할 수 없으니 재빨리 고민하고 결정한 뒤 다음 고민에 집중하는 편이 더 나을까? 수많은 선택에 대해 과연 우리는 어떻게 대처해야 할까?

이 문제 해결에 도움이 될 실험이 있다. 2004년에 기발한 연구나 업적에 주는 이그노벨 상을 받기도 했다. 나는 수업 시간에 이 실험을 해보고 엄청난 충격을 받았다.

심리학 수업 시간이었다. 선생님은 짧은 영상을 보여주며 흰옷을 입은 사람들이 공을 주고받는 횟수를 세라고 하셨다. 영상에는 흰옷과 검은 옷을 입은 사람 각각 세 명이 공을 주고받고 있었다. 나는 흰옷을 입은 이들이 주고받는 공을 뚫어져라 주시했다. 공을 놓치지 않으려 〈무한 도전〉을 볼 때만큼의 집중력을 발휘했고, 눈을 감는 사이에 패스할까 봐 평소보다 빨리 눈을 깜박였다. 영상이 끝나고 학생들은 자기가 센 패스 횟수를 말했다. 내가 생각한 답도 누군가 외쳤다. 쉬운 실험이었기에 답은 2, 3회 정도의 오차가 있을 뿐이었다.

하지만 선생님은 우리 대답 따위는 신경도 안 쓰는 듯했다. 오히려 대답하는 우리의 표정을 눈여겨보았다(나중에 든 생각이지만, 이때 선생님은 우리 모습이 얼마나 우스웠을까?). 그러면서 되물으셨다.

"혹시 영상에서 이상한 점 발견하지 못했니? 무언가 지나간다거나 누가 봐도 농구 경기와 관련 없는 일이 일어나지는 않았어?"

우리는 그런 것은 전혀 못 보았다고 했다. 영상에서 단 한 번도 눈을 떼지 않았던 나 또한 그렇게 확신했다. 영상을 다시 보기 전까지는.

선생님은 영상을 한 번 더 보라고 하셨다. 이번에는 패스 횟수를 세지 말고 편하게 보라고 하셨다. 나는 같은 영상을 왜 또 보는지 궁금해하며 눈에 힘을 풀고 다시 보았다. 그런데 그때였다. 갑자기 화면 오른쪽 끝에서 시커먼 고릴라

복장을 한 사람이 등장하는 것이 아닌가! 고릴라는 공을 주고받는 이들 사이로 어슬렁대며 걸어와 카메라를 정면으로 보았다. 그리고 보란 듯이 가슴을 쿵쾅댔다. 나 여기 있다며. 그러고는 유유히 화면 왼편으로 빠져나갔다. 공을 주고받던 이들은 여전히 공을 패스하고 있었다. 이를 본 나는 소스라치게 놀랐다. 이 영상이 조금 전과 다른 영상일 것이라 의심도 했다. 패스 횟수를 세며 영상을 보았을 때에는 고릴라의 털끝도 안 보였기 때문이다. 이 실험은 우리의 '선택적 주의'를 보여준다. 눈앞에 있는 모든 것에 주의를 기울이는 것이 아니라 보고자 하는 것에만 주의하면 농구 경기장의 한가운데에 있는 고릴라처럼 무시하려 해도 절대 무시할 수 없는 자극도 놓칠 수 있음을 말해준다.

우리가 선택할 수 있는 것들은 가능성으로서 존재한다. 어떤 전공을 택할지, 어떤 직업을 가질지, 언제 결혼할지 등에 대해 아직 결정하지 않았다면 그것은 우리에게 가능성이다. 우리에게는 전공에 대한 약 200개의 가능성과 직업에 대한 10만 가지의 가능성이 있는 것이다. 고릴라 영상을 처음 보았을 때에도 내게는 많은 것을 볼 가능성이 있었다. 배경에 엘리베이터가 있음을 볼 수 있었고, 공을 패스하던 이들이 고릴라가 지나갈 때 터져 나오는 웃음을 애써 참고 있는 것도 볼 수 있었다. 가운데에 버티고 있는 고릴라를 피하기 위해 패스가 자연스럽지 않다는 것도 볼 수 있었다. 화면 정중앙의 고릴라는 도저히 안 보려야 안 볼 수 없었을 것이다. 하지만 선생님이 공에만 주의하라고 하자 나는 사람들의 표정, 배경은 물론 고릴라를 볼 가능성도 모두 지워버렸다. 나는 수많은 다른 가능성을 스스로 버린 것이었다.

흔히 가능성의 반대말은 불가능성이라고 한다. 그런데 가능성의 반대말은 완료 혹은 종료이기도 하다. 가능성은 선택의 기회가 남았다는 뜻이지만, 완료는 이것 혹은 저것으로 결정되어 선택의 기회가 없음을 뜻하기 때문이다. 하지만 우리가 선택을 완료했다고 여기는 것 중에도 간혹 완료되지 않은 것들이 있다. 여전히 가능성이 있기에, 선택의 기회가 있는 것들이다. 왜냐하면 우리는 때로 고릴라는 보지 못한 채 흰옷 입은 사람들의 패스 횟수만 센 뒤 영상을 다 보았다고 착각하기 때문이다. 삶에서 접하기 쉽고 택하기 쉬운 선택만을 취한 뒤 나머지 가능성들은 보지도 않은 채 삶의 선택들을 결정하고 완료하기 때문이다. 가끔 이런 의문이 든다. 우리는 과연 앞을 제대로 보고 있는 걸까? 혹시 지금 우리 눈앞에 세 마리나 되는 고릴라들이 어슬렁거리고 있지는 않을까? 그리고 우리는 이걸 못 보고 있지는 않을까? 그런데 눈앞에 어슬렁대는 고릴라만큼 매력적인 것을 못 보고 지나치는 것은 좀 안타까울 것 같지 않나?

4.2 1퍼센트의 가능성에 기대를 거는 것은 미친 짓인가

우리가 가진 가능성들은 셀 수 없이 많다. 하지만 하나를 택하면 다른 가능성들은 자연스레 포기된다. 한 대학에 입학하면 다른 대학에 중복 입학할 수 없고, 김 군과 사귀기로 했다면 최 군과는 사귈 수 없다, 대개는. 선택과 포기는 동시에 일어나기 때문이다.

하지만 선택과 포기가 반드시 이런 모습을 띠는 것은 아니다. 여러 선택지 중 하나의 성공 가능성이 지나치게 적을 때, 이 선택지는 처음부터 배제될 가능성이 크다. 수능 5등급을 받은 학생이 서울대에 입학할 생각을 조금도 안 하는 것처럼, 가로수길에서 이상형인 송혜교를 만나도 사귀자고 말하지 않는 것처럼. 성공 가능성이 희박한 서울대와 송혜교는 우리 선택지에서 이미 아웃되었다. 성공 가능성이 지나치게 적은 것은 다른 것을 선택함과 동시에 포기되는 것이 아니라 애초에 버려지기 때문이다. 그러면 궁금하지 않나? 우리는 어느 정도의 성공 가능성이 있어야 그것에 대해 선택을 열어둘까? 그리고 얼마나 성공 가능성이 적어야 미리 포기하고 선택지에서 삭제할까? 얼마의 등급 차이면 그래도 해볼 만하다며 원서를 쓸까? 어떤 여자 연예인 정도이면 사귀자고 말할까?

이 의문 해결에 도움을 줄 이가 있다. 예전에 알고 지내던 이, K이다. 중요한 것은 그가 하고 싶었던 것이 바로 정치였다는 것이다. 우리나라 전체 인구 중 대략 300명만이 할 수 있다는 바로 그 정치. 그는 꽤 진심이었던지 전혀 긍정적인 대답을 해줄 것 같지 않은 나에게도 아는 사람 중에 현직 정치인이 있는지 물었다. 그가 왜 정치를 하고 싶었는지는 아직도 모르겠지만 우리가 취업 준비 중 일반 기업과 관련된 일만 떠올릴 때 이처럼 실현 가능성이 적은 길을 가려는 그가 대단해 보였다. 그리고 그 꿈을 당당하게 말하는 그가 용기 있어 보였다. 그러다가 아는 언니에게 이 야망 있는(?) 인물을 소개해주고 싶어졌다. 서글서글한 성격, 중상의 외모, 크지도 작지도 않은 키, 미디어 전공. 다소 밋밋한 인물 소개 끝에 그의 차별화된 장래 희망이 떠올랐다.

"언니! 그 오빠 정치하고 싶어 해요."

이 말이 끝나자마자 언니가 말했다.

"걔 아직 철이 덜 들었구나."

물론 언니의 심정도 이해되었다. 그때 언니의 반응이 아마 일반적일 것 같다. 어렸을 때에는 정의로움에 불타 정치가가 되고 싶다는 허무맹랑한 꿈을 꿀 수도, 사회적 갈등을 해결할 대안을 구상해 실천에 옮겨보려 할 수도 있다. 하지만 대개는 이를 어렸을 때의 객기라 여긴다. 나이를 먹어 현실을 똑바로 보는 성인이 되면 자신이 할 수 있는 일과 할 수 없는 일을 구분해야 한다. 철이 든다는 것은 가능성이 그나마 큰 일과 가능성이 0에 가까운 일을 구분해 전자에 올인하는 것을 말하기 때문이다. 실제로 구직자가 회사원이 될 가능성과 정치인이 될 가능성은 99 대 1이다. 아니, 99.9 대 0.1이거나 더 극단적일 수도 있다. 그러므로 이성적이고 합리적인 판단을 하는 구직자라면 고려할 것 없이 일반 회사에 지원해야 한다. 99퍼센트가 아닌 1퍼센트의 가능성에 기대를 걸어 정치인이 되겠다는 것은 미쳤다는 소리 듣기 딱 좋다.

그런데 과연 그럴까? 99퍼센트가 아닌 1퍼센트에 기대를 거는 것은 정말 미친 짓일까? 실제로 인간은 생각보다 미친 짓을 많이 한다. 1퍼센트에 종종 기대를 건다. 게다가 1퍼센트에 기대를 거는 것이 실제로는 미친 짓이 아닐 수도 있다. 모든 확률이 1퍼센트보다는 99퍼센트를 선택하는 것이 옳다는 논리로 이루어진 것이 아니기 때문이다.

철학자 노먼 램지가 근래 제안한 주관주의 확률 이론이 있다. 어떤 일이 일어날 객관적 확률은 환상일 뿐이라 실제로는 존재하지 않고, 진짜 확률은 개인의 믿음의 정도라는 것이다. 이에 따르면 주사위를 던져 2가 나올 확률이 반드시 6분의 1인 것만은 아니다. 그동안 자신이 주사위를 던졌을 때 2가 꽤 많이 나왔다고 여기는 이는 3분의 1이라 생각할 수도 있고, 더 높은 확률이라 믿을 수도 있다. 그렇다면 바로 이 확률이 주관주의 확률 이론이 말하는 '주사위를 던졌을 때 2가 나올 확률'이다. 만약 지난 주말에 빨래를 하지 않아 입을 옷이 없어 불편했기 때문에 이번 주말에는 반드시 빨래를 할 것이라 100퍼센트 확신한다면, 이번 주말에 빨래를 할 확률은 100퍼센트이다. 그러므로 K가 정치인이 될 확률도 객관적 확률인 인구 비례당 국회의원 수, 즉 5000만 분의 300이 아니다. 그의 주관적 믿음이 크다면, 자신이 정치인이 될 것이라 거의 확신하고 있다면 그것이 바로 그가 정치인이 될 확률이다.

　그렇다면 그가 정치인이 될 확률과 내가 이번 주말에 빨래를 할 확률이 구체적으로 얼마인지 어떻게 알 수 있을까? 본인에게 물어보면 될까? "송가연 씨가 이번 주말에 빨래를 할 확률이 얼마라고 생각하나요?", "K 씨, 당신이 정치인이 될 확률이 얼마라고 생각하나요?"라고? 그런데 이것이 말이 되나? 나는 실제로는 이번 주말에 밥만 먹고 잠만 잘 계획이기 때문에 빨래를 할 생각이 없다 하더라도 말로는 호탕하게 100퍼센트라 말할 테고, K가 소심하다면 실제 추측보다 확률을 훨씬 줄여 말할 것이다. 그러므로 단지 본인에게 물어서 얻는 답은 답이 아니다. 게다가 어떤 이론이 정확한 확률을 알기 위해서 '본인에게 물어보면 알 수 있다'라고 주장하겠나?

　주관주의 확률 이론에서는 그의 믿음의 정도를 알기 위해 그의 행동을 관찰해보라고 한다. 만약 주사위를 던져 2가 나올 확률에만 만 원을 건 이가 있다면, 그가 생각하는 2가 나올 확률은 6분의 1을 훨씬 넘을 것이다. 그리고 K가 용기 있게 정치에 뛰어든다면, 그가 평가하는 자신이 정치인이 될 확률은 5000만 분의 300보다 훨씬 높다.

　그런데 조금 더 생각해보면 주관주의 확률 이론이 말하는 이런 확률도 그리 정확하지는 않다. K가 정치인이 될 통계적 확률을 0.0001퍼센트라 가정하고 주관적 확률을 30퍼센트라 추정한다 해도 그가 정치인이 될 '실제' 확률은 0퍼센트와 100퍼센트 둘뿐이다. 정치인이 되거나 혹은 안 되거나. 되면 100이고,

안 되면 0이다. 그런데 만약 그가 처음부터 정치를 할 가능성이 너무 적다며 아무런 실천도 안 한다면 어떨까? 그렇다면 그가 정치인이 될 확률은 무조건 0퍼센트이다. 하지만 평소 지지하던 정당에서 활동하든가 지방선거에 출마한다면 그가 정치인이 될 확률은 100퍼센트일 수도 있다. 그러므로 원하는 일의 성공 가능성이 너무 적다며 아무런 시도조차 안 하는 것, 진작 포기하는 것, 이것은 어쩌면 100퍼센트의 확률을 포기하는 것일 수도 있다.

어쩌면 우리의 꿈이 이루어질 통계적 가능성 따위는 처음부터 중요하지 않았을 것이다. 처음부터 그런 가능성 따위는 없었을지도 모른다. 그런 것은 우리가 임의로 만든 것일 수도 있다. 적어 보이는 가능성에는 조금도 도전하지 않으려는 우리의 두려움과 용기 없음이 그 가능성을 더 낮게 만들고 있었을 것이다. 실제로 우리에게 존재하는 확률은 꿈을 이루거나 혹은 이루지 못하거나, 100과 0, 두 가지뿐이기 때문이다. 그러므로 아주 적은 가능성에 도전하는 것, 그것은 어쩌면 100퍼센트의 가능성에 도전하는 것일지도 모른다.

4.3   이익이냐 손해이냐 그것이 문제로다

지인을 만나 식사를 하며 이야기를 나눴다. 밥도 맛있고 서로의 근황도 특별할 게 없으니 둘 다 밥만 먹어댔다. 그도 무료한 일상을 전했고 나도 건조한 내 소식을 더 건조한 말투로 전했다.

"나 요즘 아르바이트해. 로스쿨 입학 자격시험, 리트LEET 모의고사 문제를 만들고 있어. 조금만 더 생각하면 뇌의 어떤 영역에서 불이 나 머리가 터지겠다 싶을 때 한 문제가 완성돼."

하지만 그의 반응은 촉촉하다. 입으로 들어가던 수저를 멈추고 고개를 들더니 눈을 커다랗게 뜨며 말한다.

"나 요즘 로스쿨에 관심 있잖아."

그러고는 덧붙인다.

"그런데 고민할 게 한둘이 아니야."

멈췄던 수저를 입으로 가져가며 그가 이야기를 시작했다.

"물론 지금이라도 이 지긋지긋한 회사를 때려치우고 로스쿨 준비를 할 수도 있어. 그런데 내가 합격한다는 보장이 없잖아. 만약 떨어지면 나는 뭐 먹고 사냐? 그런데 합격해도 문제야. 등록금도 엄청날 뿐 아니라 내가 변호사가 될 때쯤에는 파산하는 변호사도 수두룩할걸? 로펌에 들어가도 별수 없어. 펌 자체가 망하기도 하니까. 요즘 이런 생각을 하면 잠도 안 와. 너는 어떻게 생각하냐? 내가 회사를 계속 다니는 것이 나을까 로스쿨 준비를 하는 것이 나을까?"

내가 본인도 모르는 본인 문제의 답을 어찌 아나? 내가 눈만 껌벅이고 있자 그도 별 기대 안 했는지 곧 말을 잇는다.

"그런데 말이야, 내가 만약 이 회사를 계속 다니면 어떻겠니? 입사 4년 차에는 대리가 될 거고 또 4년 후에는 과장이 될 거야. 물론 그때에도 일이 재미있지는 않을 테지만 그래도 로스쿨보다는 여기에 기대를 거는 것이 낫지 않을까?"

스스로 문제를 내고 답까지 말하는 그를 보니 이런 생각이 들었다. 오래 말하느라 고생했다. 그런데 뭘 그렇게 길게 말했냐. 결국 네가 하고픈 말은 이 두 문장이잖아.

"나는 지금 하는 이 일이 썩 마음에 들지 않아. 하지만 불확실한 다른 일을 위해 안정적인 이 일을 그만두기는 싫어."

이런 그의 고민은 우리의 고민이기도 하다. 우리도 현재의 학교나 직장을 당장에라도 때려치우고 싶지만 이를 포기하고 다른 일을 시도하는 것도 망설인다. 현재 일을 계속하는 것도 흥미 없지만 새로운 무언가를 시작하는 것도 불확실하기 때문이다. 차라리 어느 한쪽이 아주 별로라면 덜 고민될 텐데 지금 하는 일과 새로운 일 모두 비슷한 정도로 내키지 않으니 더 고민이다. 최악과 차악 둘 중 선택해야 한다. 그렇다면 이때 어떤 선택을 해야 할까? 재미는 없지만 안정적인 회사를 계속 다녀야 할까? 아니면 진짜 원하지만 불확실한 다른 일에 도전해야 할까? 아까도 말했듯 이 문제의 답을 내가 어찌 아나? 하지만 나는 이 문제를 아주 심플하게 바꿔볼 수는 있다. 이렇게.

누군가 당신에게 돈을 주겠다고 제안한다. 어떤 방법으로 받고 싶나?

1. 그냥 만 원을 받는다.
2. 이길 확률이 25퍼센트인 게임을 해서 만약 당신이 이기면 4만 원을 받고, 지면 아무것도 못 받는다.

아무것도 못 받을 수도 있는 2번보다는 무조건 돈을 받는 1번이 더 당기지 않나?

이번에는 누군가가 당신의 돈을 빼앗겠단다. 두 방법 중에 어떤 것을 택하겠는가?

1. 만 원을 무조건 빼앗긴다.

2. 승률이 25퍼센트인 게임을 해서 만약 당신이 지면 4만 원을 빼앗기고, 이기면 전혀 빼앗기지 않는다.

이때에는 어떤가? 가만히 앉아서 돈을 빼앗기기보다는 어떤 시도라도 해 보고 싶지 않나?

이 문제는 노벨 경제학상을 받은 심리학자들, 대니얼 카너먼과 아모스 트버스키의 실험을 재구성한 것이다. 이들의 실험 결과도 우리 예상과 일치했다. 사람들은 돈을 받을 때에는 확률을 따지기보다는 확실히 돈을 받으려 했고, 돈을 빼앗길 때에는 그냥 빼앗기기보다는 어떤 시도라도 하려 했다. 사람들은 가만히 있어도 안정된 이익이 보장되는 상황에서는 일부러 위험을 추구하지 않는다. 반면 손실이 예상될 때에는 가만히 앉아서 당하고만 있지 않는다. 과감하게 도전해서 어떻게든 상황을 바꾸려 한다.

지금 다니는 회사가 마음에 들지 않지만 불확실한 다른 일에 도전하지는 않는 K의 모습이자 우리의 현재 모습은 돈을 받고 있는 첫 번째 조건이다. 확률을 따져가며 이익을 취하는 것이 아니라 안정적으로 만 원씩 받고 있다. 어찌어찌 버티면 월말에 무조건 월급을 받는다. 그래서 확실한 이익이 보장되지 않고 확률을 따져 돈을 받는 환경으로 자신을 내몰고 싶지 않다. 그래야 할 필요를 못 느낀다. 회사와 로스쿨을 저울질하던 K가 결국 회사에 머무르기로 한 것도 이런 이유에서였을 것이다.

그런데 문득 이런 생각이 들었다. 현재 우리가 처한 상황은 정말 첫 번째 조건일까? 우리는 지금 이익을 얻고 있을까? 우리가 얻는 쥐꼬리만 한, 아니, 올챙이 꼬리(올챙이의 큰 꼬리도 개구리가 되면……)만 한 월급은 과연 우리에게 이익일까? 그런데 왜 우리는 만족감과 행복을 느낄 수 없을까? 우리의 청춘은 어디로 사라졌을까? 그리고 우리는 왜 앞으로도 더 행복할 것 같지 않을까? 혹시 우리가 처한 상황이 이익을 얻는 조건이 아니라 행복과 젊음 등을 빼앗기고 있는 조건은 아닐까? 혹시 우리는 우리의 행복과 젊음을 내놓으라며 달려드는 이들에게 가만히 당하고만 있는 것은 아닐까? 무조건 행복을 빼앗거나 혹은 내기를 해서 우리가 이긴다면 행복을 빼앗지 않을 수도 있다고 말하는 이에게 우리는 아무런 저항 없이 행복과 젊음, 청춘을 죄다 내주고 있는 것은 아닐까? 그렇다면 가만히 앉아서 전부 털리느니 일단 싸워보아야 하는 것은 아닐까?

잘 생각해보자. 우리는 지금 행복을 얻고 있을까, 행복을 빼앗기고 있을까? 우리는 지금 이익을 얻고 있을까, 손해를 보고 있을까?

5 연애의 진정성

5.1 연출된 행동, 문자메시지, 그리고 한 사람

남자 친구와 잘 만나던 친구 P가 어느 날부터 이상한 행동을 하기 시작했다. P의 친구 중 누가 보아도 그녀의 남자 친구라면 짜증이 나겠다 싶은 행동을 하는 이가 있었는데, P가 그 친구의 행동을 따라 하기 시작한 것이다. P는 남자 친구가 전화를 안 받으면 짧은 간격으로 계속 전화를 해 부재중 전화 열다섯 통을 채웠다. 그리고 남자 친구의 친한 직장 여자 동료도 질투하기 시작했다. 평소 질투가 없다며 P를 이상하게 여기던 그가 깜짝 놀랄 정도로. 게다가 남자 친구가 조금만 삐치거나 실수를 해도 P는 언성을 높이며 불같이 화냈다. 얼마 안 가 견디다 못한 남자 친구는 소리를 버럭 지르며 분노했다. 하지만 이때 P는 오히려 침착해졌고, 미소마저 지어졌다 했다.

한참 뒤 P가 내게 말했다.

"전부 그를 테스트해본 거야."

그러면서 덧붙였다.

"남자 친구가 예전에 군대랑 회사에서 크게 욱한 적이 있다고 했거든. 그래서 나에게도 그럴 거라 짐작했지. 그런데 그가 나에게는 절대 그러지 않을 거라 우기는 거야. 그 말을 어떻게 믿니? 그래서 그 말이 진짜인지 아닌지 테스트해 본 거야."

본인이 그렇게 안 하겠다는데 뭘 테스트까지 하나 싶었지만 P의 말도 일리가 있었다. 일반적으로 거짓말은 하기 쉬워도 거짓 행동을 하는 것은 어렵기 때문이다. 그래서 우리는 가끔 이성 친구의 말보다 행동에서 더 많은 정보를 얻기도 한다. 그가 카톡 대화 목록 중 한 인물에 대해 "그냥 아는 여동생이야"라고 말할 때 입술에 침을 묻히고, 나와 시선을 제대로 못 맞추고, 다리를 떠는 행동을 통해 '그냥 아는 여동생'의 실제 의미가 '어장에서 관리 중인 고기' 혹은 '조만간 갈아타기 위해 대기시켜놓은 여자'임을 도출하기도 한다. 그래서 우리는 신뢰하기 어려운 상대의 말보다 그의 실제 행동을 보고자 한다.

이를 위해 우리는 그의 행동이 잘 드러나도록 주변을 세팅한다. 그가 완벽한 환경에서 테스트를 받을 수 있게 최적화된 무대를 만든다. 이 모든 것을 준비하는 연출가인 우리는 그에게 수십 번 전화하고 질투도 하는 상대 배우의 역할까지 해야 한다. 주연이 상황에 몰입해 진짜 내면을 표현할 수 있게 돕는 것이다. 이런 잘 짜인 무대에서 남자 친구는 자신의 솔직한 모습을 드러내기만 하면 된다. 이렇게 우리는 '주연: 남자 친구, 각본 및 연출 및 조연: 나'라는 연극 무대를 통해 그의 실제 행동을 테스트한다.

그런데 궁금하지 않나? 이 테스트의 결과를 과연 믿을 수 있을까? 무대에서의 그의 행동을 신뢰할 수 있을까? 일단 믿어도 된다는 근거가 있다.

1930년, 스탠퍼드 대학의 사회학자이자, 전형적인 미국인인 리처드 라피에르가 한 실험이다. 그는 젊은 중국인 부부와 2년 동안 미국 여행을 했다. 이들은 184개의 식당과 67개의 숙박 시설을 방문했는데 당시는 미국에서 반중 열풍이 불었던 때라 이들은 인종 차별을 겪을 것이라 예상했다. 하지만 151명을 만나는 동안 차별을 경험한 것은 단 한 번이었다. 이를 통해 라피에르는 결론 내렸다. 미국인은 중국인에 대한 편견이 없다고. 6개월 후, 라피에르는 방문했던 식당과 숙소에 설문지를 보냈다. '당신의 영업장에 중국인을 고객으로 받아들이겠습니까?'라는 질문을 적어서. 돌려받은 128개의 설문지 중 118곳에서 중국인을 받지 않겠다고 말했다.

말로 드러나는 추상적인 의견은 실제 행동과 전혀 관계가 없다. 인종차별을 하겠다고 말한 이도 실제로는 차별하지 않을 수 있고(물론 반대일 수도 있고), P에게만은 불같이 화를 내지 않을 것이라는 남자 친구의 말도 실제 상황에서는 지켜지지 않을 수 있다. 그러므로 라피에르의 실험에 따르면 남자 친구의 말을 믿기보다 테스트를 통해 그의 행동을 직접 본 P가 현명했다.

여기, 또 다른 친구 H가 있다. H도 남자 친구의 무언가를 믿을 수 없어 했는데, 그것은 과연 무엇이었을까?

남자 친구와 만난 지 얼마 되지 않았을 때 H가 고민을 털어놨다.

"사실 사귀기 전부터 알고는 있었어. 그가 예전 여자 친구(이하 엑스)와 지금껏 연락한다는 것을. 그래서 아직 엑스를 못 잊나 해서 사귀기 전에 망설이기도 했지. 그런데 그에게 물으니 이미 엑스와는 아무 사이도 아니라는 거야. 그냥 친구래. 물론 나도 둘이 여태 연락한다는 게 찝찝했지. 그런데 어쩌냐, 그가 좋은데. 또 나와 만나다 보면 엑스와는 조금씩 멀어질 거라는 기대도 했지. 그런데 얼마 뒤에 알고 보니 이 둘이 그냥 친구가 아니라 무지 친한 친구인 거야. 야, 네가 이 상황이라면 어떻겠냐? 신경이 안 쓰이겠냐? 그래서 그에게 진지하게 다시 물었지. 둘이 진짜 무슨 사이냐고. 그런데 엑스는 진짜 친구일 뿐이래. 이 말 진짜 믿어도 되냐?"

이렇게 묻기에 나는 쿨하게 답했다.

"그가 친구 사이라잖아. 그럼 믿어야지 별수 있냐."

물론 이것이 실제 내 생각이기도 했지만 H의 속이 타들어가는 냄새를 맡으면서도 내가 더 무심하게 답한 이유는 H가 이 이야기를 꺼냈을 때부터 이미 이런 말을 왜 하는지, 앞으로 어떤 행동을 할 것인지가 빤히 보였기 때문이다. H는 내 의견이 궁금해서 이야기를 꺼낸 것이 아니었다. 진짜 속셈은 '그의 말을 못 믿겠다'라는 자신의 생각을 밝히고, 앞으로의 자기 행동을 합리화하기 위한 것이었다. 역시나 H는 내 의견을 듣는 둥 마는 둥 하더니 며칠 뒤 '그 행동'을 실행했다. 남자 친구 몰래 그의 휴대전화 잠금을 풀었다. 나에게 말을 꺼낸 뒤 정확히 이틀 만이었다.

그렇다면 궁금하지 않나? 남자 친구와 엑스가 주고받은 문자메시지를 확인함으로써 H는 둘의 관계의 진실에 더 다가갈 수 있었을까? 일단은 그렇다. 그의 말보다 문자메시지를 신뢰한 H가 옳았다. 이를 지지할 근거는 바로 미국 드라마 〈CSI〉이다.

〈CSI〉는 과학 수사대가 범죄 사건을 해결하는 모습을 그린 수사 드라마이다. 시즌이 계속된 만큼 범죄 소재는 다양하고 신선했지만 수사대원들이 범인을 찾는 과정은 한결같았다. 살인 사건이 발생하면 누워서 멍 때리며 텔레비전을 보던 시청자도 의심하고도 남을 만큼 누가 보아도 범인으로 보이는 용의자가 붙잡혀 와 심문을 받는다. 하지만 수사대원들은 그가 뭐라 떠들든 현장으로 출발한다. 그리고 그곳에서 증거들을 찾는다. 중요한 단서인 도자기가 산산조각 났을 때에는 조각들을 모두 실험실로 가져와 원래 모양으로 복원한다. 커다란 쓰레기통에서 시체가 발견되면 쓰레기통 안의 모든 쓰레기를 하나하나 분석한다. 총알은 기본이고 구겨진 종이, 유리 조각, 먼지 한 톨까지 살핀다. 시체를 부검할 때에도 상처나 두발, 입속과 손톱 끝에서 발견되는 작은 증거도 간과하지 않는다. 섬유 조각이나 벌레, 사망 직전에 먹은 음식 등이 사건 해결에 실마리를 주기 때문이다. 이들은 이런 물리적 증거들로 범인의 단서를 추적해나간다. 물론 이 과정에서 용의자도 수차례 바뀐다. 하지만 이들은 용의자의 진술에는 여전히 관심이 없다. 결국 마지막에 범인의 손에 수갑을 채우는 것은 누군가의 진술이 아니라 현장에서 발견한 물리적 증거 때문이다.

물리적 증거는 말보다 힘이 세다. H는 이를 잘 알고 있었다. 그래서 발언과 동시에 사라지는 남자 친구의 말보다 휴대전화 액정에 새겨진 셀들의 배열을 더 신뢰했다. 귀로 들은 말보다 두 눈으로 확인한 물리적 증거를 더 믿었다. 어쩌면 그랬기 때문에 H는 둘의 관계의 진실에 더 다가갈 수 있었을 것이다.

물론 P와 H의 남자 친구들의 말이 거짓이고, P가 테스트를 통해 본 그의 행동이, H가 휴대전화로부터 얻은 물리적 증거가 두 남자의 진짜 모습을 보여준 것일 수도 있다. 테스트에서 보인 행동과 물리적 증거는 절대 거짓을 말하지 않기 때문이다. 그러므로 이를 통해 남자 친구의 본 모습을 알고자 했던 P와 H가 옳았는지도 모른다.

그런데 어느 날 이런 생각이 들었다. 우리는 지금 누구와 연애 중인가? 꾸며진 세트장 속에서 우리가 보게 될지 아닐지 알 수 없는 그의 '연출된 행동'과

연애 중인가? 그의 휴대전화의 '문자메시지'와 연애 중인가? 아니면 '한 사람'과 연애 중인가? 우리가 아플 때 약을 사다 줄 수 있는 것은 무엇인가? 우리가 힘들어할 때 함께 울어주고 안아줄 수 있는 것은 무엇인가? 비 오는 날 공원을 함께 산책할 것은 무엇인가? 우리에게 보고 싶다고, 사랑한다고 말해줄 수 있는 것은 무엇인가? 우리는 누구와 연애하고 있나?

우리는 무엇을 믿어야 할까? 그의 연출된 행동일까? 문자메시지일까? 아니면 한 사람일까?

5.2   연애의 목적

아리스토텔레스는 말했다.

"모든 사물에는 목적이 있다."

전화벨이 좀처럼 울리지 않는 내 휴대전화는 기상을 돕는 알람 시계로의 목적이 있고, 좀처럼 안 입는 옷들은 집을 어지럽히는 데 목적이 있다. 그는 인간도 목적의 관점에서 보았다. 내가 밥을 배불리 먹고 나서 케이크를 또 먹는 목적도 달콤함을 느끼기 위해서이고, 운동을 하는 목적 또한 식후의 달콤함을 매일 느끼고 싶어서이다.

연애에도 목적이 있다. 영화 〈연애의 목적〉에서 유림(박해일)의 연애의 목적은 섹스였고, 홍(강혜정)의 목적은 편안함을 얻는 것이었다. 연애에 대한 목적이 달랐던 둘은 다투기도 하고 잠시 헤어지기도 했지만, 마지막에는 서로의 목적을 이해하고 진짜 연애를 시작한다. 그렇다면 우리의 연애의 목적은 뭘까? 우리의 연애의 목적도 섹스나 편안함일까? 아니면 누군가를 사랑하고 사랑을 받고픈 욕구의 충족일까?

영화와 현실의 관계를 생각하다 보면 x와 y, 두 축에 절대 닿지 않는 그래프가 생각난다. 부드러운 'ㄴ' 모양의 그래프이다. 이 그래프는 각 축에 가까워지며 0에 다가가지만 0.00001 또는 0.0000001에 접근할 뿐 절대 0으로 수렴하지는 않는다. 영화와 현실이 이렇다. 이들은 절대 맞닿지 않는다. 영화와 달리 현실에서 우리의 연애의 목적은 대개 결혼이기 때문이다. 물론 우리도 연애에서 섹스와 편안함을 추구한다. 이들이 빠지면 섭섭한 연애가 될 것이다. 하지만 이들은 연애의 필수 목적일 뿐, 최종 목적은 아니다. 특히 연애 횟수가 증가할수록, 나이가 많아질수록, 연애의 여러 목적은 대개 결혼으로 수렴한다.

물론 우리도 20대 초에는 외모나 성격이 마음에 들고 기타 취향을 적당히 만족해주는 상대와 충분히 연애할 수 있었다. 하지만 사회가 정해놓은 '결혼 적령기'라는 시기에 가까워질수록 외모나 성격은 종종 '결혼 가능성'이라는 조건으로 대치되어버린다. 연애를 시작하기도 전에 그에 대해 전혀 알지 못해도, 그와 결혼을 할 수 있을지 없을지는 그와 연애를 할 것인가 말 것인가, 심지어 그에게 연락처를 줄 것인가 말 것인가를 판단하는 아주 중요한 기준이 된다. 우리에게 결혼은 연애가 궁극적으로 도달해야 할 최종 목적지이기 때문이다.

그런데 아리스토텔레스가 말한 '목적'은 내가 케이크를 먹어 달콤함을 느꼈다고 해서 이루어졌다고 볼 수는 없다. 달콤함을 느끼는 것에는 또 다른 목적이 있기 때문이다. 그것은 바로 행복해지는 것이다. 결국 나는 행복해지기 위해 달콤함을 느끼려 했던 것이다. 그러므로 달콤함을 느끼는 것은 행복을 위한 도구적 목적들이다.

반면 행복해지는 것에는 또 다른 목적이 있지 않다. 누군가가 당신에게 "너는 왜 행복해지려 하니?", "행복해지려는 목적이 뭐니?"라고 물으면 뭐라고 답할까? 이런 질문만큼 말도 안 되는 질문이 있을까? 엉뚱한 질문을 하는 것을 좋아하는 나도 이런 질문은 안 한다. 행복해지는 것은 너무나 당연하게도 우리의 최종 목적이기 때문이다. 이것은 무언가를 위한 수단이 아니라 그 자체가 목적인, 다른 목적이 필요 없는 완전한 상태이다.

마찬가지로 우리에게 결혼을 위한 도구적 목적 혹은 도구적 행동은 연애이고, 결혼이야말로 연애의 궁극 목적이다. 연애만으로는 왠지 불완전한 사랑 같고, 다른 무언가를 더 추구해야 할 것 같다. 게다가 10년 동안 연애만 할 뿐 상대가 결혼하자는 이야기를 하지 않으면 그가 나를 덜 사랑하나 싶기도 하다. 이와 달리 결혼은 이런 불완전한 사랑이 완성된, 완전한 사랑처럼 느껴진다. 아리스토텔레스의 말처럼 우리 행동의 궁극 목적이 행복해지기 위해서라면 연애보다는 결혼을 해야 진짜 행복해질 것 같다. 그런데 아리스토텔레스도 이에 동의할까? 결혼해야만 진짜 행복할 수 있다고 여길까?

지금까지 말한 아리스토텔레스의 '행복'에 해당하는 실제 그리스어는 에우다이모니아eudaimonia이다. 그리고 우리가 사용하고 있는 단어 중, 에우다이모니아와 가장 근접한 단어는 행복이 맞다. 하지만 에우다이모니아와 행복은 조금 다르다. 행복은 만족이 다 된 상태이다. 어떤 것을 통해 충분히 만족해 그것으로 더는 만족이 있을 수 없는 상태이다. 때문에 이것은 또 다른 만족을 줄 다른 것을 원하는 상태이기도 하다. 케이크가 아무리 달콤해도 충분히 먹고 나면 김치나 떡볶이가 생각나는 것처럼. 반면 에우다이모니아는 어떤 것으로 충분히 만족하고 있고 그것을 계속 추구할 수 있는 상태이다. 이것은 커다란 만족을 느끼고 있는 과정이나 만족이 진행 중인 상태를 나타낸다. 때문에 에우다이모니아는 어떤 것을 통해 완전한 만족을 느꼈다고 해서 다른 만족을 찾지 않는다. 그것을 통해 계속 만족을 느낄 수 있기 때문이다. 좋아하는 취미 생활을 계속한다든지, 창의적인 예술 활동을 끝없이 하는 것 등이 이에 해당한다.

행복과 에우다이모니아의 차이를 떠올리자 궁금해졌다. 우리의 연애의 목적은 행복이어야 할까? 이미 연애로는 충분히 만족되어 다른 것, 즉 결혼을 통해야만 새로운 만족을 얻을 수 있을까? 우리의 연애의 목적이 에우다이모니아일 수는 없을까? 연애를 통해 그 자체만으로도 충분히 만족을 느끼고 행복할 수 있어서 또 다른 행복인 결혼으로 굳이 넘어가지 않아도 될 수는 없을까? 연애만으로도 충분히 행복을 느끼고 계속 행복할 수는 없을까?

우리의 연애의 목적은 뭘까? 행복일까 에우다이모니아일까?

6   연애의 주체와 객체

6.1   주객 관계

중세 교부철학을 이끌었던 아우렐리우스 아우구스티누스. 그가 본 인간은 이랬다. 신은 인간에게 윤리, 도덕적 문제들을 스스로 고민하고 선택하도록 자유의지를 주었다. 온몸이 찢어질 듯한 고통 때문에 삶 자체가 고역인 환자에게 안락사는 끝까지 불법이라 말하는 것이 옳은지, 또 이런 극단적일 수 있는 사례 때문에 안락사가 합법화되는 것이 과연 정당할지 등의 문제에 대해 인간 스스로 답을 찾도록 했다. 하지만 인간은 이런 자유의지를 처음부터 잘못 사용했다. 아담이 신의 말을 거역하고 선악과를 따 먹은 것이다. 선악과를 먹을 것인가 말 것인가를 고민하라고 준 사유의지가 아니었는데 말이다. 이 원죄로 인해 인간은 수치심을 알게 되었고 스스로를 구원할 수 있는 능력도 상실하게 되었다. 그리고 오직 신의 은총에 의해서만 구원받을 수 있게 되었다. 이런 보잘것없는 존재가 된 인간에게는 자연도 공포의 대상이었다. 홍

수나 지진 등의 자연재해가 언제 어떻게 발생할지 전혀 예측할 수 없었기 때문이다. 그러므로 중세의 인간이 할 수 있는 일이라고는 신에게 의지해 구원을 받거나 천재지변이 일어나지 않기를 바라는 것뿐이었다.

하지만 인간의 스스로를 바라보는 시각은 근대에 이르러 완전히 바뀐다. 통일국가가 늘어나고 상공업이 발달하면서 농노들이 도시로 빠져나가자 봉건제도가 무너지기 시작한 것이다. 게다가 종교개혁과 십자군 전쟁에 의해 중세의 또 다른 기둥인 기독교 세력도 붕괴하기 시작했다. 이런 흐름을 바탕으로 르네상스를 통해 인간의 주체성을 다시 찾자는 운동도 일어나기 시작했다. 그 결과 인간은 신을 중심에 두고 스스로를 경시하던 사고에서 벗어나기 시작했다. 자신의 욕망을 자연스러운 것으로, 스스로를 귀한 존재로 보기 시작했다.

니콜라우스 코페르니쿠스, 갈릴레오 갈릴레이, 아이작 뉴턴 등에 의해 자연과학도 발달해 자연에 대한 인식 또한 달라졌다. 자연에 대한 지식이 늘어나자 자연에 순응할 수밖에 없었던 인간이 자연의 노예에서 자연의 정복자로 탈바꿈한 것이다. 인간은 석탄을 활용해 증기기관차도 만들었고, 목화로 면직물을 대량 생산하기도 했다. 철과 석탄 등의 천연자원이 풍부했던 영국에서는 가장 먼저 산업혁명이 일어났다. 인간에게 공포의 대상이었던 자연이 몇백 년 만에 인간의 도구이자 이용 대상이 된 것이다. 결국 인간은 자연을 이용하는 주체가 되고 자연은 인간에 의해 이용당하는 대상인 객체가 되었다.

이후 자연과학은 더 발달했고 인간은 자연을 도구로 보는 것에는 아주 익숙해졌다. 새로운 품종 개발을 위해 식물의 유전자를 마구 조작했고, 소의 성장 촉진을 위해 먹여서는 안 될 것들도 먹였다. 하지만 이에 곧 싫증 난 인간은 시선을 인간에게 돌렸고, 다른 인간들을 도구로 삼기 시작했다. 마침내 인간들 사이에서도 주체와 객체가 나뉘기 시작한 것이다. 주체가 된 인간은 객체인 인간을 자신의 목적을 위해 이용했고, 과거 인간이 자연을 대했듯 타인이 자신을 위해 존재한다고 여기기 시작했다. 다행히 아직은 타인의 유전자를 마구 조작하지는 않지만 더 많은 이윤을 남기기 위해 타인이 먹을 음식에 이상한 짓은 한다. 젤라틴으로 계란을 만들거나 유통기한이 넘은 음식을 팔거나. 그리고 이런 주객 관계는 마침내 인간의 연애 관계에도 등장한다.

6.2 상대를 덜 사랑해야 이기는 연애일까

서로 공평하게 사랑하자는 의미에서 이렇게 연애하는 이들이 있다고 해보자.

"오전에는 내가 전화했으니까 오후에는 네가 전화해."

"저번에는 네가 선물을 주었으니까 이번에는 내가 줄 차례네."

"지난주에는 내가 저녁 메뉴와 영화를 골랐으니 이번에는 모두 네 취향대로 골라."

"네 잘못도 한 번 넘어가주었으니 이번에는 내 잘못을 못 본 척해줘."

뭐 하자는 건가? 이렇게 하면 과연 서로 공평하게 사랑할 수 있을까? 뭐, 합리적으로 사랑한다고는 볼 수 있다. 누가 더 많이 사랑하는지 눈치 볼 필요도, 계산할 필요도 없이 깔끔하니. 하지만 이런다 해서 이들이 서로에게 느끼는 실제 감정이 절대 똑같을 리 없다. 연애할 때 서로에 대한 애정이 조금이라도 차이 나는 것은 어쩔 수 없다. 상대를 더 사랑했던 이가 어느 날부터 덜 사랑하는 이가 되고, 반대의 경우도(안타깝지만 아주 간혹) 일어나는 것이 바로 연애가 아닌가? 그리고 이런 다이내믹함이 없다면 연애를 무슨 재미로 하나? 그러므로 연애에서 상대적으로 상대를 더 사랑하는 이와 덜 사랑하는 이가 존재하는 것은 당연하다. 그런데 이런 동등할 수만은 없는 연애에서 '상대를 덜 사랑해야 이기는 연애이다'라는 말은 뭘까? 둘 중, 상대를 덜 사랑하는 이가 존재할 수밖에 없지만 이기고 있다는 것은 무슨 말일까?

주변에 상대를 덜 사랑해야 연애의 승자라는 생각으로 연애하는 이가 있었는데 그의 생각은 이랬다.

'내가 널 좋아하는 것보다 네가 나를 더 좋아했으면 좋겠어. 그래야 네가 내 마음을 얻기 위해 더 정성을 다할 테니. 너는 나와 뭘 할지 늘 계획을 세우고 맛집도 꿰뚫고 있어야 할 거야. 그리고 내 가방은 항상 네 어깨에 있을 테니 그냥 네 가방이라고 생각하면 편할 거야. 물론 네가 이런 정성을 보이면 나도 널 더 좋아하게 될지도 몰라. 하지만 나는 일부러 너를 덜 좋아하려 애쓸 거야. 그래야 네가 내 마음을 얻기 위해 더 많은 노력을 할 테니. 이런 과정이 계속되면 너는 모든 것을 내가 원하는 대로 할 수밖에 없을 테고, 결국 너는 내가 시키는 대로만 하게 될 거야. 그때에는 내가 네 모든 걸 통제하게 되겠지. 그때쯤에는 너는 단지 내 앱이라고 생각하면 편할 거야. 내 휴대전화 안의 앱. 심심하면 다운받아서 가지고 놀다가 지겹거나 필요 없어지면 바로 삭제해버리는 무료 앱. 물론 너는 이런 연애가 힘들 테지만, 나에게는 아주 만족스러운 연애가 될 거야.'

와우! 아주 상큼한 만남이지 않나? 나도 이런 연애를 해보고 싶다는 생각이 마구 든다. 물론 앱이 아닌 앱 사용자로서. 그가 나를 더 좋아하면 그는 나에게 아주 잘할 거다. 말만 하면 다 들어줄 거다. 나는 연애를 통해 '되로 주로 말로 받는다'라는 속담의 현실 적용 사례를 알게 될 거다. 반면 데이트 계획을 전부 내 마음대로 짤 수 있어 나는 상대뿐 아니라 전체 연애 상황까지도 통제하게 될 거다. 게다가 이렇게 연애를 하면 관계에 깊이 빠지지 않기에 헤어질 때 아픔도 덜할 거다. 상대를 덜 좋아하려 애쓰면서 언제라도 발을 뺄 수 있을 정도의 사랑만 할 테니 그와 헤어져도 눈물은커녕 개운할지도 모른다. 무료 앱 하나를 삭제한 것뿐이니. 그리고 지구 인구의 절반인 30억 개 중 대체할 다른 앱을 찾아 헤맬 것이다.

이런 생각이 들자 그동안 내가 했던 연애는 뭐였나 싶다. 놀러 가기 위해 새벽부터 일어나 도시락을 쌌던 내 연애는 뭐였나? 그의 학교로 가서 함께 수업을 듣기 위해 내 수업이 끝나자마자 냅다 달렸던 내 연애는 과연 뭐였을까? 그런데 갑자기 의문이 들었다. 그런 연애가 연애일까? 내가 하고 싶은 것은 '연애'인데, 이기는 연애를 한다는 이의 연애는 연애가 맞기는 할까? 불쑥 이런 의문이 들었던 것은 몇몇 장면들이 오버랩되었기 때문이다. 이기는 연애를 하고 있다는 이의 연애 모습이 이들의 대화 모습과 흡사했다.

중세 어느 시대, 세 사람이 대화 중이다. 플로티노스, 아우구스티누스, 토마스 아퀴나스. 플로티노스가 말한다.

"신이 어떻게 만물을 만들었는지 알아? 태양에서 빛이 나오고 샘에서 물이 솟듯 만물은 신으로부터 흘러나와. 즉 만물은 신으로부터 유출된 것이지."

이 말을 들은 아우구스티누스가 대꾸한다.

"아니야. 만물은 신으로부터 유출된 것이 아니라 신이 창조한 것이야. 만약 만물이 신으로부터 유출되었다면 만물과 신은 단지 양적 차이밖에 있을 수 없어. 신이 많고 만물은 적겠지. 만물과 신이 질적으로 다른 이유는 신이 만물을 창조했기 때문이야."

이에 아퀴나스도 거든다.

"잘 봐, 식물의 잎과 뿌리가 왜 자랄까? 결국 열매를 맺기 위해서이잖아. 그런데 열매를 맺는다는 목적을 식물이 가질 수 있을까? 생각할 수 없는 식물이? 식물이 이런 목적을 갖는 것은 신이 식물로 하여금 그런 목적을 갖도록 만들었기 때문이야. 신이 없었다면 우리를 포함한 어떤 것도 목적을 가지고 행동할 수 없어."

만물은 신으로부터 유출되었다, 창조되었다, 신에 의해 목적을 가지게 되었다 등 여러 주장이 난립하고 있을 때, 누군가 말했다.

"너희 주장은 다 틀렸어."

구석에서 가만히 이들의 대화를 듣던 이였다. 그는 이어 말했다

"신은 죽었어. 인간이 의지할 존재는 더는 없어."

그는 프리드리히 니체였다.

여기 또 다른 그룹이 있다. 이들은 인간의 삶을 획기적으로 변화시켰던 물건에 대해 이야기 중이다.

A가 말한다.

"화약이 최고였지. 중국에서 화약이 수입되자 말 위에서 칼을 사용하던 기사 계급이 몰락했잖아."

그러자 B가 이어 말한다.

"화약도 중요하지만 나침반이 발견되지 않았다면 그것도 별수 없었을 거야. 페르낭 드 마젤란이나 바스쿠 다 가마 등이 신항로를 개척하고, 포르투갈과 에스파냐가 전 세계에 널리 식민지를 둘 수 있었던 것도 전부 나침반 때문이잖아."

여기에 C가 덧붙인다.

"물론 둘 다 중요해. 하지만 당시 요하네스 구텐베르크가 활판 인쇄술을 만들지 못했다면 둘의 영향력도 그리 크지 못했을 거야. 인쇄술 덕분에 책이 대량으로 만들어져 시민들의 의식이 성장했잖아. 종교개혁과 르네상스도 그래서 가능했던 거고."

서로의 의견에 모두 공감하고 있을 그때, 한 사람이 대화에 끼어들며 말했다.

"인간의 생활을 변화시킨 가장 중요한 물건은 누가 뭐래도 칫솔이 아닐까요? 2003년 MIT 조사 결과, 미국인의 생활에 없어서는 안 될 발명품으로 칫솔이 1위를 차지했어요. 휴대전화나 자동차를 제치고요."

어떤가? 이들의 대화가 무언가 이상하지 않나? 과연 니체는 대화에 참여하고픈 의지가 있었을까? 칫솔을 언급한 이는 대화에 집중하고 있었을까? 플로티노스, 아우구스티누스, 아퀴나스와 같은 중세 철학자들이 신에 관해 이야기하고 있고, 자신도 그 대화에 참여하고 싶다면 중세에 걸맞은 의견을 내야 한다. 물론 니체의 주장이 틀린 것은 아니지만 중세인들과의 대화에서는 그들과 대화를 이어나갈 수 있을 만한 주장을 해야 한다. 다른 이들이 화약, 나침반, 활판 인쇄술 등 근대 발명품에 대해 이야기 중이라면, 여기에 참여하기 위해서는 비슷한 수준의 발명품을 이야기해야 한다. 르네상스 시대의 화가이자 과학자인 레오나르도 다빈치의 발명품 정도? 그래야 이들과 대화를 이어나갈 수 있다.

상대를 덜 사랑하는 이는 자기 뜻대로 관계를 이어나갈 수 있다며 만족해할 거다. 연애할 때에도 자기 위주이고 관계를 끊을 때에도 마찬가지이므로. 하지만 둘의 관계에서 자기 방식만 고집하고, 도마뱀이 자기 꼬리를 자르듯 언제든지 일방적으로 관계를 끊을 수 있다고 생각한다면 그것은 실제로는 둘의 관계에 집중하지 못하고 있는 것이다. 둘의 관계에 충분히 젖지 못하고 언제든 빠져나올 태세이기 때문에 감정에 녹지 못하고 겉돌고 있는 것이다. 중세의 니체처럼, 근대 발명품 중의 칫솔처럼. 게다가 이런 식으로 사랑하는 이는 자신을 상대에게 있는 그대로 열어 보이지도 않기에 둘 사이에서 실제로는 적극적일 수도 없다. 물론 주변 사람들은 그가 관계를 주도한다고 여길 테지만, 그래서 부러워할 테지만(물론 나도 부러웠지만) 실제로는 그런 행동은 상대에 대한 일방적 강요일 뿐이다. 그는 둘의 관계에 깊이 들어가 있지도 않고, 들어가지도 못한다. 그러므로 사랑하는 관계에서 상대를 덜 사랑하는 쪽이야말로 관계의 객체일 수밖에 없다.

누군가 그랬다. 사랑은 동사라고. '하는' 것이라고. 연인 사이에서 진짜 주체는 관계의 중심에서 열심히 사랑을 '하고 있는' 자이다. 상대에 대한 자기감정을 말로 또는 몸으로 표현하며 상대를 얼마나 사랑하는지 자신 있게 드러낼 줄 아는 이가 사랑의 주체이다. 그러면서도 자기 마음을 이렇게밖에 표현하지 못함을, 자신의 볼품없는 표현력을 안타까워하는 이가 제대로 사랑하고 있는 이이다. 둘의 관계에 오롯이 집중하고, 서로의 감정에 몰입하고 있는 이가 사랑의 승자이고 관계의 주체이다.

우리는 가끔 사람들과의 관계에서 자기가 마음먹은 대로 이루어지면 자신이 그들보다 우위에 있다고 착각한다. 하지만 그건 어쩌면 그 관계나 상황 속에 완전히 녹아들지 못하고 있는 것일 수도 있다. 사랑도 마찬가지이다. 함께 만들어가야 할 관계에서 한 사람이 일방적인 우위에 있다면 그것은 단지 '힘'의 관점에서일 뿐, '사랑'의 관점에서는 약자이다. 둘의 관계에 깊이 빠졌을 때에만 느낄 수 있는 서로의 복잡하고 아리아리한, 말로는 다 표현되지 않는 감정들, 서로 바라보는 눈 속에 담겨 있는 100마디 말보다, 수천 가지 몸짓보다 더 많은 감정. 연애에서 이런 감정들조차 느껴보지 못했다면 그런 연애가 과연 이기는 연애일까? 그런 연애가 연애이기는 할까?

6.3   동전에는 양면이 있다

여기, 우리의 이중적인 모습이 있다.

첫 번째 모습은 이렇다. 부모 세대에는 상대를 단 몇 번 만난 뒤 결혼하기도 했단다. 심지어 동네 어른들이 짝을 지어주었다는 어느 할머니는 신랑 얼굴을 첫날밤 이불 속에서 처음 보았다고도 했다. 그러고도 수십 년을 함께 살았다. 그런데 요즘 이렇게 결혼하는 이는 없다. 결혼은커녕, 우리는 상대를 만나기 전에 그에 관해 복잡하고도 철저한 조사를 한다. 상대의 외모, 성격, 학력, 집안, 직업, 연봉 등을 낱낱이 분석한 뒤, 자신의 취향이 아니면 상대를 만나려 하지도 않는다. 취향과 70퍼센트 이상 일치해야 소개팅 날짜를 정한다.

나도 그렇다. 나는 선한 미소를 보이는 이에게 호감을 가진다. 키는 작아도 상관없지만 은근히 귀여운 느낌이 들면 좋다. 하지만 가장 중요한 것은 그의 가치관이다. 삶을 대하는 방향과 태도가 나와 맞지 않으면 힘들다. 반면 친구 J가 이성을 택할 때 상대의 미소나 가치관은 그녀에게 이런 의문을 들게 한다.

"미소? 가치관? 그게 뭐야? 먹는 거니?"

J는 귀여운 외모 또한 관심이 없다. 하지만 이것은 강조한다. 상대의 키가 작으면 절대로 함께할 수 없단다. 대머리가 될 가능성도 용납할 수 없단다. 거기에 정치 이야기는 되도록 안 했으면 하고, 무엇보다 재미있어야 한단다. 다행히 J와 나는 같은 남자를 두고 다툴 일은 없을 것 같다. 이처럼 우리의 이성 취향은 더욱 구체화되고 분명해진다. 자신의 취향을 만족하는 이와 만나겠다는 바람은 점점 커지고, 도저히 용납할 수 없는 조건을 가진 이에게는 연락처를 주기는커녕 눈도 마주치기 싫어한다.

우리의 두 번째 특성은 이렇다. 누군가 우리에게 이렇게 물었다고 해보자.

"여기 두 사람이 있어. 네가 사랑하는 사람과 너를 사랑해주는 사람. 둘 중 한 사람과는 꼭 연애를 해야 한다면 누구를 택할 거야?"

이때 우리는 대개 당연하다는 듯 말한다.

"나를 사랑해주는 사람."

이상하지 않나? 둘 다 우리의 모습이지만 참 모순이지 않나? 한 사람이 가진 성격이 다양할 수는 있어도 한 사람이 사랑을 하는 모습이 이렇게 다를 수 있나? 사랑할 때만 아수라 백작으로 변하는 것도 아니고, 사랑에 대해 이런 능동적인 모습과 수동적인 모습이 공존하는 것이 가능할까? 우리의 이성 취향은 더욱 명확해져 좋아하는 이와 싫어하는 이의 차이는 넘사벽이다. 심지어 좋아하는 이 중에도 취향에 더 부합하는 이와 덜 부합하는 이가 나뉘기도 한다. 그런데 이런 구체적이고 디테일하기까지 한 이성 취향을 가진 우리가 연애할 때 더 선호하는 이는 왜 자신'이' 사랑하는 이가 아닌 자신'을' 사랑해주는 이일까?

이유가 있었다. 자신이 사랑하는 이보다 자신을 사랑해주는 이와의 연애가 더 끌린다는 K의 말은 이랬다.

"내가 일방적으로 사랑했던 남자를 만나보았는데…… 그를 좋아했으니 나는 어떻게든 만남을 이어가려 했어. 쫓아다니며 이것저것 챙겨주고, 그가 원하는 것은 전부 들어주려 했어. 그런데 그런 만남이 쉽지만은 않더라. 만남이 이어질수록 내 통장 잔고는 바닥을 뚫을 기세였고, 그가 이런 내 마음을 이용해 힘들기도 했지. 그런데 이후에 나를 좋아해주는 남자를 만나게 되었는데 완전히 다른 세상이더라고. 연애는 즐겁고 행복한 것이더라고. 내가 바라는 것을 전부 해주었거든. 그렇게 편한 연애는 처음이었어. 그때부터 나는 다짐했어. 내가 좋아하는 이보다 나를 좋아해주는 이와 연애하겠다고."

나는 친구의 말 중 '편한 연애'라는 단어에 꽂혔다. 편한 연애가 뭘까? 내가 해본 연애 중에는 친구가 말하는 그런 연애는 없었던 것 같은데……. 그런데 한쪽이 일방적으로 사랑을 주고, 한쪽은 그것을 받기만 하는 연애가 편한 연애일까? 그런 불평등한 관계가? 게다가 그런 연애가 가능하기는 할까? 그런 연애는 실제로 편하기만 할까? 이런 생각을 하며 편한 연애의 진짜 모습을 떠올리다 한 사례가 생각났다. 그리고 그 사례와 관련된 인물도 떠올랐다.

매일 꾸지만 잠에서 깨면 거의 기억나지 않는 꿈, 간혹 잘못 튀어나와 얼굴을 빨개지게 하는 말실수들. 우리는 이들을 대수롭지 않게 넘긴다. 방금 꾸었던 꿈이 너무 우스워서 나중에 친구에게 말해야겠다 다짐하지만 알람을 끄고 화장실에만 다녀와도 내용을 잊어버린다. 꿈속에서 내가 무언가로 변신했던 것 같은데, 뭐였더라? 로봇이었나? 아니면 트랜스포머? 여하튼 엄청 말도 안 되는 거였는데. 그래도 단지 꿈을 잊은 것뿐이니 애써 기억하려 하지도 않는다. 또 친구가 이렇게 말해도 그냥 웃고 넘긴다.

"동동주에 막걸리나 먹으러 가자."

한국 사람이라면 파전에 막걸리가 먹고 싶고, 술을 많이 먹고 싶다고 알아 듣는다.

그런데 이러한 일들을 중요하게 여긴 이가 있다. 정신분석학의 창시자 지그문트 프로이트이다. 그는 우리가 간과했던 꿈이나 말실수를 통해 우리의 무의식에 숨겨둔 욕망을 발견할 수 있다고 주장했다. 표출되지 못한 욕구들이 꿈이나 말실수 같은 틈을 통해 드러난다는 것이다.

사례 1. 다이어트에 대한 심한 압박을 느끼던 C군. 하지만 밤이 되자 배가 고파 견딜 수 없었다. 야식만은 절대 안 된다며 다짐했지만 어쩔 수 없었다. 그의 손에는 이미 휴대전화가 들려 있었고, 손가락은 어느새 치킨 집 번호를 누르고 있었다. "전화 주셔서 감사합니다~ ○○○ 치킨입니다~" 하는 통화 대기 노래마저 길게 느낄 만큼 어서 빨리 치킨을 먹고 싶었던 C는 상대가 전화를 받자마자 말했다.

"여기 ○○ 아파트 ○○호인데요, '살 없는 치킨' 배달해주세요."

살 없는 치킨은 새로 나온 체중 조절용 메뉴가 아니다. 다이어트에 대한 압박 때문에 '뼈 없는 치킨'을 잘못 말한 것이다.

사례 2. 아이 생일을 맞아 엄마가 요리를 하고 있다. 음식 준비를 하느라 정신없을 바로 그때, 엄마는 아이 선물을 준비하지 않았다는 것을 깨달았다. 동화책을 선물하기로 한 엄마는 급히 서점으로 달려갔다. 다급해 보이는 엄마에게 직원이 물었다.

"찾는 책이 있으세요?"

엄마가 말했다.

"『돼지고기 삼 형제』요."

엄마는 요리에 대한 생각 때문에 『아기 돼지 삼 형제』를 잘못 말했다.

숨겨둔 욕망은 언젠가는 어떤 형태로든 드러난다. 마찬가지로 일방적으로 사랑을 주기만 하는 이의 숨겨진 욕망도 어떻게든 드러난다.

먼저, K의 두 번째 남자 친구(물론 이 글에서의)는 K와 이렇게 연애할 것이다. 힘든 일은 본인이 전부 할 것이고, 좋아한다는 표현은 알 듯 말 듯한 눈빛이 아닌 주변 사람들도 알 만큼, 100미터 밖의 마이너스 3디옵터 시력을 가진 이에게도 훤히 보일 정도로 티 나게 할 것이다. K의 입이 귀에 걸릴 만한 선물도 종종 할 것이고, 배려는 기본이라며 산책할 때에는 언제나 도로 쪽에서 걸을 것이다. K의 말을 들어주느라 두 눈은 언제나 반짝일 것이고, 늘 고개를 끄덕이며 K의 말에 공감해줄 것이다. 힘든 일이 있어도 K에게는 늘 웃어줄 것이고, 기념일 때마다 이벤트를 해줄 것이다. "양평이 놀기 좋다던데……"라는 K의 한마디면 바로 근처 펜션을 예약할 것이다.

이런 모습들은 가시적이다. 공개적이다. 힘든 일을 해주고, 좋아한다 표현하고, 도로 쪽에서 걷고, 고개를 끄덕이고, 웃고, 이벤트를 하는 것은 눈에 잘 띈다. 그래서 누가 보아도 이런 사랑을 받는 K가 사랑의 주체이고, 사랑을 주는 그가 객체로 보인다. 이런 편한 사랑을 받아보지 못한 이들은 K를 부러워하며 질투까지 느낄 거다. 나 또한 그랬다.

그런데 다시 생각해보면 이런 것들이 꼭 부러워할 일인가 싶다. 과연 둘 사이에 오고 가는 것이 이뿐일까? 이런 가시적인 모습만이 전부일까? 분명히 말하지만, 내가 부러워서 이런 의심을 하는 것은 절대 아니……인 줄 알았는데, 솔직히 말해 부러워서 이러는 것 같기도 하다. 하지만 그리 부러워할 만한 것도 아니다. 욕망이 꿈과 말실수를 통해 드러나듯, 사랑을 주기만 하던 그의 욕망도 조심스레 드러날 것이기 때문이다. 다이어트에 대한 욕망이 '살 없는 치킨'이라는 새 메뉴를 만들고, 요리에 대한 압박이 돼지고기들로 이루어진 새로운 동화를 만들듯, 무언가를 주기만 하던 이의 숨겨진 욕망은 자신도 무언가를 받고 싶다는 욕망으로 드러날 것이다.

물론 그가 뭘 받고 싶을지는 알 수 없다. 하지만 예측은 해볼 수 있다. 다이어트에 압박을 느끼던 이가 무의식중에 튀어나온 말이 "크림소스가 잔뜩 발린 치킨 주세요"일 리는 없지 않은가? 요리를 하던 중 아이 선물을 사러 서점에 온 엄마가 점원에게 "여행 에세이 주세요" 혹은 "렘브란트의 화집 주세요"라고 말할 리도 없지 않은가? 그 사람이 처한 상황을 보면 그가 어떤 욕구를 무의식에 숨기고 있을지 예측 가능하다. K의 바람을 다 들어주던 그가 원하는 것은 마찬가지로, 자신의 바람을 K가 다 들어주는 것일 터이다.

그렇다면 그가 K에게 가장 바라는 것은 구체적으로 뭘까? 그리 궁금해할 필요 없다. K가 이미 이것을 실천하고 있다. 꿈과 말실수처럼, 무의식은 이미 우리 삶에 영향을 미치고 있다. 바로 이렇게.

K는 자신을 좋아하는 그의 마음을 계속 유지하기 위해 자기를 그에게 맞춰야 할 것이다. 그의 사고방식에, 그의 행동에, 그의 태도에. 자신의 주관은 사라진 채, 모든 것을 그의 방식대로 행동하고자 할 것이다. 그의 관심과 애정을 더 많이 얻기 위해 계속 눈치를 보아야 할 수도 있다. '내가 어떻게 해야 그가 나를 계속 좋아할까?', '과연 이런 모습을 보여도 그가 나를 계속 좋아해줄까?' 하는 생각들 때문에 K는 언제나 마음을 졸일지도 모른다.

그런데 이런 모습들은 비가시적이다. 그의 태도에 맞추는 것, 눈치를 보는 것, 불안해하는 것, 마음을 졸이는 것은 쉽게 보이지 않는다. 그래서 겉으로 K는 그에게 아무것도 주는 것 없이 사랑을 받기만 하는 것처럼 보인다. 그리고 우리는 이런 K를 부러워하고. 나 또한 그랬다. 게다가 K조차도 자신이 무언가를 주고 있다는 것을 모를 수도 있다. 또 이것이 상대가 자신에게 은연중에 바라는 것이란 것 또한 모를 수 있다. 하지만 K 또한 상대가 바라는 많은 것을 주고 있다.

실제로는 사랑을 주는 이가 연애의 객체이고 사랑을 받는 이가 연애의 주체라는 공식은 애초부터 존재하지 않았던 것인지도 모른다. 둘은 이미 서로 소중한 것들을 주고받고 있으므로. 하지만 비가시적인 것을 줌으로써 더 많은 것을 잃고 있을지도 모를 K가, 그래서 마치 사랑을 받는 것처럼 보이는 이가 오히려 사랑의 객체일지도 모른다. 그리고 겉으로 드러나지는 않지만 상대로부터 이미 많은 것을 얻고 있는 이가, 마치 사랑을 주기만 하는 것처럼 보였던 이가 사랑의 주체일지도 모른다.

욕망은 언제든, 어떻게든 드러난다. 꿈이나 말실수처럼 자기도 모르게 드러나 이미 우리 삶 깊숙이 영향을 미치고 있다. 하지만 우리는 이를 쉽게 알아채지 못한다. 왜냐하면 우리는 가끔 이러한 아주 기본적인 원칙들을 잊기 때문이다. '억압된 것이 있다면 언젠가는 드러난다', '받는 것이 있다면 주는 것도 있다', '가시적인 면이 있다면 이면에는 비가시적인 면도 있다', '상대로부터 자신이 가장 원하는 것을 얻기 위해서는 자신도 상대가 가장 원하는 것을 내놓아야 한다', '동전은 앞뒤 양면으로 이루어질 수밖에 없다'라는 것을.

6.4 이성의 연애, 감성의 연애

인터넷에 떠도는 연애에 대한 질문과 답이다.

Q: 상대가 저를 바쁘고 인기 있는 사람으로 느끼게 하려면 어떻게 해야 할까요?

A: 가끔은 있지도 않은 급한 일을 핑계 대며 약속 몇 시간 전에 파투 내세요.

Q: 상대가 저를 떠올리고 궁금해하게 만들려면 어떻게 해야 할까요?

A: 늘 칭찬해주다가 어느 날 하지 않거나, 매일 먼저 전화하다가 어느 날부터 하지 마세요. 궁금해 미칠 거예요.

Q: 애교로 상대를 꼼짝 못하게 하는 방법은 뭘까요?

A: 애교는 남발하면 안 돼요. 진짜 필요할 때 써야 먹혀요. 기회를 보아 이때다 싶을

때 강하게 쓰세요.

Q: 상대가 저를 남들과 달리 신선하다고 느꼈으면 좋겠는데, 어떻게 해야 할까요?
A: 모텔 앞까지 가서 '당연히 들어가겠지'라는 생각을 품게 하고는 그냥 지나치세요.
　　의외의 행동을 통해 산뜻함을 느낄 거예요.

어휴, 나는 읽기만 해도 머리가 아프고 숨이 막힌다. 연애를 왜 이렇게 힘들게 하나? 나 같으면 안 바쁠 때에는 나 시간 많으니 너도 좀 시간을 내보라고 말하겠다. 상대가 나를 떠올리고 궁금해하기를 원하면 나는 그냥 묻겠다.

"나는 평소에도 네가 나를 생각하고 궁금해했으면 좋겠는데, 너는 어떨 때 상대가 떠오르고 궁금해지던?"

그리고 모텔 앞에서는…… 어휴, 저렇게 머리를 굴리며 해야 하는 것이 연애라면 나는 앞으로 연애는 절대 못 할 것 같다.

그런데 이렇게 머리를 굴리며 연애를 하는 친구가 있다. S는 주말에 소개팅한 남자 Y와 문자메시지를 주고받고 있다. 한 메시지를 받고 몇 분째 고민하던 S는 내게 메시지를 보여주었다.

이번 주말에 시간 되세요?

나는 도대체 이걸 왜 고민하는지 알 수 없어 하며 한마디 한다.
"너 주말에 남는 게 시간이잖아. 마음에 들면 만나봐."
하지만 S의 생각은 다르다. 설령 상대가 마음에 들어도 그 마음을 절대 표현하면 안 된단다. 좀 더 머리를 굴려 상대가 더 다가오게 만들어야 하고 고백도 상대가 하도록 유도해야 한단다. 자신의 실제 답은 '나 주말에 전혀 할 일 없어. 우리 하루 종일 놀자. 아니 그냥 우리 오늘부터 사귀면 안 될까?'이지만 이렇게 보내면 절대 안 된단다. 대신 '이번 주말은 내가 바쁘지만 앞으로의 너의 행동에 따라 시간을 낼 수도 있어. 그리고 내가 너를 좋아해도 절대 먼저 마음을 드러내지는 않을 테니까 네가 먼저 사귀자고 말하세요'라는 의미가 담기게 보내야 한단다. 그러면서 이마저도 아주 넌지시 표현해야 한단다. 이쯤 되면 하도 어이가 없어 말문이 막힌다. 잠시 머리를 굴리던 S는 자기 생각을, 좀 더 정확히 말해 상대에게 보이고픈 자기 생각을 몇 단어로 축약해 답을 보낸다. 나는 S의 두뇌 회전력과 언어 표현력에 또 한 번 감탄하고, S의 언어적 두뇌는 아인슈타인 이상일 것이라 다시 한 번 확신한다. 둘 사이에 이런 암호 같은 문자가 오가는 동안 S는 Y의 성격 분석도 끝냈다. 고분고분해서 말을 잘 들을 것 같단다. 그래서 자기가 평소 이성과의 만남에서 사용하는 두뇌의 10퍼센트만 써도 바로 넘어올 것 같단다.

이후 이들은 다행히도(?) 더는 관계가 진척되지 않았다. 하지만 둘이 연인이 되었더라도 난 축하하지만은 못했을 것이다. 그건 분명 Y에게는 가혹한 만남일 테니. Y는 분명 S의 손바닥 안일 것이다. 친구가 쥐락펴락하는 동안 Y는 자기도 모르게 쪼그라들었다 펴지기를 반복할 것이다. 글의 행간을 읽기 쉽지 않듯, S의 행동 간의 의미를 읽어내지 못해 당황할 것이다. 맥락 없는 S의 삐침과 애교에 황당할 것이다. 이 모든 것이 S의 전략임에도 Y는 이를 알지 못한 채 마냥 휘둘리고 있을 것이다. 이런 모습을 떠올리자 S의 머리에 달린 머리핀에서 Y의 얼굴이 보였다. 자신이 왜 휘둘리고 있는지 알지 못한 채 S의 머리가 굴러

가는 대로 움직이고 있는 Y가 보였다. Y는 자기 의지대로 스스로를 제어하지 못해 답답할 것이다. 게다가 S의 복잡한 언어를 추론하기 위해 우리나라 제2언어인 '여자의 말'도 학습해야 할 것이다. 1, 2년 정도 반복해서 학습한다면 입문 단계는 통과할 것이다.

하지만 S도 이런 연애가 편할 것 같지만은 않았다. S도 어느 시점에서 어떤 기술을 써야 할지 늘 고민할 것이다. Y의 애정이 식은 것 같으면 자신이 다른 이성에게도 인기 있음을 내비쳐야 할 것이다. 그러다 상대가 지쳐 떨어져 나가려 하면 얼른 선물을 주어야 할 것이다. 또 매번 똑같은 기술을 쓰면 Y도 패턴에 익숙해질 테니 언제나 새로운 기술을 개발하느라 바쁠 것이다. 게다가 상대의 행동을 예상해가며 그에 따른 대처법을 만들어야 할 테니 2안, 3안은 기본이고 두뇌가 허락하는 데까지 대안들을 만들어야 할 것이다. 고등학교 때부터 이렇게 머리를 썼다면 그녀의 인생이 달라졌을 것이다.

겉으로 보기에 이들은 단지 사이좋은 커플일 것이다. 물론 힘들 때도 있을 테지만(물론 이건 거의 Y에게 해당할 테지만) 사이가 좋을 때에는 나름 즐거울 것이다. 하지만 이들 연애의 실제 내막은 피만 안 났다 뿐이지 완전 전쟁 중일 것이다. S는 자기가 원하는 방향으로 Y가 행동하게 만들기 위해 두뇌를 풀가동할 것이고, Y는 그런 상황을 분석하고 버티기 위해 애를 쓸 것이다. 물론 그래 보았자 소용없겠지만. 이 과정에서 S는 총과 대포는 기본이고 세균전이나 핵폭탄과 같은 비윤리적인 무기 사용도 서슴지 않을 것이다. 어떻게든 싸움에서 이겨 Y를 연애 전쟁의 노예로 만들려 할 것이다. Y 또한 이를 방어하기 위해 나름의 노력을 할 것이다. 아니면 핵폭탄 하나를 맞고는 무조건 백기를 들 수도 있고. 이 과정에서 S는 자신이 Y에 대해 전부 알고 있고 컨트롤하고 있으며 자신이 연애 혹은 전쟁에서 우위에 있다 여길 것이다. 자신이 연애의 주체이고 두뇌 싸움에서 밀린 Y가 연애의 객체라 여길 것이다.

이런 연애가 연애일까? 원래 연애라는 것이 전쟁 같은 것이었나? 임재범의 노래 가사 중 '전쟁 같은 사랑'이 바로 이런 사랑을 말하는 것이었나? 〈사랑과 전쟁〉이 결혼 버전이 아니라 연애 버전이 나와야 하는 것은 아닐까? 그런데 다시 생각해보면 S의 이런 연애는 아주 인간적이다. 전쟁 같은 연애가 어떻게 인간적인 연애냐 되물을 테지만 인간적인 연애가 맞다. 단, 일반 사람들이 생각하는 '인간적'의 의미에서. 사람들이 대개 생각하는 '인간적'의 의미는 '이성적'이라는 의미이기 때문이다. 인간을 정의할 때 빠지면 허전한 문구 중에는 이런 것도 있지 않나? '인간은 이성적 동물이다'. 그러므로 마음에서 솟아나는 감정이 아니라 머리를 굴리며 하는 S의 연애는 전형적으로 인간적인 연애이다. 솔직한 감정을 드러내지 않고 이성이 움직이는 대로 하는 S의 연애는 인간만이 할 수 있는 연애이다.

그런데 의문도 든다. 이성적으로 행동하는 것이 과연 인간적일까? 인간은 정말 이성적일까? 인간이 이성적 동물이라는 것은 인간이 스스로를 정의 내린 것이다. 문제는 이런 것은 객관성이 떨어진다는 것이다. 스스로가 자신을 표현한 것은 믿을 수 없기 때문이다. 자소서(자기소개서)가 왜 자소설이겠나? 인간이 스스로를 바라보며 "'인간적'인 것은 '이성적'인 것이야"라고 말하는 것과, 바퀴벌레가 거울을 보며, "'바퀴벌레적'인 것은 '귀여운' 것이야"라고 말하는 것이 뭐가 다를까? 우리는 인간을 조금 더 객관적으로 바라볼 필요가 있다. 그런데 이미 그렇게 본 이가 있다. 영국의 철학자 데이비드 흄이다.

흄이 말했다.

"이성은 정념의 노예이다."

정념은 우리가 느끼는 다양한 감정들이다. 기쁘다, 두렵다, 무섭다, 외롭다, 행복하다 등이 이에 해당한다. 그는 이런 감정들이 우리의 목표를 결정한다고 주장했다. 우리가 어떤 행동을 하는 이유는 모두 이런 감정을 느끼기 위해서라는 것이다. 생각해보면 이 말이 옳다. 우리가 호러 영화를 보는 이유는 무서움을 느끼기 위해서이고, 늦은 밤에도 케이크를 먹는 이유는 행복감을 느끼기 위해서이기 때문이다. 반면 그는 이런 목표를 잘 수행하도록, 즉 감정을 잘 느끼도록 돕는 것이 이성의 역할이라 말했다. 더욱 큰 무서움을 느끼기 위해 영화를 볼 때 불을 다 끄고 보자고 생각하는 것, 더 큰 행복을 느끼기 위해 진열장의 케이크 중 가장 맛있는 것을 고르게 하는 것이 바로 이성의 역할이다.

그런데 S는 이런 이성을 잘못 사용한 것 같았다. 어느 날 내가 S에게 물었다.

"너는 왜 Y와 계속 문자메시지를 주고받아?"

S가 답했다.

"그와 만나고 싶으니까."

"왜 그를 만나고 싶은데?"

"그와 만나는 것은 행복하니까."

S의 목표는 결국 행복해지는 것이었다. 정확히 말해 Y와 만나며 행복해지는 것이었다. 하지만 S는 이 목표를 위해 Y가 쉽게 이해할 수 없는 내용을 문자메시지에 담았고, 그와의 만남에서 마음을 쓰기보다는 머리를 사용했다. 이성에게 '행복'이라는 목표 수행을 위한 잘못된 역할, 혹은 너무 많은 역할을 주었기 때문에 친구는 Y와 만날 수 없었던 것이다. 마치 더 큰 무서움을 느끼고 싶어 공동묘지에서 영화를 보자고 결심했는데, 주변 환경이 더 무서워 영화가 전

혀 무섭게 느껴지지 않은 것처럼. 더 큰 행복을 느끼고 싶어 좋아하는 재료만을 이용해 케이크를 만들다 실패해 행복을 전혀 느끼지 못한 것처럼.

S가 Y에게 자신의 목표를 바로 말했더라면 어땠을까? 이성을 사용해 머리를 굴리는 대신 "나는 너와 만나며 행복해지고 싶어"라고 자신의 솔직한 감정을 표현했더라면 어땠을까? 그랬다면 둘은 지금 행복한 연애를 하고 있지 않을까? 우리가 연애를 하는 데 꼭 필요한 능력은 이성일까 아니면 감성일까?

7 결혼과 그에 대한 환상

7.1 결혼하면 외롭지 않을까

작년에 결혼한 친구와 나의 대화이다.

내가 물었다.

"그런데 너는 결혼을 왜 한 거야?"

"……?"

"결혼하니까 좋아?"

"응, 좋아."

"어떤 점이 좋은데?"

"다 좋아."

"다른 사람에게 추천해주고 싶을 만큼?"

"응. 그런데 너한테는 안 해주고 싶어."

"왜?"

"왜 결혼하는지 궁금해하는 거, 그게 바로 너에게 결혼을 추천하지 않는 이유야."

친구의 말을 요약하면 이랬다. 결혼하는 것은 당연한 것이다. 당연한 것에는 의문을 가지면 안 된다. 그러므로 결혼하는 이유에 대해서도 의문을 가지면 안 된다. 그런데 의문을 가지면 안 된다고 하자 나는 더 의문이 들었다. 결혼하는 이유를 왜 궁금해하면 안 될까? 결혼은 신성하고 거룩하기 때문일까? 그래서 결혼을 왜 하는지 궁금해하면 그건 결혼에 대한 모독일까? 그런데 나만 이런 의문을 가질까? 다들 궁금해하지 않을까? 우리는 왜 결혼을 할까? 결혼하는 것이 우리가 밥을 먹고 숨을 쉬는 것만큼 당연하기 때문일까? 그렇다면 나도 우리 부모님에게 이렇게 말해도 될까?

"결혼은 당연히 하는 것이니 딸의 결혼이 늦어진다며 너무 걱정하지 마세요."

우리 부모님은 좋아하시겠다.

하지만 결혼을 왜 하는지 의문이 풀리지 않았던 나는 친구들에게 결혼할 의향이 있는지 물으며 긍정적으로 답하는 이에게 그 이유를 물었다.

"왜 결혼하려 하니?"

대부분은 즉시 답을 주었다. '뭘 그딴 걸 묻냐?'라는 표정으로. 하지만 곰곰이 생각하더니 솔직한, 그리고 다들 비슷한 말을 했다.

"혼자 살면 너무 외로울 것 같아. 지금은 괜찮을지 몰라도 나이가 들어서도 혼자라면 그때에는 더 힘들 것 같아. 그래서 나는 결혼하고 싶어."

나름 설득력이 있었다. 결혼하면 홀로일 때보다 덜 외로울 테니. 결혼하면 심심할 때 언제나 놀아줄 이도 있고 주말에 누구와 뭘 할지 고민하지 않아도 된다. 혼자만 남들과 다른 의견을 낼 때 지지해줄 이가 있고, 무엇보다 항상 나를 믿어주는 이가 생기는 것이 아닌가? 게다가 혼자 먹는 10첩 반상보다는 김치와 통조림 참치뿐인 밥상이라도 둘이 먹는 것이 훨씬 나을 것 같았다.

그런데 한편으로는 이런 생각도 들었다. 결혼하면 정말 외롭지 않을까? 결혼은 우리를 외로움과 영원히 작별하게 해줄까? 혼자이면 외로울 것이기에 결혼한다는 이들의 생각은 이럴 테다.

> 혼자는 외로워. 외로운 것은 싫어 → 둘이 있으면 외롭지 않아 → 영원히 둘이 있는 방법은 결혼하는 것이야

수리적으로만 생각해보면 1 더하기 1이 2인 것은 언제나 옳다. 그런데 이 수식이 외로움에도 적용될까? 외로운 한 사람과 외로운 또 한 사람이 결혼하면 둘은 더는 외롭지 않을까? 이에 대한 답을 알기 위해서는 이들의 이야기를 들어보면 된다. 인간의 감정을 수치화하려 했던 이들, 바로 공리주의자들이다.

공리주의자 중 제러미 벤담의 주장은 이렇다. 자연은 인간을 쾌락과 고통, 두 군주의 지배하에 두었다. 인간은 결코 이 둘에서 벗어날 수 없기에 인간의 모든 행동은 쾌락은 늘리고 고통은 줄이려는 것에 맞춰져 있다. 그러므로 인간의 모든 행동은 쾌락을 극대화하고 고통을 최소화하는 것, 즉 행복을 느끼는 것을 목표로 한다.

그런데 어떤 행동이 우리를 더 행복하게 해줄지 어떻게 알 수 있을까? 토요일 저녁에 친구를 만나는 것이 우리를 행복하게 해줄까? 아니면 집에서 〈무한도전〉을 보는 것이 우리를 더 행복하게 해줄까? 궁금한가? 이에 벤담은 이렇게 말한다.

"행복 정도를 계산해봐."

우리가 어떤 행동을 하면 우리는 쾌락과 고통을 얻는다. 그런데 이때의 쾌락과 고통의 정도는 강도, 지속성, 확실성, 순수성, 범위 등의 요인으로 수치화할 수 있다. 어떤 행동을 통해 엄청난 쾌락을 얻었다면 그 행동에는 강도 8을, 작은 쾌락을 얻었다면 3으로 수치화할 수 있다. 그리고 어떤 행동을 했을 때 '무조건' 쾌락을 얻었다면 그 행동의 확실성에는 10을, 순수하게 쾌락만 느낀 것이 아니라 다른 감정도 동반되었다면 순수성 면에서는 3을 줄 수 있다.

만약 벤담이 토요일 저녁에 행복을 느끼기 위해 〈무한 도전〉을 보는 것을 택했다면(탁월한 선택이다) 그는 〈무한 도전〉의 각 에피소드를 보고 아마 이렇게 평가할 것이다. 빅 재미는 없었지만 감동적이라 가끔 생각나는 '레슬링 특집'은 웃음 강도는 2, 지속성은 5로. 반면 '좀비 특집'은 소위 망한 특집이지만 멤버들이 놀라는 장면이 나름 우스웠으므로 웃음 강도는 5, 그러나 계속 생각나는 웃음은 아니므로 지속성 면에서는 2로 나타낼 것이다. 두 에피소드 모두 순수한 웃음에 감동과 무서움이 혼합되었으므로 순수성은 둘 다 3 정도일 것이다. 그리고 논두렁에서 미끄러지는 몸 개그가 엄청난 웃음을 주었던 '모내기 특집'은 웃음의 강도는 7, 이 특집은 2007년에 방송되었지만 지금까지도 가끔 떠오르는 에피소드이므로 지속성은 7, 개그의 기본인 몸 개그가 중심이었으므로 순수성에는 6을 줄 것이다.

그리고 벤담은 여러 행동 중, 더 큰 강도의 즐거움과, 더 지속적이며 더 확실한 쾌락을 얻는 행동을 해야 한다고 주장한다. 즉 행동을 통해 얻는 쾌락을 전부 더했을 때 그 총합이 큰 행동을 해야 한다는 것이다. 그러므로 벤담의 이론에 따르면 우리는 '레슬링 특집'(2+5+3=10)과 '좀비 특집'(5+2+3=10)보다는

요인 에피소드	강도	지속성	순수성
레슬링 특집	2	5	3
좀비 특집	5	2	3
모내기 특집	7	7	6

'모내기 특집'(7+7+6=20)을 보아야 하고, '모내기 특집'보다는 2010년 첫 에피소드인 '의 상한 형제' 에피소드를 보아야 한다. 만약 '의 상한 형제' 에피소드를 벤담이 수치화했다면, 강도 10, 지속성 10, 순수성 10일 것이므로. 정준하의 집에 여섯 개의 쓰레기봉투가 던져질 때에는 가슴속 깊은 곳에서 빵 터지는 웃음을 맛볼 수 있기 때문이다.

그런데 이 이론의 문제가 여기에 있다. '레슬링 특집'과 '좀비 특집'의 강도, 지속성, 순수성끼리의 합은 각각 2+5=7, 5+2=7, 3+3=6으로, '모내기 특집'의 강도, 지속성, 순수성의 값과 같은데, 과연 '레슬링 특집'과 '좀비 특집'을 보는 것이 '모내기 특집'을 한 번 보는 것과 같은 쾌감을 불러일으킬까? 게다가 쾌락의 강도와 지속성을 동일한 비중을 두고 판단할 수 있을까? 웃음 강도 2, 지속성 5의 '레슬링 특집'을 보는 것과 웃음 강도 5, 지속성 2의 '좀비 특집'을 보는 것이 과연 같은 쾌감을 불러일으킬까? 그리고 '좀비 특집'을 두 번 보면 '모내기 특집'을 한 번 보는 것과 웃음의 순수성 측면에서 같을까?

벤담의 이론은 쾌락을 수치화하는 문제로 많은 비판을 받았다. 대안으로 그는 '금전'을 들기도 했다. 쾌락을 느끼는 정도를 돈으로 환산하면 쾌락의 양을 확실히 비교할 수 있다며. 하지만 사회 초년생의 100만 원과 연봉이 1억인 이의 100만 원이 같을 수 없다.

이쯤 되면 의문이 든다. 과연 1 더하기 1은 반드시 2일까? 하나의 외로움과 또 하나의 외로움이 더해지면 둘은 결코 외롭지 않을까? 결혼하면 우리는 외로움에서 완전히 벗어날 수 있을까?

7.2   여자들의 환상: 결혼 vs 결혼식

『장자』의 「제물론」에 '석자장주몽위호접昔者莊周夢爲胡蝶'으로 시작하는 이야기가 있다. 우리가 익히 아는 이야기, 호접몽이다. 호접몽의 내용은 이렇다. 장자가 어느 날 꿈을 꾸었는데 꿈에 나비가 되어 날아다녔다. 자신이 원래 나비였던 듯 자유롭게 날아다녔다. 그런데 어느 순간 잠에서 깨어 몸을 살펴보니 나비인 줄 알았던 자신이 인간 장자였다. 놀란 그는 스스로에게 묻는다.

"장자인 내가 잠시 나비 꿈을 꾼 것인가? 아니면 나비였던 내가 지금 장자 꿈을 꾸고 있는 것인가?"

「제물론」의 해석에 따르면 이에 대한 답은 알 수 없다. 호접몽은 너와 나의 구분이 없음을 보여주기 때문이다. 장자가 나비 꿈을 꾼 것일 수도 있고, 나비가 장자 꿈을 꾼 것일 수도 있다. 도의 관점에서 보면 나비와 장자를 포함한 모든 것은 하나이기 때문이다. 하지만 모든 상황이 이렇게 해석되는 것은 아니다. 어떤 상황에서는 나비와 장자 중 어떤 것이 현실이고 어떤 것이 잠깐의 꿈인지 명확히 구분된다. 예를 들면 이런 것이다.

결혼 준비가 한창인 친구를 만났다. 친구는 어떤 드레스가 자기에게 어울릴지 십여 벌을 입어보았다고 했다. 그러면서 자신은 피팅 비용을 낸 것보다 더 많이 입었다며 자랑한다. 요즘에는 네크라인이 하트 모양인 드레스가 유행인데 자기에게는 안 어울려 고민이라는 이야기도 덧붙인다. 그리고 한복은 고민 끝에 '간소하게' 신랑에게는 마고자, 자신은 두루마기까지만 한다고 했다. 예물과 예단 이야기도 빠지지 않는다. 예물 세트를 받아야 하는데 시댁에서 어물쩍 넘기려는 듯해 신경이 쓰인단다. 예식장을 고를 때에도 분위기, 음식 맛, 교통편 등 챙겨야 할 것들이 한둘이 아니란다. 더 나아가 자기와 함께 결혼 준비를 하던 또 다른 친구는 이참에 웨딩플래너가 되어야겠다고 마음을 먹었단다.

　　처음에는 이런 친구가 이해되지 않았다. 혼자만 결혼하나 싶었고, 결혼 과정이 뭐가 저리 복잡할까도 싶었다. 하지만 좀 더 생각해보니 그럴 만했다. 결혼은 일부 여자에게 꿈이기 때문이다. 좀 더 정확히 말해, 결혼식이야말로 여자의 꿈이기 때문이다. 평소 동경하던 결혼식을 실현할 기회가 오직 결혼밖에 없기 때문이다.

　　적어도 자신의 결혼식에서는 최대한 아름다운 모습으로 웨딩 사진을 찍고, 눈부신 드레스를 입고 우아하게 걸어 나온다. 모든 하객이 자신을 보기 위해 참석할 것이고, 그들에게 축하를 받는다. 물론 이런 생각을 하는 것이 일부 여자들에게만 해당되고, 또 이 모습이 좀 과장되었을 수도 있다. 하지만 일부 여자들이 '결혼'이 아닌 '결혼식'에 더 관심을 쏟는다는 것은 사실인 듯하다.

　　이런 야심 찬 결혼식을 위해 결혼에 필요한 질문들은 결혼식에 필요한 질문들로 대체된다. 자식을 낳을지, 저축은 얼마나 할지, 어떤 라이프 스타일을 가질지에 대한 고민은 결혼식이 어때야 하는지에 대한 고민으로. 서로와 아이를 위해 어떤 양육 방식과 교육 철학이 맞을지에 대한 고민은 어떤 드레스가 어울릴지에 대한 고민이나 최근 결혼한 여자 연예인의 드레스를 입어보고 싶다는 바람으로. 시댁이나 처가와의 갈등을 어떻게 타협할지에 대한 고민도 신혼 여행지에 대한 타협으로. 가사 분담을 어떻게 할 것인지는 결혼식에 하객이 얼마나 올 것인지에 대한 문제로. 이런 과감한 대체 능력을 보고 있자니 여자들에게는 그들만의 공식이 있는 듯도 했다. 바로 '결혼식=결혼(결혼식이 곧 결혼)'이다. 이들은 결혼식만 하면 남들처럼 잘사는 줄 아는 듯했다. 이혼은 애초에 문제가 있었던 사람만 하는 것인 줄 아는 것 같았다. 그런데 과연 그럴까? 결혼식만 잘 치르면 무조건 행복한 결혼이 이어질까?

서두에서 말했듯, 「제물론」의 주장은 나비와 장자를 포함한 모든 것이 하나라는 의미이다. 때문에 나비가 장자 꿈을 꾼 것일 수도 있고, 장자가 나비 꿈을 꾼 것일 수도 있다. 하지만 결혼식과 결혼이 같다고 여기는 이에게는 이런 해석이 적용되지 않을 것 같았다. 이들에게는 장자가 잠깐 나비 꿈을 꾼 것이 확실했다. 그것도 아주 잠깐. 이런 해설을 뒷받침할 역사적 사실도 있다.

장자는 춘추전국시대 사람이다. 당시는 제, 진, 초, 오, 월, 연, 위, 한 등 수많은 나라가 패권을 다투고 있는 때였다. 이들의 다툼은 정말 치열했는데 어느 정도였느냐 하면 현재 우리가 알고 있는 성인의 대부분이 이때 이 전쟁을 해결하기 위해 등장했을 정도였다. 공자, 맹자, 한비자, 묵자, 노자 등은 '제자백가'라 일컬어지며, 당시의 혼란스러운 상황을 다스리기 위한 군주의 자세에 대해 다양한 이론을 내놓았다. 인과 예를 강조하기도 했고, 법을 통한 강력한 통치를 주장하기도 했다. 평등을 가치로 두는 차별 없는 사랑을 제일 원리로 외치기도 했다. 장자 또한 반인위를 주장하며 자연의 법칙을 강조했다. 하지만 통일은 쉽게 이루어지지 않았고, 전쟁은 수백 년 동안 지속되었다.

이런 현실에서 장자의 삶이 순탄했을 리 절대 없다. 비록 나비가 되는 꿈을 단 한 번 꾸었을지라도. 결혼보다 결혼식에 더 집중했던 이의 결혼 생활도 마냥 행복할 리 없다. 비록 꿈을 단 한 차례 이루었을지라도.

7.3 남자들의 환상: 말과 행동 사이의 거리

철없는 결혼을 꿈꾸는 것이 여자들에게만 해당되었다면 결혼에 대한 환상은 언급할 필요도 없었다. 결혼에 대한 남자들의 환상을 살펴보면 결혼식에서 끝나는 여자들의 환상은 사소하고 귀엽기 때문이다. 남자들의 환상은 결혼식과 동시에 시작되어 평생 이어진다. 이런 남자들의 환상을 살펴보면 여자들이 결혼식에서 꿈을 이루려는 것도 이해된다. 어쩌면 여자들은 은연중에 이것을 알고 있었는지도 모른다. 결혼에 대한 환상은 결혼식이 끝남과 동시에, 결혼이 시작됨과 동시에 끝난다는 것을. 그것도 남자에 의해 끝난다는 것을.

주변 남자들을 살펴보며 알게 된 남자들의 결혼에 대한 환상은 이랬다. 먼저, 부모와 떨어져 혼자 사는 남자들은 결혼하면 혼자 남은 밥을 먹고, 대충 빨래를 하고 또 그 옷을 대충 입는 너저분한 삶에서 탈출할 수 있다 여겼다. 자신과 부인 중 누가 식사를 준비하고 빨래를 할지는 알 수 없지만, 여하튼 자신이 그런 일을 할 것이라고는 전혀 생각하고 있지 않았다. 이들은 아침에 일어나면 갓 지은 밥이 있거나 와이셔츠가 다림질되어 있고, 전날 밤 술을 마시면 일어나자마자 해장국을 먹고 싶다는 바람을 결혼과 동시에 이룰 것이라 여겼다.

반면 부모와 함께 사는 남자들의 결혼에 대한 환상은 좀 달랐다. 이들의 환상은 환상이 아니라 단지 현실의 지속이었다. 이들은 빨래, 요리, 청소는 당연히 자신의 역할이 아닌 줄 알고 있었다. 옷은 빨래 바구니에 던지면 저절로 세탁되고 개어져 옷장에 들어가는 줄 안다. 식사는 원하면 언제든 먹을 수 있게 늘 대기 상태이고, 청소를 안 해도 방은 언제나 깨끗한 줄 알고 있었다. 이들은 결혼해도 현재의 삶에 큰 변화가 있을 것이라 여기지 않았다. 매일 밤 헤어져야 했던, 혹은 특별한 날에만 하루 종일 함께일 수 있는 여자 친구와 더는 떨어지지 않아도 된다는 것 외에는 달라질 것이 없다 여겼다. 빨래, 요리, 청소가 자기 몫이었던 적은 한 번도 없었으므로 결혼 후에도 당연히 그럴 것이라 여겼다. 이들은 결혼에 대해 환상을 가진다기보다 결혼을 현실의 연장으로 여겼다. 윷놀이에서 말이 합쳐지듯, 지금까지의 삶에 아내만 첨가될 뿐이라 생각했다.

결과적으로 내 주변 남자의 결혼에 대한 환상은 한마디로 이것이었다. 결혼하면 귀찮은 빨래, 요리, 청소 등은 누군가가 해줄 것이다. 이런 잡다한 일을 결혼 후에 해야 한다면 그건 절대 행복한 결혼이 아니다.

물론 그들처럼 생각할 수도 있다. 행복하기 위해 결혼했을 테니. 그런데 궁금하기는 했다. 그들이 생각하는 '누군가'는 누굴까? 누가 밥을 해주고 빨래를 해준다는 걸까? 혹시 우렁 각시를 들일 셈인가? 아, 그는 우렁 각시까지 포함해 두 명의 아내와 살 계획인가? 그런데 이건 우리나라에서는 불법 아닌가? 일부다처제가 허용되는 이슬람권으로 이민을 가 결혼 생활을 할 생각인가? 아니면 혹시 결혼 생활을 호텔에서 하려 하나? 청소는 메이드에게 맡기고 빨래도 호텔

서비스를 이용할 텐가? 아침 식사는 호텔 조식이나 룸서비스로 해결하고? 오, 그렇다면 나와 결혼하자! 그런데 결혼을 호텔에서 한다는 것은 들어보았어도 결혼 생활을 호텔에서 한다는 것은 처음 듣지 않나? 결과적으로 남자들의 결혼에 대한 환상을 더 정확하게 표현하면 이랬다. 결혼하면 가사는 전부 아내가 할 거야.

물론 요즘 남자들 중에 대놓고 가사를 전부 아내 몫이라 외치는 이는 절대 없다. 이렇게 말했다가는 아마 장가가기 쉽지 않을 거다. 대신 그들은 대개 이렇게 말한다.

"당연히 가사는 함께 하는 것이라 생각해. 우리 둘의 가정이니 가사도 둘이 해야지."

실제로 이런 말을 믿고 결혼한 여자들도 많을 것이다. 결혼에 대해 저런 말도 안 되는 환상을 가진 남자가 아직도 있느냐며. 설령 있더라도 적어도 내 남편은 저런 환상 따위는 없는 의식 있는 현대남이라며.

그런데 과연 그럴까? 내 남자만은 그런 환상이 없을까? 과연 가사를 함께 하겠다는 그의 말을 믿어도 될까? 여기, 그의 가사에 대한 말을 믿어도 될지 아닐지, 결혼에 대한 환상이 있는지 없는지를 확인할 수 있는 실험이 있다. 결혼을 앞둔 여자들이 하나씩 갖고 있다는 웨딩 수첩에 꼭 넣고 싶은 실험이다.

미국의 심리학자, 스티븐 코리는 커닝에 대한 태도(커닝에 대해 어떻게 생각하는지)와 커닝에 대한 행동(실제로 커닝을 하는지) 사이의 연관을 알아보는 실험을 했다. 먼저 학생들에게 커닝에 대한 설문 조사를 했다. '당신은 커닝을 하는 친구를 보며 부럽다는 느낌이 들었는가?', '어쩔 수 없는 상황이라면 커닝을 하는 것도 옳다고 생각하는가?' 등의 질문에 '예', '아니오'로 답하게 했다. 그리고 이들에게 수업 내용에 대한 시험을 치게 했고, 시험지를 걷어 학생들 모르게 채점했다. 하지만 학생들에게는 "채점을 안 했으니 스스로 자기 시험지를 채점해서 점수를 알려주세요"라며 시험지를 다시 나누어주었다. 이후 코리는 학생들이 알려준 점수와 미리 채점한 점수를 비교했다. 이것이 바로 학생들의 커닝 정도였다. 학생들은 40~45개의 문제 중, 평균 두 문제를 커닝했다. 코리는 이 결과를 시험 전 실시한 설문조사 결과와 비교했다.

이 실험을 통해 코리가 밝혀낸 것은 무엇이었을까? 그것은 바로 태도와 행동 사이에는 아무런 관련이 없다는 것이었다. 커닝을 하는 것이 옳다 혹은 그르다고 생각하는 것과 실제로 커닝을 하느냐 하지 않느냐 사이에는 전혀 상관이 없었다. 커닝이 옳지 않다고 여기는 이는 실제로 커닝을 했고, 커닝이 때로는 옳다고 여기는 이는 실제로 커닝을 하지 않았다(그런데 이런 경우는 거의 없을 것 같다). 참고로 이 실험에서 밝혀낸 유일한 상관은 이것이었다. 점수가 낮은 학생일수록 커닝을 더 많이 했다.

그렇다면 과연 상대의 말을 믿을 수 있을까? "나는 당연히 가사는 함께 해야 한다고 생각해"라는 그의 말, 그리고 그의 태도가 과연 실제 상황에서 행동으로 옮겨질 수 있을까? 결혼만 하면 혼자 밥을 먹고 대충 빨래하는 너저분한 삶에서 탈출할 것이라는 환상을 갖고 빨래, 요리, 청소를 단 한 번도 해본 적이 없는 현실이 당연히 지속될 것이라 여기는 이의 "나는 당연히 가사는 함께 해야 한다고 생각해"라는 말을 얼마나 신뢰할 수 있을까? "나는 당연히 가사는 함께 해야 한다고 생각해"라는 말에서 "커닝은 절대 해서는 안 된다고 생각해"라는 학생들의 커닝에 대한 태도가 오버랩되지 않는가?

100번의 말, 100번의 태도 표명보다는 한 번의 실제 행동이 중요하다. 그가 평소에 집안일을 하는지 안 하는지 직접 보는 것만이 답이다. 이것이야말로 그의 결혼에 대한 환상 여부를 아는 가장 정확한 방법이다.

8   부모의 실체

8.1   부모에 대한 환상

제2차 세계대전 당시 5년 동안 대략 600만 명이 홀로코스트와 관련해 사망했다. 사망자의 대다수는 유대 인. 그렇다면 누가 이들을 죽였을까? 이 질문에 우리는 대개 히틀러를 떠올린다. 그가 학살의 주범이라 여긴다. 하지만 이 정도의 학살을 히틀러 혼자 할 수 있었을까? 만약 한 사람이 1년 동안 120만 명을 죽여야 한다면 하루에 약 3200명을 죽여야 한다. 어떤 무기를 사용해야 한 사람이 시간당 100명 이상을 죽일 수 있을까? 히틀러가 스릴러 영화의 주인공도 아니지 않은가? 게다가 이런 대량 학살은 여타 전쟁처럼 엄청난 위력의 폭탄이 터져 반경 수 킬로미터 내의 모든 사람을 전멸시킨 것도 아니고, 선별된 사람들만 골라 죽인 것이다. 원하는 사람만 솎아내주는 체 같은 것이 있었을 리도 없으니 이런 살인은 많은 사람의 도움이 있지 않고서는 불가능하다. 얼마나 많은 유대 인을 언제 어떻게 죽일 것인지에 대한 체계적인 계획과 이를 수행할 수많은 조직력이 뒷받침되어야 5년 동안 600만 명의 특정 사람들을 학살할 수 있다.

이를 위해 이런 과정들이 있었을 것이다. 먼저 유대 인들이 어디 있는지 파악해야 한다. 그리고 전국에 흩어져 있는 유대 인들을 일정한 장소에 모아야 한다. 이렇게 모인 유대 인들은 그냥 죽일 수 없다. 당시 독일은 전쟁 중이었으므로 군수 물품을 만드는 등 전쟁에 도움이 되는 일을 시킨 뒤 죽여야 한다. 같은 이유로 이들은 실험 대상이 될 수도 있다. 전쟁 중에 부상당한 독일 병사를 한 명이라도 더 살리기 위해서는 동물보다는 인간을 대상으로 한 실험이 더 정확하기 때문이다. 어느 온도에서 인간이 저체온증으로 사망하는지, 말라리아의 정확한 치료법이 무엇인지 등을 알기 위해서는 동물이 아닌 인간으로 테스트해야 한다. 게다가 이런 과정들을 거치며 이용 가치가 사라진 유대 인을 죽일 때에도 아무렇게나 죽이면 안 된다. 최대한 효율적으로, 되도록 많은 유대 인이 한 번에 죽을 수 있게 가스실에 모아놓고 한꺼번에 죽인다. 그리고 시체들에게서 금니를 빼고 머리카락을 자른 뒤 불에 태운다.

그러므로 대략 600만의 유대 인이 위의 과정을 통해 죽고, 마지막에 금니와 머리카락까지 남기기 위해서는 숨어 있는 유대 인의 위치를 파악해 알려주는 정보원, 이들을 한데 모으는 운송자, 노역을 시키는 관리자, 인체 실험을 하는 과학자, 가스를 넣는 이, 금니를 빼고 머리카락을 자르는 이, 시체를 태우는 이 등의 역할이 절실하다. 이들이 각자 맡은 일을 철저히 수행해야 5년 동안 600만 명의 유대 인을 죽일 수 있다.

그렇다면 이런 일을 한 이들은 누구였을까? 광기에 사로잡힌 이들이었을까? 그래서 유대 인이란 이유로 위치를 알려주고 인체 실험을 했나? 아니면 자신의 행위가 간접 살인인 줄 몰랐던 바보들이었을까? 그런데 이들이 바보라기에는 일을 꽤 체계적으로 처리한 것 같지 않나? 이런 이들을 바보라 한다면 바보의 정의를 새로 써야 하지 않을까? '맡은 일이 무엇이든 철저히 해내는 이'라고. 연구에 따르면 이런 일을 한 이들은 대개 일반인이었다. 전쟁 전까지 평범하게 살던 이들이 어느 날부터 수많은 사람을 죽이는 일에 동참한 것이다.

수업 시간에 한 영화를 보았다. 제2차 세계대전 때 홀로코스트를 도운 이력이 있는 부부의 가정을 비춘 다큐멘터리였다. 이들에게는 두 딸과 한 아들이 있는데 아들은 자라나 영화감독이 되었다. 아들은 자신의 가족을 인터뷰해 다큐멘터리로 만들었다.

영화 속 초반 분위기는 여느 가족과 마찬가지였다. 오고 가는 일상적 대화, 화기애애한 분위기. 그런데 한때 자신의 부모가 했던 '그 일'에 대한 이야기가 나오자 상황이 달라졌다. 여동생은 당시의 상황이 그럴 수밖에 없었다면 우리 부모도 어쩔 수 없었을 것이라며 상황의 불가피성을 들어 부모의 행위를 합리화하려 했다. 반면 누나는 부모가 어떤 방식으로든 홀로코스트에 연루되었다는 사실 자체를 부인하려 했다. 누나는 그 사실을 받아들이기 어려워했다. 부모와 관련된 일반적인 질문에는 곧잘 답하다가도 부모가 그 일을 했다고 정말로 믿느냐는 남동생의 질문에는 답을 피했다. 그녀는 혼란을 느끼고 있었다. 사실을 무시할 수도, 인정할 수도 없어 했다. 이때 누나의 심경은 아마 이랬을 것이다.

'물론 히틀러 혼자 모든 일을 했을 리는 없어. 그는 스릴러 영화의 주인공이 아니므로 누군가는 분명 그 일에 동참했겠지. 어쩌면 그 누군가는 먼 동네의, 내가 모르는 어떤 이의 부모나 내 친구의 부모일지도 몰라. 하지만 적어도 내 부모가 그 누군가는 아닐 거야. 내 부모가 그런 일을 했을 리는 절대 없어.'

우리는 부모에 대한 환상을 갖고 산다. 어렸을 때부터 만들어져 어느새 굳어져버린 환상. 친구나 아무개의 부모가 어떤 행동을 했을지라도 우리 부모만은 그러지 않았을 것이라 여긴다. 하지만 당시 많은 이들이 그랬다면 우리 부모 또한 그랬을 가능성이 크다. 우리 부모라 해서 다른 부모와 크게 다르지 않을 테니. 부모에 대한 환상을 조금씩 깨나가는 것, 그것이 바로 우리 부모를 제대로 아는 출발점일 것이다.

8.2   부모의 답의 의미

오늘 점심은 뭘 먹을까? 이번에는 어떤 책을 읽을까? 이런 질문에 답하기는 쉽다. 아무거나 먹어도 되고, 맛이 없으면 다음부터는 그것을 안 먹으면 된다. 평생 먹는 몇만 번의 점심 중 한 끼가 불만족스럽다고 해서 문제 될 것은 없다. 책도 마찬가지. 고른 책이 재미있으면 시간 가는 줄 모르고 읽고, 아니면 즉시 덮으면 된다. 읽을 책은 널렸다. 그런데 이와 달리 쉽게 답할 수 없는 질문도 있다. 한 번의 결정이 삶에 지속적으로 영향을 미치는 것들이다. 이 대학에 갈까 저 대학에 갈까? 하고픈 공부가 없을 때에는 어떤 전공을 택할까? 재미있는 전공? 취업이 잘되는 전공? 마음에 맞는 친구를 만날까 이후 사회생활에 도움이 될 친구를 만날까? 좋아하는 일을 찾을까 10년 후 유망 직업을 택할까? 사랑만으로는 결혼이 유지되기 어렵다는데 사랑 외에 어떤 조건이 필요할까? 내가 택한 이를 주변 사람들이 탐탁지 않아 하면 그와 결혼해야 할까? 아기는 낳아야 할까 말아야 할까? 낳는다면 언제, 몇 명이 좋을까?

대개 이런 질문들을 한 번쯤은 해보지만 쉽게 답을 내리기 어렵다. 경영학과에 갈지 경제학과에 갈지, 사진작가와 결혼할지 공무원과 결혼할지, 51 대 49로 마음이 기우는 박빙의 선택에 쉽게 답이 나올 리 없다. 두뇌 CPU의 100퍼센트를 다 쓰며 골똘히 고민해도 답은 안 나오고 계속 재부팅만 된다. 하지만 이런 문제를 오래 고민하다 보면 이 문제의 답은 몰라도 조금 다른 문제와 답은 발견할 수 있다. 바로 '이런 문제는 나 혼자 답을 찾을 수 있는 문제인가 아닌가?'라는 문제와 그에 대한 답, '내 두뇌 CPU가 듀얼이나 쿼드, 즉 두 개나 네 개이지 않은 한 혼자서는 절대 답을 못 찾는다'이다. 처음과 다른 문제와 답이지만 어쨌든 답을 얻은 우리는 주변인들에게 외친다.

"고민이 있는데 좀 도와주쇼."

이렇게 해서 우리의 고민에 적절한 답을 줄 후보가 몇몇 모인다. 먼저, 또래 친구이다. 또래들은 대개 비슷한 시기에 비슷한 고민을 한다. 그래서인지 이들은 내 고민에 쉽게 공감한다. 하지만 같은 이유로 이들의 시각이나 문제를 바라보는 폭도 딱 나만큼이다. 고심 끝에 내놓은 그들의 답은 나도 이미 떠올렸다. 심지어 맨 처음 떠올린 답이다. 그런데 그런 해결책이 만족스럽지 못했으니 친구에게 도움을 구한 것이 아닌가? 게다가 이런 질문들은 꽤 주관적이라 친구의 답을 나에게 바로 적용할 수도 없다. "나는 사촌들도 거의 없고 외동으로 자라 외로웠어. 그래서 아기는 최소 다섯 명은 낳을 거야"라는 친구의 말을 내 삶에 어떻게 적용하겠는가? 결국 또래 친구는 고민 해결에 도움이 못 된다.

다음 후보는 멘토나 선생님이다. 이들은 또래와 다르다. 나와 같은 고민을 하는 이들을 많이 보아왔고, 현명하다고 알려져 있다. 그래서인지 이들의 답은 친구의 답보다 훨씬 수준 높고 무언가 있어 보인다.

"결혼하면 물론 좋은 일도 있지. 하지만 힘든 일도 있고 다툴 일도 많아. 그런데 좋은 일, 힘든 일, 다툴 일 등 이 모든 일이 가능하려면 일단 두 사람이 사랑하는 사이어야 해. 그런 사람을 만나."

그런데 이들이 말해주는 답은 정말 무언가가 있어 '보이기만' 할 뿐, 도대체 뭐가 있는지 알 수 없다. 너무 추상적이고 이론적이라 교과서에 흔히 나오는 말을 음성 지원을 통해 듣는 것과 같다. 이에 실망한 우리는 시선을 돌린다. 그리고 가장 가까이에서 부모를 발견한다.

부모는 이런 고민들을 이미 몇십 년 전에 해보았다. 사진작가와 공무원 중 누구와 결혼하는 것이 더 좋을지는 고민해보지 않았겠지만 스스로에게 비슷한 질문을 한 뒤 결혼해 나를 낳았다(물론 나의 존재를 안 뒤 질문은 제쳐두고 답이라 받아들였을 수도 있고). 게다가 부모는 이보다 더 박빙인 49.5 대 50.5의 고민을 하는 이들도 주변에서 더러 보아왔다. 그러므로 그들에게 우리 고민은 고민의 눈곱조차 되지 않을 것이다. 게다가 우리가 태어나는 순간에도 우리를 지켜보던 이가 바로 부모가 아닌가! 그들은 우리가 얼마나 울었는지, 얼마나 우량아였는지까지도 전부 알고 있다. 이런 부모는 어쩌면 나보다 나에 대해 더 잘 알지도 모른다. 이렇게 부모에 대한 신상 조회를 한 우리는 그들이야말로 우리의 문제 해결에 가장 적절한 인물임을 깨닫는다. 그리고 그들에게 외친다.

"이 질문들의 답이 무언가요?"

그런데 과연 부모는 우리 문제의 진짜 해결사일까? 나는 일단은 그렇다고 본다. 우리와 같은 고민을 이미 오래전에 해보았으며, 우리에 대해 우리보다 더 잘 안다는 점은 그들의 답을 무한 신뢰하게 한다. 이를 확신하는 이유는 내가 비슷한 경험을 해보았기 때문이다. 나와 비슷한 질문을 이미 수없이 해보았고, 나에 대해 잘 아는 이가 준 답은 단지 답이 아니라 진리 그 자체였다.

철학 수업 시간이었다. 나는 선생님께 이런 질문을 한 적이 있다. 질문의 구체적인 내용은 생각나지 않지만, 형식은 이랬다.

"설명을 듣다 보니 A와 B가 같은 것처럼 느껴지는데요, 이들이 같다고 볼 수 있을까요?"

선생님이 답했다.

"아니지. A와 B는 같지 않아."

그런데 선생님의 대답을 듣는 순간 다른 의문이 떠올랐다.

'그렇다면 A′와 B가 같다고 볼 수는 없을까?'

이 생각이 머릿속에서만 떠오르고 '발성해'라는 메시지가 미처 성대까지 전달되지는 못했을 바로 그때! 선생님께서 바로 이어 말씀하셨다.

"그러면 A′와 B가 같다는 생각이 들 수도 있는데, A′와 B도 같지 않아."

순간 나는 내 머리가 투명한 줄 알았다. 선생님은 이런 생각을 한 다음에는 반드시 저런 생각을 할 것이라는 내 사고의 흐름을 정확히 읽고 있었다. 물론 나는 이전에도 선생님을 신뢰했지만 이때부터는 무한 신뢰하게 되었다.

그런데 한참 뒤 그때의 상황을 떠올리니 선생님이 그렇게 말씀하신 것은 당연했다. 선생님이 보기에 내 사고의 흐름은 한강이 동쪽에서 서쪽으로 흐르는 것만큼 뻔했기 때문이다. 오히려 그런 말씀을 안 하셨더라면 이상할 정도로 뻔했다. 선생님은 그동안 공부하며 나와 같은 질문을 수없이 했다. 내가 했던 질문은 하고도 남았을 것이다. 어쩌면 'A와 B가 같지 않고, A′와 B도 같지 않다면, B와 같은 것은 과연 존재하는가?'처럼 더 깊이 있는 질문도 이미 했을 것이다. 게다가 그는 지금까지 나와 비슷한 수준의 학생들을 수없이 가르쳐왔다. 그러니 학생들이 어느 대목에서 어떤 생각을 어떻게 하고 있을지는 모르려야 모를 수가 없을 것이다. 만약 내 두뇌 뉴런의 정보 전달이 빨라 성대에 더 신속히 발성하라는 명령을 전달했더라면, 그래서 A와 B는 같지 않다는 말씀을 하시자마자 내가 "그렇다면 A′와 B가 같다고 볼 수 있을까요?"라고 말했더라도 선생님은 이렇게 생각했을 것이다.

'그래, 네가 그 질문을 할 줄 알았다.'

그러므로 학생들이 당연히 질문해야 할 시점에 질문하지 않으면 오히려 선생님이 이렇게 생각할 수 있다.

'애들이 지금 내 수업을 이해하지 못하고 있군.'

부모도 마찬가지이다. 질문 유경험자라는 것과, 전공이 '자식'인 박사 학위 정도는 있다는 부모에 대한 믿음은 우리로 하여금 그들을 무한 신뢰하게 한다. 게다가 질문도 하기 전에 내가 뭘 궁금해할지 이미 알고 있던 선생님과 마찬가지로 부모도 우리가 자문을 구하기도 전에 심지어 지금 우리에게 닥친 문제가 뭔지, 얼마나 중요한지 우리 스스로가 느끼지 못할 때에도 문제와 답을 던져주곤 한다.

"너 지금 △△ 고민하고 있지? 그 답은 바로 ▽▽란다. 아, 그리고 너 조만간 ▢▢ 고민을 할 텐데 그 답도 미리 알려줄게. 그건 바로 ◇◇야."

이쯤 되면 우리는 할 말을 잃고, 나에 대해 모든 걸 알고 있는 신을 영접하는 눈빛으로 부모를 바라볼 것이다.

그런데 의문이 들지 않는가? 이런 부모의 답은 과연 언제나 옳을까? 이런 문제들을 이미 겪어보았고, 우리에 대해 우리 스스로보다 잘 아는 부모의 해결

책은 우리에게도 항상 정답일까? 여기 이 의문에 대한 답을 줄 실험이 있다.

미국의 심리학자, 로버트 녹스와 제임스 잉크스터는 경마장에서 실험을 했다. 그곳에 모인 사람들을 두 그룹으로 나누어 베팅한 말의 승리 가능성을 추측해보라 한 것이다. 그는 이들에게 승리 가능성이 아주 적다고 생각될 때에는 1에, 아주 크다고 생각될 때에는 7에 체크하게 해, 일곱 개의 척도로 승리 가능성을 평가하게 했다. 그 결과 첫 번째 그룹은 자신이 선택한 말의 승리 가능성을 평균 3.48로 평가했고, 두 번째 그룹은 4.81로 평가했다. 두 그룹의 평균은 왜 차이가 났을까? 그룹을 나눈 기준이 뭐였기에?

두 그룹을 나눈 기준은 이것이다. 첫 번째 그룹은 베팅할 말은 결정했지만 아직 베팅하지 않은 사람들이었고, 두 번째 그룹은 말을 선택한 뒤 베팅까지 마친 이들이었다. 사람들은 자신이 이미 한 행동을 취소할 수 없다고 생각하면 자신의 믿음이나 생각을 행동에 맞춘다. 이미 어떤 말에 베팅했고 또 그것을 되돌릴 수 없다면 자신이 베팅한 말이 더 잘 달릴 거라 더욱 굳게 믿는다. 두 자동차를 골똘히 고민하다가 하나를 택하면 자신의 자동차가 훨씬 좋다 여기고, 짜장면과 짬뽕 중에 고민하다 짜장면을 택하면 짜장면이 더 맛있다고 믿는 것처럼.

우리가 이렇게 행동하는 이유는 선택을 끝낸 후에는 자신의 믿음과 행동이 불일치할 때 느껴지는 불편함인 '인지 부조화'를 줄여야 하기 때문이다. 자신이 믿고 있는 것과 자신의 행동이 다르면 우리는 불편함을 느낀다. 남자 친구에게 "네가 원빈보다 잘생겼어"라고 당당히 말할 수 있나? 우리의 믿음(원빈느님을 어떻게 너 따위랑 비교하나)과 우리의 행동(그럼에도 불구하고 나는 너에게 이렇게 말해야 해) 사이의 불일치 때문에 이 말을 할 때 우리 마음은 불편해지고 표정은 일그러질 수밖에 없다. 두 번째 그룹도 이미 어떤 말에 베팅해서 자신의 행동을 되돌릴 수 없었기에 이 행동을 합리화하기 위해서라도 말의 승리 가능성을 더 크게 매길 수밖에 없었다.

우리의 고민에 대해 부모는 여러 해결책을 준다. 전공 선택을 고민하는 아들에게는 취업이 잘되는 전공을 택하라 조언하고, 친구 관계를 고민하는 딸에게는 사회생활에 도움이 될 친구를 만나라 한다. 결혼을 반드시 해야 하나 고민하는 자식에게는 결혼은 하는 것이 좋다, 아기도 낳는 것이 좋다 등의 답도 준다. 그런데 어느 날 궁금해졌다. 취업이 잘되는 전공을 택해라, 사회생활에 도움이 될 친구를 만나라, 결혼도 하고 아기도 낳아라 등의 조언들 중 과연 어떤 것이 부모의 진심이었고, 어떤 것이 자신이 이미 한 행동에 대한 합리화였을까? 이들 중 어떤 것이 진짜 우리를 위함이었고, 어떤 것이 결혼도 하고 아기도 낳는 등 자신이 이미 한 행동을 취소할 수 없어 자신의 행동에 의견을 맞춘 것일까? 부모의 수많은 답 중 과연 어떤 것이 자신의 인지 부조화를 줄이기 위함이었을까? 우리가 부모의 답을 신뢰할 수밖에 없었던 이유인, '부모는 이미 해 본 고민이고, 이미 해본 행동이다'라는 것은 과연 신뢰할 만한 이유일까?

그런데 이보다 더 큰 문제는 부모가 우리에게 준 답들 중 어떤 것이 솔직한 의견이고 어떤 것이 자기 합리화인지 부모에게 직접 묻기가 애매하다는 점이다. 묻는다 한들 제대로 된 답을 알 수 있을 것 같지도 않다. 부모에게 어떻게 물을 텐가? 게다가 자신의 답이 자기 합리화가 아니라 전부 자신의 순수한 의견이었다고 주장하면 어쩔 텐가? 그것이 자기 합리화인지 아닌지는 부모 스스로만 알 텐데. 그래도 다행인 점은 있다. 그건 바로, 이 질문에 부모가 어떤 답을 하든 그건 별로 중요하지 않다는 것이다. 왜냐하면…… 다들 잘 알지 않는가? 자기 문제에 대한 답은 자신이 제일 잘 안다는 것을.

8.3 부모가 우리를 책임질 때 일어나는 일

철학 이론들 중에는 정말 이해하기 어려운 내용들이 있다. 이 경우는 크게 두 가지로 나뉘는데(두 내용이 아니라, 두 경우이다), 하나는 철학자가 무슨 말을 하는지 이해 자체가 안 되는 경우이다. 개인적으로 프랑스 철학이 조금 그러한데, 모리스 메를로퐁티나 자크 데리다, 질 들뢰즈는 당최 무슨 말을 하는지 알 수가 없다. 차연différance, 됨devenir, becoming, 리좀rhizome이 도대체 무슨 말인가? 리좀은 뿌리줄기라는데, 뿌리줄기라는 말이 더 어렵다. 생물학도 아니고 철학에서 뿌리줄기라니?

두 번째는 다행스럽게도 무슨 주장을 하려는지 이해는 되는 경우이다. 하지만 이해만 될 뿐 이 주장이 과연 말이 될까 싶다. 주장대로 상상해볼 수는 있지만 실제로 가능할지는 의문이다. 영화 속 모자이크를 뚫어져라 보며 모자이크 너머의 장면을 상상하는 걸 보면 내 상상력이 부족한 것 같지는 않은데, 이 주장은 정말 현실적으로 상상이 안 된다. 이어 이야기할 에마뉘엘 레비나스가 그러하다.

리투아니아에서 유대 인으로 태어난 철학자 레비나스. 이해는 되지만 현실적으로 실현은 불가능해 보이는 그의 '책임에 관한 이론'은 이렇다. 인간은 자기가 원하는 방식대로 살아간다. 우리가 이렇게 살 수 있는 이유는 타인을 내 자유 유지를 위한 수단으로 생각하기 때문이다. 우리는 권력을 이용해 타인에게 해를 입히고, 타인의 자유를 제한함으로써 자유를 누리고 있는 것이다. 그에 따르면 제2차 세계대전의 홀로코스트도 자기 존재 유지를 위해 타인을 제거한 것에 지나지 않았다. 실제로 레비나스를 제외한 그의 모든 가족은 수용소에서 죽었다. 우리의 이런 자기중심성 때문에 사회에는 윤리가 결여되어 있을 수밖에 없다. 타인과의 평화도 일시적이고, 가식적일 수밖에 없다. 하지만 이를 극복할 가능성은 있다. 우리의 이런 자기중심성을 깰 기회가 있는 것이다. 그런데 이 기회는 타인에게서 온다. 타인이 도움을 요청하는 눈빛을 한 약자의 모습으로 우리에게 말을 건네고 호소할 때, 우리의 이기적인 행동을 멈출 기회가 주어지는 것이다. 우리는 타인의 이런 요구에 응답하고 책임을 져야 한다(개인적으로는 여기에서부터 살짝 수긍하기 어려웠다). 설령 이 때문에 우리의 자유가 제한될지라도(네?) 우리에게는 그래야 할 의무가 있기 때문이다(네? 뭐라고요? 의무라고요?). 그래야만이 타인을 존재 유지 수단으로 보는 우리의 비윤리적 행동을 중단할 수 있다. 그리고 이런 책임이야말로 윤리적인 책임이기 때문이다. 레비나스는 이 주장을 한마디로 말했다.

"타인에 대한 책임은 내 자유보다 우선이다."

어떤가? 이 주장이 말이 될까? 과연 가능할까? 처음 이 주장을 들었을 때 이런 생각이 들었다. 우리가 타인의 자유를 제한하고 있다면 그건 잘못된 것이고 고쳐야 한다. 하지만 그렇다고 해서 타인을 무려 책임지기까지 해야 할까? 게다가 내가 타인을 책임지는 것이 가능할까? 많이 양보해서, 설령 타인을 책임지는 것이 가능하다 해도 어떤 방식으로 책임을 져야 할까? 교통사고라면 보험 처리를 할 테고, 기물을 파손했다면 보상을 할 테지만, 나로 인해 그의 삶 전체에 문제가 생겼다면 그에게 어떤 보상을 해야 할까? 내가 어떤 어마어마한 보상을 해야 그의 인생을 책임질 수 있을까? 그리고 다른 이의 인생까지 책임지는 내 인생은 누가 책임져주나? 또 다른 타인이 책임져주나? 과연 누가?

게다가 이런 생각은 나만 한 것도 아니다. 실제로 레비나스의 이론은 '주장의 비현실성' 때문에 비판받곤 한다. 누군가가 타인의 문제를 해결해주고 책임지는 것이 말이 되지 않는다는 것이다. 물론 그는 윤리적으로 그래야만 한다고, 우리에게는 그래야 할 의무가 있다고 주장하지만, 과연 그것이 가능할까? 자기 자유를 뒷전으로 미루면서까지 타인을 책임질 이가 과연 있을까? 그런데, 놀라지 마라. 정답은 늘 가까이에 있다. 그런 이가 바로 우리 옆에 있었다! 바로 우리 부모다.

우리가 어렸을 때 부모는 우리의 모든 것을 책임졌다. 잠잘 곳을 마련해주고, 끼니마다 밥과 간식을 주었다. 계절에 맞는 옷을 입혔고, 예방접종도 꼬박꼬박 해주었다. 장난감도 사주었고, 때가 되면 학교에도 보냈다. 또 어렸을 때에는 우리의 잘못도 부모의 책임이었다. 만 14세 미만의 아동에게는 책임 능력이 없다고 판단해 우리의 죗값을 부모에게 대신 물었다. 이때 부모에게는 우리를 제대로 자라게 할 의무나 마찬가지인 책임이 있었기 때문이다. 게다가 우리가 더 자라자 부모는 우리의 성적까지 책임지겠다며 나섰다. 자신의 많은 부분을 희생하면서 사교육을 시켰다. 우리와 부모의 이런 관계는 우리가 성인이 되어서도 변하지 않았다. 작게는 공부하는 것부터 크게는 생활 전반까지, 부모는 여전히 우리 삶 전체를 책임지겠다며 여러 조언을 한다. 진로를 고민하는 자식에게 "공무원 시험을 봐. 안정적인 게 최고야", 자신의 마음에 들지 않는 이성 친구를 만나는 자식에게 "헤어져. 그런 아이를 꼭 만나야겠니?"라며.

만약 레비나스가 이런 우리를 보았다면 어떻게 느꼈을까? 자신의 이론은 지나치게 비현실적이라 비판받곤 하는데 그렇지 않아 다행이라고? 자신의 이론이 현실에 잘 적용됨을 보여주어 고맙다고? 서양 학자인 자신의 이론이 동양에서까지 적용되는 걸 보니 마치 자신의 이론이 동서양 전체를 아우르는 이론이 된 듯해 뿌듯하다고?

레비나스가 기뻐하기는 아직 이르다. 우리가 간과한 것이 있기 때문이다. 우리는 책임의 가장 중요한 원리를 잊고 있었던 것이다. 그건 바로 자유. 모든 책임은 자유에 근거한다. 우리는 자유롭게 선택한 행동에 대해서만 책임의 의무가 있다. 만약 누군가가 당신의 관자놀이에 총구를 대고 앞에 있는 친구를 죽이지 않으면 당장 방아쇠를 당기겠다고 협박하고 있다면, 이때에는 친구를 죽여도 살인죄가 적용되지 않는다. 가해자에게 자유의지가 없었기 때문이다. 그리고 책임의 또 다른 중요한 원리는 책임은 타인에게 전이되지 않는다는 것이다. 내 잘못을 타인이 책임지는 것은 불가능하다. 책임 전이는 만 14세 미만의 아이들에게만 적용된다.

그런데 레비나스의 책임은 자유가 아니라 의무에 의해 지는 책임이다. 타인을 책임지는 것은 스스로 택한 것이 아니라 그것이 의무이기 때문에 한 행동이다. 게다가 우리에게 말을 건네고 호소하고 있는 타인 또한 자기 삶을 우리에게 전가하고 있다. 자신의 삶에 대한 책임을 타인에게 전이시키고 있는 것이다. 그러므로 레비나스가 주장하는 책임 개념은 가능하지 않다. 있을 수 없다.

이렇게 타인의 삶을 책임지는 비현실적인 일이 우리에게 일어난 것처럼 보였던 것은 왜일까? '만 14세 미만'의 기준이 신체 나이가 아닌 정신연령이기 때문일까? 타인이 자신의 삶을 책임지는 것은 불가능함에도 왜 우리는 부모에게 우리 삶을 맡겼을까? 그리고 부모는 왜 우리 삶을 책임지려 했을까? 이런 말도 안 되는 일들은 왜 일어났을까?

우리는 그동안 부모가 하라는 대로 했다. 공무원 시험에 응시하라면 했고,

부모 마음에 차지 않는 애인과 헤어지라면 헤어졌다. 하지만 공무원 시험을 보려는 것과 마음에 안 드는 애인과 헤어지려는 것은 우리의 욕구가 아니라 부모의 욕구였다. 공무원이 되려는 바람은 부모의 바람이었고, 마음에 안 든다며 헤어지라던 그 '마음'은 부모의 마음이었다. 우리는 그동안 부모의 욕구들을 대신 충족해주고 있었던 것이다. 이런 삶을 살며 우리는 은연중에 부모에게 이런 생각을 가졌을 것이다.

'그동안 나는 당신의 욕구를 대신 충족해주었어요. 나는 당신의 욕구 충족의 수단일 뿐이었죠. 이런 나에게 자유가 있을 리 있겠어요? 그러니 내게는 내 행동들을 책임져야 할 이유도 없어요. 내가 한 모든 행동은 전부 당신이 한 것과 마찬가지이니까요. 그러니 내 삶의 결과는 모두 당신 책임이에요. 결국 당신이 나를 책임질 수밖에 없어요.'

부모의 욕구가 나에게 전해지고, 나는 부모의 욕구 충족 수단이 되고, 결국 자유를 잃은 내 삶은 부모가 책임질 수밖에 없는 과정. 어쩌면 이 모든 과정의 시작인, 부모의 욕구가 우리에게 얹어질 때부터 레비나스의 이론과 우리는 서로 다른 길을 가고 있었는지도 모른다.

레비나스의 이론은 타인이 자신의 삶을 위한 수단이 되는 것을 막기 위해 타인을 책임져야 한다는 것이었다. 하지만 나는 이 이론이 여전히 현실적으로 불가능할 것 같다. 어떤 이유에서건 타인을 책임진다는 것은 상상할 수 없다. 그리고 우리의 경우는 우리가 부모의 욕구 충족 수단이 되었기에 결과적으로 부모가 우리를 책임질 수밖에 없었다. 하지만 이 관계 또한 실제로는 절대 가능하지 않다. 우리 삶에 대한 책임이 부모에게 전이되고, 부모가 우리 삶을 책임지는 듯 보이는 것은 허상일 뿐이다. 부모는 결코 우리를 책임질 수 없다. 어떤 이유에서건, 레비나스의 주장이건 부모와 우리의 끈끈한 관계이건, 타인을 책임지는 것과 타인의 책임이 전이되는 것은 불가능하다. 스스로의 삶에 대한 책임은 결코 자신을 벗어나지 못한다.

* 실제로 레비나스의 책임 개념이 이렇게 단순하지만은 않다. 이보다는 훨씬 초월적이고 절대적인 개념이다. 글을 위해 불가피하게 피상적 개념으로 환원해 사용할 수밖에 없었음을 밝힌다.

9 　나도 편하게 살고 싶다

9.1 　편하게 산다는 것은 어떻게 사는 걸까

　　　　　　　　'내가 어떤 말을 하면 상대가 얄밉게 느낄까?'라는 고민에서 시작되었다는 노래, '장기하와 얼굴들'의 노래 〈별일 없이 산다〉. 여러 문제로 하루하루가 힘든 이에게 "나는 별일 없이 살아", "나는 걱정 없어"라는 말은 정말 얄미울 것 같았단다. 그렇다. 만약 친구가 나에게 이렇게 말한다면 나는 "그럼 별일을 만들어줄게"라고 말하며 그의 휴대전화를 빼앗아 카톡 속의 모든 남자에게 이렇게 보낼 거다.

오래 고민했어. 널 좋아해.

물론 그 친구가 남자일 경우에.
그런데 노래를 듣다 보니 궁금했다. 어떻게 사는 것이 별일 없이 사는 걸까? 걱정 없이 사는 것은 어떻게 사는 걸까? 걱정 없이 살아본 지도 너무 오래되어 그런 삶이 어떤지에 대한 감을 잃었다. 누가 내 휴대전화로 친구들에게 그런 메시지를 보내도 좋으니, 내가 어떻게든 수습할 테니 나도 한 번쯤은 걱정 없이 산다고 말하며 상대를 놀리고 싶을 정도이다. 도대체 걱정 없이 사는 것은 어떻게 사는 건지 정말 궁금했다.

곰곰이 생각한 결과, 어이없었다. 걱정 없이 산다는 말은 내가 종종 듣고 있는 말이었다. 나는 친구들에게 고민을 좀처럼 안 말하는 편인데, 가끔이라도 할 때면 그때마다 친구들이 말했다.

"너도 고민 있냐? 너는 걱정 없이 사는 것처럼 보여."

처음에는 이런 반응에 놀랐지만 고민을 말할 때마다 이런 말을 들으니 이젠 그러려니 한다. 그들 눈에는 내가 그렇게 보이나 보다.

하지만 걱정 없이 사는 것처럼 보인다는 나는 도대체 그렇게 사는 것이 어떻게 사는 것인지 여전히 알 수 없었다. 더군다나 그동안의 내 삶을 떠올리면 그 의미는 더욱 미궁에 빠졌다. 몸담았던 전공만 세 개이고, 작가로 성공할 수 있을지는 불확실하고, 결혼 후 벌써 둘째를 낳을까 고민하는 친구들 틈에서 남자 친구도 없는 내가 과연 걱정이 없을까?

여기까지 생각이 들자 친구들이 바라보는 내 모습도 궁금했다. 그들은 나에게서 뭘 보았기에 나를 걱정 없이 사는 사람으로 여길까? 내가 걱정 없이 사는 것처럼 보인다는 친구의 말에 나는 더 걱정이 많아졌고, 걱정 없이 사는 삶이 어떤 삶인지 더 궁금해졌다. 걱정 없이, 별일 없이, 편하게 사는 것은 어떻게 사는 걸까?

9.2   표면과 이면의 진실

처음 가보는 카페. 나와 친구는 설레는 마음으로 카페 문을 연다. 그리고 바로 눈에 들어오는 가운데 소파에 앉는다. 이어 주변을 찬찬히 둘러본다.

나의 시선으로 본 카페는 분위기는 아늑하고 차분하고, 배경 음악도 거슬리지 않는다. 조명도 은은하고, 의자도 푹신하고, 글쓰기에 적합해. 일단 합격! 게다가 여기에는 쇠로 된 빨간 의자, 저기에는 파란 쿠션 의자, 저쪽에는 바로크 풍의 테이블까지, 똑같은 디자인의 가구가 없네. 여기에서 작업하다 지루해지면 저기로 가야겠다. 새 장소에서 글을 쓰는 듯해 신선하겠어. 자세히 보니 책장에 꽂힌 책들도 꽤 다양하네. 소설과 여행 에세이는 물론, 디자인 북, 잡지, 만화까지 있어. 소재가 궁해질 때 기웃거려보아야겠다. 어머, 저기는 직소 퍼즐도 있네! 머리 식힐 때 퍼즐 해도 되겠다. 여기 정말 대박인걸?

내가 이런 생각을 할 때, 구석구석을 스캔하던 친구 또한 생각에 잠긴다. 아침 8시, 디디디딕. 비밀번호를 누르자 카페 문이 열린다. 친구는 긴 머리를 찰랑대며 카페에 들어선다. 바깥 공기가 훅 들어가며 실내의 적막이 깨진다. 웅크리고 있던 커피 향기들이 이리저리 날뛰는 듯하다. 친구는 창을 열고 환기를 시킨다. 쏟아지는 햇살에 의자와 테이블 들도 깨어나는 것 같다. 친구는 베토벤 소나타 7번을 틀어 공간에 활기를 돋우고, 에스프레소 머신을 예열한 뒤 청소를 시작한다. 밤사이 책장과 퍼즐에 쌓인 먼지를 털어내고 의자와 테이블도 정리한다. 바닥을 쓸고 소품 상태도 체크한다. 깔끔하게 정돈된 자기만의 공간을 바라보며 친구는 흐뭇해한다. 그러고 나서 자기만을 위한 에스프레소를 정성을 다해 내린다. 향은 최소한으로 날리고, 크레마는 완벽하도록 심혈을 기울인다. 그리고 천천히 커피를 마시며 어제 읽다 만 소설, 『모두에게 해피엔딩』을 읽기 시작한다. 주인공이 어떻게 되었는지 궁금하다. 몇 장쯤 읽자 첫 손님이 들어와 카페라테를 주문한다. 아침을 못 드셨다 생각한 친구는 우유 거품으로 하트를 만든 뒤 작은 쿠키도 덤으로 내민다. 고마워하며 손님이 미소 짓자 친구도 방긋 웃는다. 그리고 이런 상상을 하는 내 앞의 친구도 방긋 웃고 있다.

이런 것이 바로 동상이몽. 같은 장소에서의 둘의 생각은 완전히 다르다. 나는 카페를 작업장으로 바라본다. 조용히 앉아 글을 쓰기에 적절할지를 떠올린다. 반면 친구는 자기도 이런 카페를 갖고 싶다는 바람을 떠올린다. 매일 아침 여유롭게 가게를 열어 자기만의 시간을 갖고, 지×하는 상사 따위는 없는 곳. 친구는 그런 카페에서 일하고 싶어 한다. 그렇다면 카페의 진짜 모습은 뭘까? 분위기 좋은 작업장일까? 자기만의 공간이자 미래의 직장일까? 혹은 아침에 카페라테를 주문하면 쿠키도 덤으로 얻을 수 있는 행운의 공간일까? 이 답을 알기 위해서는 이 병의 성격을 알면 도움이 된다. 바로, 화병火病이다.

화병은 DSM-5(정신 질환 진단 및 통계 편람)에 1995년, 'Hwa-Byung'이라는 학명으로 등록되었다. '화'는 해소되지 못한 감정들이 쌓인 응어리를 한의학에서 일컫는 말인데, 주변에서 오는 스트레스를 제대로 해소하지 못하면 '화'가 되고, 이것이 쌓여 곪으면 '화병'이 된다. 그런데 놀라운 건 이 병이 거의 우리나라에서만 발견된다는 것이다. 그것도 거의 여자에게만.

전통적으로 우리나라 여자들은 감정을 직접적으로 표현하기 어려웠다. 여성의 직접적인 감정 전달에 사회가 반감을 가졌기 때문이다. 몇백 혹은 몇십 해

전에 여자가 남자에게 "나 너랑 자고 싶어"라고 말했다면 어땠을까? 물론 대부분의 남자는 웬 횡재냐 싶을 것이다. 하지만 그 여자를 정상이라 생각했을까? 여성이 드러내려는 감정이나 욕구가 부정적일 때에는 더했다. 옛날 여자들이 작은 일에 짜증을 내고 화를 내는 것을 상상이나 할 수 있었을까? 자고 싶다고 말하는 여자에게는 살짝 미쳤다고 생각하며 눈총을 주는 정도였겠지만, 역정을 내는 여자는 그 집안에서 바로 아웃될 것이다.

그런데 안타깝게도 당시 여자들은 일반 사람보다 화낼 일이 더 많았다. 시부모와 남편에 대한 불만, 자식에 대한 실망, 사회적으로 대접받지 못함에 대한 분노 등. 이들은 대개 사회적 지위가 낮았기에 적절한 해소 방법을 찾기도 쉽지 않았다. 하지만 사회는 다행히(?) 여성의 신체적 고통 호소에는 너그러웠다. 그래서 여자들은 말로 표현하지 못한 감정들을 두통, 소화불량, 우울증, 호흡 곤란, 피로감, 불면증 등 다양한 신체 증상으로 드러냈다. 그리고 우리는 이것을 화병이라 불렀다.

그렇다면 화병은 어떻게 고칠까? 두통약이나 소화제를 먹으면 될까? 항우울제를 꾸준히 복용하면 완쾌될까? 이를 알기 위해서는 카페의 모습을 좀 더 들여다보아야 한다.

어느 봄날, 나는 한 카페에 들어갔다. 나는 내 버릇을 강아지에게 주지 못하고 거기에서도 이곳저곳을 살폈다. 분위기는 아늑한지, 음악은 잔잔한지, 의자는 푹신한지, 창이 커 답답함은 적은지 등. 만족스러운 조건이라는 생각에 집중해 글을 쓰고 있었다. 그런데 창이 커 전경은 좋았지만 햇빛도 많이 들어와 멍해지기도 했다. 바로 그때, 카페에 한 가족이 들어왔다. 이른 나이에 결혼한 듯 보이는 부부와 걸음마도 채 못 뗀 아들. 날씨가 좋아 나들이를 나왔다 카페에 들른 것 같았다. 그런데 커피를 마시며 아이와 놀던 부부는 슬쩍 눈치를 보더니 카페 주인 부부에게 질문하기 시작했다.

"장사는 할 만한가요?"

"투자는 얼마나 하셨어요?"

"일이 힘드시진 않나요?"

젊은 부부도 카페를 운영해보고 싶었던 것이었다. 졸렸던 차에 잘되었다 싶어 나는 작업하는 척하며 그들의 대화를 들었다. 아기가 귀여운지 계속 안아주던 카페 주인은 잠시 뜸을 들이다 작심한 듯 말했다.

"잘 들으세요. 카페를 하면 남들이 쉬는 날에는 절대 못 쉬어요. 공휴일이나 주말에 손님이 더 많으니 그런 날에는 더 열심히 일해야 해요. 그래서 저희는 한 달에 딱 하루 쉬어요. 그런데 그런 날은 안타깝게도 전체 가족이 다 모이는 집안 모임이 있어요. 그래서 카페 오픈 후 지금까지 제대로 쉰 적은 거의 없어요. 게다가 아르바이트생을 두기도 어려워요. 시급 때문에 부담도 되지만 더 큰 문제는 서비스예요. 잠시 일하고 시급만 받는 아르바이트생이 과연 주인 의식으로 일할지, 사명감을 가질지, 손님을 자기 손님이라 생각할지 신경이 쓰일 수밖에 없어요. 그래서 카페와 관련된 일은 모두 저희가 직접 해요. 말이 좋아 카페 사장이지, 저흰 그냥 일꾼이에요."

카페 일꾼의 솔직한 대답에 햇살에 멍해졌던 내 머리는 정신이 번쩍 들었다. 그리고 나와 친구가 한 공간에서 상상했던 두 생각도 잠깐 떠오른 뒤, 산산조각 났다. 그랬다. 누군가에게는 단지 글을 쓰는 공간이 누군가에게는 생업의 공간이었다. 누군가에게는 편하고 자유롭게만 느껴지는 미래의 근무지가 누군가에게는 하루도 빠짐없이 모든 것을 자기 손으로 처리해야 하는 노동의 공간이었다. 여기까지 생각이 미치자 다시 정신이 멍해졌다. 우리는 그동안 카페에서 무슨 말도 안 되는 상상을 해온 걸까? 우리는 카페를 제대로 보고 있기는 했나?

우리는 카페의 표면만 본다. 그래서 카페에서 글을 쓰는 것은, 카페를 운영하는 것은 편하고 쉬울 거라 생각한다. 나에게는 작업장의 다양한 의자들이 단지 새롭다. 파란 의자에 앉았다 빨간 의자에 앉으면 지루하지 않아 좋다. 책장의 수많은 책도 아이디어의 원천일 뿐이다. 조각 퍼즐도 머리를 식히는 놀이에 불과하다. 친구에게도 이 미래의 직장은 좋아하는 책을 언제든 볼 수 있고, 괴롭히는 상사도 없는 자유의 공간일 뿐이다. 손님에게 쿠키를 공짜로 주는 것도 단지 작은 서비스이다. 마음씨 좋은 카페 주인으로 보일 기회이기도 하다.

하지만 쉽게 보이지 않는 부분, 카페의 이면은 다르다. 카페 주인에게 그곳은 생활을 책임져주는 곳이다. 깊은 고민과 끊임없는 노력을 통해 만들어가는 장소이다. 주인의 시선으로 보면 그곳에 놓인 다양한 디자인의 의자들은 그냥 놓인 것이 아니다. 전체 분위기를 고려해 어느 것 하나 튀지 않게 고르고 고른 아이들이다. 다양한 종류의 책들도 그곳 분위기와 조화되도록 까다롭게 선별한 것이다. 직소 퍼즐도 단지 어중간하게 비어 있는 공간을 채우기 위함이 아니라 손님들에게 어떤 가벼운 놀이를 제공할까 밤새 고민하다 떠올린 것일 테다. 그리고 그곳은 상사 프리의 공간이기 때문에 모든 것을 스스로 결정하고 책임져야 하는 곳이기도 하다. 단 하나의 실수도 모두 자신이 떠안아야 한다. 게다가 손님에게 내민 쿠키도 카페 주인의 입장에서는 마음이 편할 리만은 없다. 그것은 팔기 위해 내놓은 것이지 마음씨 좋은 주인으로 보이기 위해 내놓은 것이 아니기 때문이다.

그렇다고 해서 나와 친구가 떠올린 카페의 모습이 거짓이고, 주인의 시선에서 본 카페의 모습만이 진실인 것은 아니다. 모두가 카페가 가진 모습이다. 하지만 이런 차이는 있을 것이다. 카페의 표면만 보는 이에게 카페의 이면은 쉽게 보이지 않을 것이다. 반면 카페의 이면을 보는 이에게 카페의 표면들은 아주 쉽게 보일 것이다. 카페 주인이 손님이 있는 곳을 바라보기는 쉽지만, 손님이 카페 바 너머의 모습을 보기는 쉽지 않으니. 화병 환자에게 두통이 있다는 건 알기 쉬워도 그 두통이 왜 생겼는지는 알기 어려우니. 화병 환자에게 두통약을 주는 건 쉽지만 그 두통을 진짜 낫게 해주는 건 어려우니.

우리는 언제쯤 알 수 있을까? 화병 환자의 두통만 캐치하고서 그에게 진통제를 먹으라고 강요하는 것이 부질없는 행동이라는 것을. 우리가 카페에서 편안함을 느끼는 것은 전부 주인의 숨은 노력 때문이라는 것을. 편안하기만 한 일터는 상상 속에서만 가능하다는 것을. 우리가 표면만 보고 그 이면까지 짐작할 수 있을 때는 과연 언제일까?

9.3   수단과 목적의 삶

좋아하던 화가의 그림을 책에서만 보다가 실제로 보았을 때 드는 느낌은 크게 두 가지이다. '책이랑 똑같네' 혹은 '헉!'. 마크 로스코의 그림은 후자였다. 그림이 커보았자 책에서는 한 페이지였는데, 실제로는 벽 전체를 거의 채울 정도였던 것이다. 깜짝 놀란 나는 한동안 그림이 있는 방입구에서 잠시 얼어 있었다. 그러면서 깨달았다. 도록의 그림 정보에 왜 제목과 함께 항상 사이즈가 표시되었는지를. 게다가 실제로 보니 그림이 주는 느낌도 책과 전혀 달랐다. 커다란 캔버스를 가로나 세로로 3, 4등분해 다른 색을 칠했을 뿐이었지만 보는 것만으로 먹먹해지고 압도되는 무언가가 있었다.

루치오 폰타나의 그림도 실제로 보면 헉 소리가 난다. 하지만 조금 다른 헉이다. 마크 로스코의 그림이 크기와 색채가 제압하는 힘 때문에 말문이 막힌다면, 폰타나의 그림은 이것이 무언가 싶어 할 말을 잃는다. 반듯한 캔버스에 날카로운 칼로 몇 번 그은 자국이 전부이기 때문이다. 처음 그 그림을 대하면 이런 생각이 든다. 뭘 보라는 거지? 팽팽한 캔버스를 칼로 그었으니 잘린 부분의 종이가 말렸을 테고, 그렇다면 말린 정도를 보란 것인가? 아니면 그어진 선들 사이의 균형과 공간 구성을 보란 것인가? 혹시 캔버스 뒤를 보라고 구멍을 뚫어놓은 걸까? 그런데 아무리 보아도 캔버스와 액자 사이에는 아무것도 없는데? 캔버스 뒤에 초라도 켜놨으면 보조 조명으로나 쓸 수 있지, 이건 무언가? 그런데 좀 더 생각해보니 물감을 칠하기만 하는 캔버스에 칼을 댔다는 것, 2D를 3D로 바꾸었다는 것 자체가 엄청난 발상이었다.

완전히 다른 두 그림. 하지만 이를 보며 친구들이 하는 말은 똑같다.

"이런 그림은 나도 그리겠다. 이 사람들은 참 편하게 돈 버네."

친구의 말이 맞다. 이들은 그림을 아주 쉽게 그린다. 뛰어난 테크닉을 사용하지도, 엄청난 노력을 들이지도 않는다. 캔버스를 가로로 7 대 3으로 나누어 위에는 노란색을, 아래에는 빨간색을 칠하고, 빨간색으로 전체 테두리를 슥 둘러주면 마크 로스코의 〈빨강 바탕에 황토색과 빨강〉이 완성된다. 실제로 나는 5분을 투자해 똑같은 그림을 그려 집에 걸까도 생각했다. 물론 이마저도 귀찮아서 포기했지만 15분이면 재료 준비부터 완성 및 벽에 걸기까지 충분할 것 같았다. 그리고 팽팽한 캔버스를 날카로운 칼로 깔끔하게, 하지만 무언가 있어 보이게 간격을 맞춰 몇 번 그으면 폰타나의 그림, 〈공간 개념〉이 완성된다.

이렇게 그린 그림으로 이들은 돈도 편하게 번다. 게다가 아주 많이 번다. 이들 작품이 경매에서 차지하는 지위가 엄청나기 때문이다. 2007년 크리스티 경매에서 로스코의 그림은 529억 원에 낙찰되었고, 2008년 같은 경매에서 폰타나는 칼질 한 번당 약 300만 파운드를 벌었다. 세 개의 칼자국이 있는 그림이 900만 1250파운드에 낙찰된 것이다.

이를 보고 있으면 삶에 대한 철학적 질문을 하게 된다. 인간은 과연 공평한가? 그리고 쥐꼬리만 한 월급을 받으며 사는, 게다가 이를 위해 상사의 온갖 비위를 다 맞추며 살고 있는 내 삶도 돌아보게 된다. 그러면서 나도 이들처럼 편하게 돈을 벌고 싶다는 생각이 마구 샘솟는다. 한 번의 칼질로 평범한 사람은 평생 일을 해도 못 버는 50억이 생기고, 몇 번의 붓질로 평범한 사람은 꿈에도 안 나오는 500억이 생기는 삶을 나도 한번 살아보고 싶다.

하지만 우리는 안다. 우리가 그들처럼 편하게 돈을 벌 수 없다는 것을. 그런 간단한 화풍이 만들어지기까지 그들이 얼마나 많은 작품을 그려왔고, 화풍의 변화를 겪어왔는지 조금이라도 안다면 우리는 그들처럼 쉽게 돈을 벌지 못할 것이라고 잘 알 수 있다. 게다가 결정적으로 우리에게는 그들과 같은 미적 재능이 없다. 몇 가지 색만으로 캔버스를 가득 채우는 것과 몇 번의 칼질이 '미'라는 것을 알 만한 미감도 없다. 그래서 그들의 그림을 보고 "이런 그림은 나도 그리겠다"라고 말했던 친구도 실제로는 그림을 그리지 않았던 것이다.

대신 우리는 다른 방법으로 편하게 돈을 벌기를 바란다. 로스코나 폰타나의 그림을 그리는 것만큼 간단하지만 오랜 경력과 미적 재능은 필요 없는 방법, 바로 복권 당첨이다. 이것이야말로 우리가 상상할 수 있고 실천할 수 있는 것들 중 가장 손쉽게 돈을 버는 방법일 것이다. 우리가 야동을 볼 때 들이는 집중력을 총동원한다 해도 이처럼 편한 방법을 떠올릴 수는 없을 것이다. 이를 위해 특별한 능력이나 노력은 필요 없다. 숫자를 랜덤으로 뽑아주는 기계도 있으니 숫자를 고민할 필요도 없고, 1등 당첨자가 많이 배출되는 장소를 아는 정보력과 매주 토요일 저녁 8시까지 복권을 사는 성실함만 갖추면 누구나 편하게 돈을 벌 수 있다.

하지만 우리는 이 또한 안다. 이 방법은 성공 가능성이 너무 적다는 것을. 편하게 돈을 벌기 위해 평생 복권 당첨에만 의존하다가는 죽을 때까지 '편하게 돈을 버는 느낌'이 어떤 것인지 단 한 번도 느껴보지 못할 수도 있다. 때문에 우리는 좀 더 현실적인 방법을 찾는다. 그러다 이 방법을 발견한다. 빌딩을 사서 각 층을 임대하고 월세를 받는 것이다. 미적 재능도 없고 특출하게 운이 좋지도 않은 우리에게 빌딩의 월세만큼 매력적인 아이템은 없다. 손가락 하나 까딱하지 않고도 매달 정확한 날짜에 일정한 돈이 입금되는 것처럼 편하게 돈을 버는 일이 이것 외에 또 있을까? 심지어 이 방법은 캔버스에 칼을 댈 필요나 물감을 짤 필요가 없는 것은 물론이고, 캔버스를 살 필요조차 없다. 그림에 그럴듯한 제목과 심오한 해설을 갖다 붙이는 수고도 안 해도 된다. 그래서인지 번듯한 직장에 다니는 친구들도 입을 모아 말한다. 자신의 꿈은 현재 다니는 회사의 임원이 되는 것이 아니라 빌딩의 월세를 받으며 사는 것이라고.

그런데 이런 이야기를 들으니 무언가 찜찜했다. 친구의 삶의 목적을 생각하고 있으니 왠지 꺼림칙했다. 비윤리적이지도, 불법인 것도 아니었지만 무언가 의문이 들었다. 이런 삶, 괜찮을까? 그런데 이 찜찜함은 뭘까? 그렇게 살 친구가 부러워서일까? 나도 그렇게 살고 싶지만 불가능할 것 같아서?

중세는 인간보다는 신이, 인간의 이성보다는 신의 교리가 중심이었다. 이때의 과학은 신이 만든 세계를 이해하기 위한 도구였고, 철학도 신의 존재를 증명하기 위한 수단이었다. 고대 철학의 두 기둥인 플라톤과 아리스토텔레스의 사상도 중세인들에게는 단지 신의 존재를 밝혀줄 이론에 불과했다. 예를 들어 아리스토텔레스 철학을 기독교화한 중세 철학자, 아퀴나스는 신 존재를 증명하기 위해 플라톤의 이데아론을 끌어왔다. 우리가 어떤 것에 대해 좋다 혹은 나쁘다를 판단할 때, 이 판단의 기준은 플라톤에게는 이데아이다. 가장 완전한 이데아를 중심으로 모든 것이 판단되기 때문이다. 하지만 이런 이데아는 아퀴나스에게서 신으로 대체되었다. 그에게 있어 모든 사물의 가치를 판단하는 완벽한 기준은 신이었다. 중세의 철학은 신학 이론을 뒷받침하기 위한 도구에 불과했기 때문이다. 유명한 말도 있지 않은가? 중세 철학은 신학의 시녀였다고.

그런데 근대에 이르자 사람들에게 믿음을 주던 신이 종교개혁과 르네상스에 의해 설 곳을 잃게 되었다. 그리고 신을 잃은 인간은 모든 것을 스스로 결정하고 판단해야 했다. 중세에는 인간이 보는 사물의 모습이 사물의 진짜 모습이라고 신이 인정해주었지만 근대의 인간은 이를 스스로 증명해야 했던 것이다. 이를 두고 인간의 타고난 이성을 신뢰하는 합리론자들과 경험을 통해 얻은 지식만을 믿는 경험론자들은 대립하기도 했다. 이성이 사물을 똑바로 보게 해준다고, 경험의 축적이 인식의 정확성을 보증해준다고. 하지만 이들의 주장에도 공통점은 있었다. 그건 바로 철학 그 자체였다. 방법은 달랐지만 이들은 인간이 어떤 존재인지, 인간이 사물을 어떻게 볼 수 있는지 등에 대해 아는 것, 즉 철학하는 것 자체에 목적을 두고 있었다.

철학의 두 모습을 떠올리니, 우리 모습에서 찜찜함을 느꼈던 이유가 분명해지는 것 같았다. 편하게 돈을 버는 것이 궁극 목적이고 삶은 이를 위한 수단에 불과했던 우리에게서, 신의 존재를 증명하는 것이 목적이고 철학은 그 수단에 불과했던 중세의 철학의 모습이 보였던 것이다.

빌딩 월세를 받으며 살고 싶다는 친구의 말이 떠오를 때마다 생각나는 한 작품이 있다. 이철수 판화전에서 본 〈백장법문〉이라는 작품이다. 쪼그려 앉아 호미를 들고 일하는 모습을 판화로 담은 깔끔한 작품인데, 그 귀퉁이에 이런 구절이 새겨 있었다.

땀 없이 먹고사는 삶은 빌어먹는 것만도 못하다. 호미 끝에 화두를 싣고 밭에서 살아라. 일은, 존재의 숙명이지. 거기에서 생명의 들고 나는 문을 발견하지 못하면 헛사는 일이다. 호미 놓지 말아라!

그가 말하는 헛사는 일이 바로, 무언가의 수단이 된 삶일 것 같았다.

10　대학에서의 우리의 모습들

10.1　대학이 뭘까

　　　　　　　　　　　　어떤 이의 사망 시점을 예측하는 것은 쉽지 않다. 1963년 11월, 케네디 대통령의 암살을 예측했던 이는 거의 없었다. 2009년 5월 23일의 노무현 대통령의 서거 또한 마찬가지. 하지만 한 사람의 일생을 예측하는 것은 오히려 어렵지 않다. 대한민국의 남자아이라면 더욱 그러하다.

　　아이는 산부인과에서 태어날 것이다. 자연분만 혹은 제왕 절개 분만으로. 5, 6년 후에는 유치원에서 동요를 배우며 친구들과 신나게 놀 것이다. 그리고 여덟 살이 되면 초등학교에, 6년 뒤에는 중학교에 갈 것이고, 그 3년 뒤에는 고등학교에 갈 것이다. 고3 시절은 인생의 가장 큰 시련으로 느낄 만큼 힘들 테지만 그것은 인생의 시련 베스트 10에도 못 든다는 것은 한참 뒤에야 알 것이다. 이듬해나 2, 3년 뒤에는 대학에 가겠지만 등록금을 벌기 위해 아르바이트하느라 정작 수업은 제대로 못 들을 것이다. 2년 동안 군대에 있을 때에는 누구나 애인이 없을 것이다. 대신 언제 어디에서나 확실한 믿음을 주는 '여자 아이돌'이라는 종교를 갖게 될 것이다. 몇 해 뒤에는 대학을 졸업할 것이고, 또 몇 해 뒤에는 취직할 것이다. 결혼도 해서 자신을 닮은 아기도 낳을 것이다. 5, 6년 뒤에는 이 아기를 유치원에 보낼 것이고, 몇 해 뒤에는 초등학교에 보낼 것이다. 수십 년 전 자신이 그랬던 것처럼.

아마 우리나라 남성의 80퍼센트 이상은 이 예측과 일치할 것이다. 사람들이 사는 모습이 제각각인 듯 보여도 크게 보면 꽤 유사하고, 비슷한 시기에 비슷한 행동을 하기 때문이다. 심지어 인생의 이런 유사성을 바탕으로 연구할 수 있을 정도로.

미국의 심리학자 로버트 하비거스트가 바로 그 연구를 했다. 그는 우리의 일생을 시기 별로 나누어 각 시기에 어떤 일을 하는지 조사했다. 어렸을 때에는 학교에서 공부하고, 성인이 되면 취직하고 가정을 갖고, 노년에는 은퇴 준비 등을 한다고. 하지만 그는 이 연구를 통해 어느 시기에는 'OO를 한다'에서 멈추지 않고 'OO를 해야만 한다'라고까지 주장한다. 그에 따르면 청년기에는 배우자 선정, 배우자와 함께 사는 법 익히기, 가정생활 출발, 아이 기르기, 가정 관리하기, 취업, 시민적 책임지기, 마음에 맞는 사회적 그룹 찾기 등을 해야만 한다.

이 목록을 보면 무슨 느낌이 드나? 나는 이런 느낌을 받았다. 이 목록을 만든 사람이 제정신일까? 이런 것들을 왜 지금 내가 해야 한다는 거지? 그의 분류에 따르면 나는 올해가 청년기 마지막 해이지만 이 목록 중 내가 한 일은 거의 없었다. 배우자 선정은커녕 애인도 없고, 혼자 산 지 오래되어 이젠 누군가와 함께 산다는 생각만 해도 어색하다. 기를 아이가 없는 것은 당연하고, 가정 관리는커녕 내 몸 하나 관리하는 것도 버겁다. 작가로 취업이 가능할지 불확실하고, 내가 하는 시민적 책임이라고는 투표뿐이다. 게다가 더욱 어이없었던 것은 거기에는 이런 말도 안 되는 목록들은 수두룩했지만 청년이라면 정작 대개 하는 일은 빠져 있다는 것이다.

그건 바로 대학 다니기. 등록금을 정부에서 지원하지 않고 개인이 부담한다는 차이만 있을 뿐, 이제 대학은 거의 의무 교육처럼 느껴질 정도이다. 중학생의 몇 년 뒤 미래는 고민할 것 없이 고등학생인 것처럼, 고등학생의 몇 년 뒤의 미래는 대개 대학생이다. 게다가 25~29세 여성 중 기혼 비율은 서울의 경우 20퍼센트에도 못 미치는 반면, 전국 고등학생의 대학 진학률은 대략 80퍼센트이다. 이를 보면 하비거스트의 청년기 과업 중 배우자 선정, 배우자와 함께 사는 법 익히기, 가정생활 출발, 아이 기르기, 가정 관리하기를 삭제하고 '대학 진학'을 포함하는 것이 더 적절할 것 같았다. 그래야 이론이 현실을 제대로 반영할 듯했다. 그래서 이것을 그에게 건의해볼까도 잠깐 생각했는데 이미 1991년에 사망하셨더라.

그런데 여기에까지 생각이 미치자 뒤통수를 치며 떠오르는 또 다른 생각이 있었다. 나는 왜 당연히 대학에 가야 한다고 생각할까? 대학 진학이 무엇이기에 나는 이것을 청년기에 반드시 해야 한다고 여겼을까? 연애하기에도 바쁠 이 청년기에 말이다! 대학을 10년 가까이 다니던 어느 날, 문득 궁금해졌다. 나는 대학에 왜 왔을까? 우리는 왜 대학에 다닐까?

10.2   대학에서 어떤 진리를 탐구해야 할까

대학을 10년 정도 다니고 있는 나, 이젠 학교가 지
겨울 때도 되었…… 아니, 오래전부터 지겨웠다. 그래서 간혹, 아니, 자주 이런
말을 한다.

"나는 학교 좀 그만 다녔으면 좋겠어."

그런데 내가 이럴 때마다 학부 졸업 후 바로 취직한 친구는 말한다.

"나는 학교 다니던 때로 돌아가고 싶어."

그러면 나는 펄쩍 뛴다.

"아니 왜? 졸업한 학교를 왜 또?"

생각지도 못한 친구의 대답에 의문이 들었다.

우리는 과연 같은 학교에 다녔을까? 내가 떠올리는 지긋지긋한 학교와 친
구가 상상하는 나긋나긋한 학교는 과연 같은 곳일까? 우리가 다닌 대학의 진짜
모습은 도대체 뭘까?

대학의 모습 1. 아카데미아는 플라톤이 만든 인류 최초의 대학으로 기원전
387년경에 세워져 기원후 529년경까지 존속했다. 열여덟 살에 입학한 아리스
토텔레스가 20년간 다닌 곳이기도 하다. 아카데미아를 세울 때 플라톤의 생각
은 이랬다. 인간이 알아야 하고 추구해야 하는 모든 것은 이데아에 있다. 그러
므로 교육의 목표는 완전한 아름다움이자 선인, 이데아를 아는 것이다. 그런데
인간은 원래 이데아를 알고 있다가 태어나는 과정에서 잊은 것뿐이다. 따라서

교육의 진짜 목표는 이데아를 회상하는 것이다. 플라톤은 여기에서 그치지 않고 알게 된 것을 행동으로 실천해야 진짜 앎이라 여겼다. 새로운 지식을 알고도 행동에 변화가 없다면 지식을 습득하지 않은 것과 마찬가지였다. 지행합일, 그에게 앎은 곧 행동이었다.

대학의 모습 2. 중세 말, 봉건제도가 힘을 잃고 도시들이 발달하자 시민계급도 따라 성장했다. 이들은 도시 발전을 위해 학문을 연구하기 시작했는데, 이때 각 도시에 대학이 생겨났다. 때문에 각 대학은 그 도시의 특성을 바탕으로 만들어질 수밖에 없었다. 최초의 성문법이자 모든 법의 모태인 로마법을 연구하기 위해 이탈리아의 볼로냐 대학에서는 법학이 발달하기도 했고, 파리 대학에는 신학과 철학 강의를 잘하는 학자가 있어 그의 수업을 듣기 위해 학생들이 몰려들었다. 그러므로 발달하는 도시들의 필요에 의해 탄생한 이 대학들의 학업 목적은 실용성을 띨 수밖에 없었다.

대학의 모습 3. 내게 대학은 이런 곳이었다. 중학교를 졸업하고 고등학교에 가듯, 나는 고등학교를 졸업하고 대학에 갔다. 이런 내게 대학은 고등학교와 별 차이가 없었는데, 교실에 함께 모여 수업을 듣고, 한 학기에 두 번 시험을 쳤기 때문이다. 공부 방식도 고등학교와 마찬가지로 이해와 암기, 약간의 적용을 벗어나지 않았다. 물론 차이도 있었다. 대학에서는 좋아하는 공부만 할 수 있었다. 관심 있는 분야는 더 깊이 공부할 수 있었지만 관심 없는 분야는 그런 분야가 있는지조차 몰라도 상관없었다. 또 철학을 공부하며 자유를 느끼기도 했다. 내 생각이 남과 다를 수 있다는 것, 하지만 그것이 부끄럽거나 숨길 일이 아니라는 것을 알게 되었다. 그리고 다양한 주장들을 접하며 내 주장이 커다란 축의 어느 지점에 있는지 더 분명히 깨닫게 되었다. 결과적으로 대학 공부를 통해 나는 주관을 더욱 명확히 할 수 있었다.

대학의 모습 4. 이화 여자 대학교의 2011년 등록금 총액 중 적립금으로 분류된 금액은 279억 원이고, 그해 말까지의 총 누적 적립금은 6849억 원이다. 같은 해의 전국 사립대학 중 누적액 상위 40개의 적립금 총액은 2025억 원이고, 전국 303개 사립대학의 2010년까지의 총 누적 적립금은 10조 903억 원이다. 2011년 9월 수도권 대학의 수시 모집 응시생 수는 103만 명으로, 평균 경쟁률은 약 33 대 1이고, 전형료는 7~10만 원에 달한다. 연세 대학교 경우 2012년 학부 등록금이 1.49퍼센트 인하될 때, 대학원 등록금은 2.5퍼센트 인상되었다.

대학의 모습 5. 친구가 자신의 대학 생활에 대해 말했다.

"대개는 학교와 전공을 수능 점수에 맞춰서 입학하잖아. 하지만 나는 내가 원하던 학교와 전공에 입학할 수 있었어. 운이 좋았지. 고등학교 때부터 멋진 집을 짓고 거기에 어울리는 실내 디자인을 하는 것이 내 꿈이었거든. 그래서 건축 공부에 거는 기대도 컸어. 그런데 전공 수업 첫 시간에 바로 알겠더라. 아, 이건 아니구나. 교수님이 A1 사이즈 종이를 연필로 그어 가득 채우라는데 그런 건 내가 상상한 건축 공부가 아니었어. 물론 지금은 그런 과정들도 꼭 필요하다는 걸 알지만, 그때 내가 알 턱이 있냐? 여하튼 나는 첫 수업 시간에 건축에 대한 마음을 완전히 접었어. 하지만 학교에 다니지 않을 수도 없고, 어찌어찌 한두 해를 보냈지. 그러다 졸업할 때가 되었는데, 가만 보니 사람들이 각종 시험을 준비하더라고. 누구는 공무원 시험을, 누구는 외무고시를, 또 공기업과 회계사 시험도. 그런 걸 보니 나도 왠지 그래야 할 것 같더라. 그래서 4학년 때부터 그런 시험들 중에 나와 제일 잘 맞는 것을 골라 준비를 시작했어. 이것이 내가 대학에서 한 일이야."

어떤가? 한 대상에 대해 서술한 것이 맞나 싶을 정도로 정말 다양한 내용들이지 않나? 그런데 이보다 더 놀라운 것이 있다. 그건 바로 무지개떡처럼 다양한 색을 지닌 이런 대학의 목표가 오직 하나라는 것이다. 그건 바로 진리! 무지개떡의 층들이 다양해도 이들 또한 떡인 것처럼, 플라톤의 생각, 중세 대학의 목적, 나와 친구가 바라보는 대학, 그리고 대학의 대외적 지표들이 추구하는 목표도 단 하나, 진리이다(그런데 다른 건 제쳐두고 아직 진리를 추구하게 될지 아닐지 알 수 없는 학생에게 진리를 추구해볼 '기회'를 주겠다며, 시간당 7~10만 원을 받는 것은 대체 진리와 무슨 상관인지 알 수가 없다). 실제로 하버드 대학의 교훈은 '진리'이고, 예일 대학의 교훈은 '빛과 진리'이다. 우리나라 대학의 교훈도 '진리는 나의 빛', '진리가 너희를 자유케 하리라', '자유 정의 진리' 등이다. 진리는 대학이 탄생할 때부터 현재까지 대학의 제1목표였다. 당신이 지금 다니고 있는, 그리고 다녔던 대학의 궁극 목표도 진리이다. 믿기지 않겠지만 진짜다.

그렇다면 진리가 무엇일까? 진리가 무엇이기에 공통점이라고는 전혀 찾아볼 수 없는 대학의 상이한 모습들을 전부 아우를 수 있을까? 의미를 알 것 같지만 정확히 말하기는 어려울 것 같은, 진리. 진리는 과연 뭘까?

진리의 정의는 '세계의 참모습을 정확하게 나타낸 것'이다. 세계의 실제 모습을 미신이나 편견 없이 있는 그대로 표현한 것이다. 우리의 믿음이 세계의 모습과 일치하거나 우리의 말이 세계를 있는 그대로 나타낸다면, 우리의 믿음과 말이 진리인 것이다. 예를 들어 『이솝우화』의 양치기 소년 이야기에서 소년이 마을 사람들에게 처음 외쳤던 "늑대가 나타났어요!"는 거짓이다. 늑대는 실제로 없었기 때문에 이 말은 세계의 참모습을 나타낸 것이 아니다. 하지만 늑대가 나타났다는 마지막 외침은 진리이다. 이때에는 진짜로 늑대가 나타나 양을 잡아먹고 있었다.

많은 이는 말한다. 우리가 대학에서 이런 진리를 추구하지 않는다고. 세계의 참모습은 알려 하지 않고 자기가 알고 싶은 것, 알아야 하는 것만 알려 한다고. 전공 공부를 통한 진리 탐구는 소홀한 채 취직을 위한 공부만 한다고. 게다가 대학 자체도 진리를 추구하기는커녕 기업과 구분하기도 어려워졌다고 비판한다. 옳은 주장이다. 취업을 위해 성적이 잘 나오는 수업만 듣는 학생. 수시 모집을 통해 원서 장사를 하는 대학의 행동이나 대학을 평가할 때 취업률을 포함하는 것을 전부 비판할 수 있고, 취업에 직접적인 도움이 안 되는 인문학과들이 폐지 위험에 놓였을 때 이를 저지할 근거가 되는 것도 바로 대학의 진리 탐구 역할 때문이다. 대학은 진리를 탐구하는 곳이지 장사를 하는 기업도, 취업을 위한 알선소도 아니라는 것이다.

그런데 한편으로는 이런 의문도 든다. 우리나라 20대의 상당수가 대학에 가는데 그렇다면 이들 대다수 삶의 목표가 진리 추구여야 할까? 진리가 얼마나 엄청난 것이기에 거의 모든 20대 초중반의 목표여야 할까? 게다가 공부를 평생의 업으로 삼은 교수조차 겨우 자기 분야의 진리만 알 뿐인데, 대학에서 고작 4년을 공부하는 우리가 어떻게 진리를 추구할 수 있을까? 우리가 대학에서 진리를 추구하는 것은 무리이지 않을까? 하지만 이렇게 판단하기에는 아직 이르다. 여기, 진리의 또 다른 의미가 있다.

진리의 두 번째 의미는 이것이다. 어떤 사실을 새롭게 알게 되었을 때 이 사실이 내가 기존에 알고 있던 사실과 크게 어긋나지 않으면 이 사실도 진리가 된다. 새로운 사실이 무리 없이 받아들여지면 진리가 되는 것이다. 얼마 전, 한 요리 프로그램에서 알려준 새로운 사실이 내게 진리가 된 적이 있다. 어떤 셰프가 긴 파스타 면을 삶아내더니 찬물에 식힌 뒤 잘게 썰었다. 그리고 조각조각 난 파스타 면을 소스와 함께 끓이니 떠먹는 파스타가 되었다. 숟가락으로 떠먹는 파스타의 맛은 내게 새로운 진리였다. 하지만 파스타는 포크로 돌돌 말아 먹는 음식이라는 나의 기존의 진리와 크게 어긋나지 않았다. 어떻게 먹든 파스타는 모두 맛있기 때문이다.

진리에는 세 번째 의미도 있다. 이때의 진리는 '유용한 것'이다. 생활에 도움이 되고 이익이 되면 그것이 바로 진리이다. 다른 이들과의 의사소통을 더 원활히 해주고 세계에 대해 더 정확한 예측을 할 수 있게 해주면 그것이 바로 진리이다. 예를 들어 한 남자가 이런 경험들을 했다고 해보자. 호감 가던 여자에게 꽃을 주었더니 그 여자도 내게 호감을 가졌다. 아침부터 상사에게 혼난 여자 동료에게 꽃을 건넸더니 그녀가 내게 커피를 사 주었다. 우울해 보이는 친구인 여자에게 꽃을 떠밀었더니 그녀가 환해졌다. 그렇다면 이때 그에게 진리는 이것이다. '여자는 꽃을 좋아한다' 혹은 '나는 아주 잘생겼다'.

생각해보니, 대학에서 내가 가장 궁금했던 것은 바로 나였다. 나는 나를 알기 위해 심리학과 철학을 공부했던 것이다. 이 공부를 통해 나는 나의 맨모습에 더 다가갈 수 있었다. 주관을 더 또렷이 할 수도, 더 잘 표현할 수도 있게 되었다. 나에게 대학은 나에 대해 제대로 알게 해준 곳이었다. 친구도 마찬가지이다.

전공이 자기 길이 아님을 깨닫고 전혀 다른 분야에 취직했지만, 친구는 대학에서의 이런 과정을 통해 스스로에 대해 알게 되었다. 자신이 어느 분야를 좋아하고 싫어하는지에 대해. 그리고 자신의 기대와 예상의 짧은 유통기한에 대해서도. 결과적으로 우리에게 대학은 스스로를 더 잘 알게 해주는 '통로'와 같은 곳이었다.

누구에게나 자신의 진짜 모습이 있다. 원래 갖고 있었지만 편견으로 가려지고 오해로 뒤덮여 볼 수 없었던 자신의 진짜 모습. 대학은 이런 편견과 오해들을 지워버릴 기회의 공간이다. 전공 공부와 다양한 경험들을 통해 자신의 참모습을, 진짜 자기 모습을 알 수 있게 해주는 곳이다.

또 대학에서는 자신의 새로운 모습을 발견할 수도 있다. 자신의 낯선 모습에 놀랄 수도 있을 것이고, 이것이 기존의 모습과 충돌하는 경험도 하게 될 것이다. 하지만 이런 과정을 통해 만들어진 새로운 내 모습은 결국 내 모습에 대한 진리가 될 것이다. 대학 생활을 통해 얻은 나의 모든 모습은 서로 통합되어 '더 풍부해지고 새로워진 나'가 될 것이다.

게다가 우리는 대학에서의 공부를 통해 자신의 선호를 확실히 알 수도 있을 것이고, 여러 상황에 부딪히며 자신의 한계를 알 수도, 그 한계를 넘는 자신을 발견할 수도 있을 것이다. 그리고 이렇게 알게 된 자신의 능력들, 스스로에 대한 지식들은 세상을 살아가는 데 가장 유용한 진리가 될 것이다. 세상을 살아가는 데 스스로에 대해 아는 것만큼 유용한 지식도 없으니. 자신에 대해 제대로 아는 것이야말로 평생 가장 도움이 되는 지식일 테다.

만약 우리가 지금 자신의 참모습과 새로운 모습을 알아가고, 가장 유용하게 쓰일 자신에 대한 지식을 익혀가는 대학 생활을 하고 있다면, 우리가 대학에서 추구하고 있는 것이야말로 누구도 부인할 수 없는 진리일 것이다. 이런 깨달음들이야말로 진짜 진리, 진리의 모든 정의를 아우를 수 있는 진리일 것이다.

10.3   2000년 전과 현재의 공통점

종이, 도서관, 모든 시민의 투표권. 이들의 공통점은 무엇일까? 고대 그리스에는 종이가 없었다. 드물게 파피루스로 만들기는 했지만 기술 부족으로 대량 생산은 엄두도 못 냈다. 때문에 책도 찾아보기 어려웠으니 도서관이 있을 리는 만무하다. 그래서 당시 지식의 전달은 책의 역할이 아니라 시인의 역할이었다. 시인은 많은 양의 책을 암기하고 다니며 사람들에게 가르침을 주었다. 그리고 당시 아테네에서 투표할 수 있는 사람은 20세 이상의 성인 남자뿐이었다. 노예와 외국인은 물론, 여성도 투표할 수 없었다. 그러므로 종이, 도서관, 모든 시민의 투표권의 공통점은 이것이다. 고대 그리스에는 없었지만 현재 존재하는 것.

반대로 고대 그리스는 물론이고 지금까지도 존재하는 것은 무엇일까? 그리스 이전부터 시작된 결혼 제도는 신기하게도 지금까지 유지되고 있다. 물론 갈수록 높아지는 이혼율로 인해 약 100년 뒤에는 이 제도가 사라질지 모르지만. 스승과 제자 관계도 지금껏 존재하고, 이때부터 시작된 올림픽도 지금까지 이어져온다. 기원전 776년부터 4년마다 올림픽에 대한 기록이 남겨져 있다. 이 밖에 2000년 전부터 지금까지 달라지지 않은 것은 뭐가 있을까? 학부 때 쳤던 시험에 이에 대한 힌트가 있었다.

　어느 과목의 중간고사를 준비할 때였다. 이 선생님의 다른 수업을 이미 들어보았던 터라 시험 유형이 대강 짐작되었다. 그런데 시험 며칠 전, 내용을 거의 이해했다는 생각이 들었을 때(물론 스스로 판단하건대) 이때부터 고민이 시작되었다. 이해만 한 채 시험을 볼 것인가 아니면 암기까지 할 것인가? 물론 내용을 충분히 소화했다고 확신했기 때문에(다시 말하지만, 스스로 판단하건대) 어떤 문제도 풀 자신은 있었다. 하지만 그 선생님의 시험 유형이 거의 객관식과 괄호 채우기라 암기를 하면 더 빠르고 정확하게 풀 수 있을 것 같았다. 고민 끝에 나는 암기하기로 결정했고, 내용의 각 요소의 첫 글자를 따 말도 안 되는 문구로 재조합해 외우기 시작했다(이런 암기법이 내가 말하려는 답은 아니지만, 왠지 이런 암기법도 고대 그리스나 지금이나 마찬가지일 것 같다). 예를 들어 주디 시카고라는 여성 작가가 페미니즘 역사에 발자취를 남긴 여성들을 기리기 위해 만든 작품인 〈디너 파티〉는 이렇게 암기했다. 작품에 등장하는 스물아홉 명의 여성들의 이름(유디트, 앤 허친슨, 캐럴라인 허셜, 메리 울스턴크래프트, 수전 B. 앤서니, 엘리자베스 블랙웰, 마거릿 생어, 버지니아 울프, 조지아 오키프……)은 첫 글자를 따, '유, 앤, 캐, 메, 수, 엘, 마, 버, 조'를 'UN(유, 앤)이 베네수엘라(캐, 메, 수, 엘, 마)의 디너 파티에 가서 버저(버, 조)를 설치'하는, 말도 안 되는, 하지만 전혀 말이 안 될 것 같지만은 않은 이미지로 만들어 기억했다. 심지어 책 귀퉁이에 UN이 버저를 설치하는 그림까지 그렸다(그림의 이미지는 각자 생각하기 바란다). 그래서 시험을 볼 때에는 이 이미지만 떠올리면 되도록 암기했다(이런 유치한 암기법은 정말 혼자 간직하는 걸로 끝내고 싶었는데 이렇게 공개되어 안타깝다).

그리고 드디어 시험 날, 내 예상은 적중했다. 문제는 지난번과 마찬가지로 대부분 객관식이었다. 나는 쾌재를 부르며 문제를 풀어나갔다. 그런데 무언가 이상했다. 발문은 보지 않고 다섯 개의 보기만 보고도 답이 눈에 들어왔던 것이다. 다섯 개의 보기 중에는 다른 보기들과 전혀 어울리지 않는 것이 하나씩 있었다. 예를 들면 이런 식으로.

①조지아 오키프 ②버지니아 울프 ③바넷 뉴먼 ④앤 허친슨 ⑤유디트

나는 보기의 첫 글자들만 보고도 유엔이 베네수엘라의 디너 파티에 가서 버저를 설치하는 이미지를 떠올렸고, 바로 답을 알 수 있었다. '조, 버, 앤, 유'는 그 이미지 속에 있었지만 '바'는 없었기에 정답은 무조건 '③바넷 뉴먼'이었다. 게다가 나는 보기만 보고도 발문을 짐작할 수도 있었다. 이 보기는 분명 〈디너 파티〉에 관한 문제일 것이며, 보기 중 적절하지 않은 것을 고르라는 문제일 게 뻔했다.

이렇게 몇 문제를 풀자 나는 시험의 패턴을, 아니 보기의 패턴을 알게 되었다. 그래서 일단 발문은 제쳐두고 보기들만 살핀 채 모든 문항을 풀어보았다. 발문은 보지 않고 다섯 개의 보기 중 어울리지 않는 것을 하나씩 골라냈다. 그리고 시험지를 처음부터 다시 풀었다. 이때에는 발문도 읽고, 보기들도 서로 대조해가며 꼼꼼히 풀었다. 조지아 오키프, 버지니아 울프, 앤 허친슨, 유디트가 실제로 〈디너 파티〉에 등장할 만한 인물인지 아닌지 따졌고, 바넷 뉴먼은 〈디너 파티〉와는 전혀 상관없는 색면추상을 대표하는 작가라는 것까지 떠올렸다. 그리고 두 답을 비교했다. 예상대로 보기만 보고 푼 답과 발문까지 읽고 푼 답은

거의 일치했다. 신기한 경험을 하며 나는 시험을 쳤고, 그 과목에서 A+를 받았다.

그런데 몇 년이 지난 지금, 의문이 들었다. 말도 안 되는 이미지를 떠올리며 단순 암기만 해도 좋은 성적을 받을 수 있는 시험을 잘 본 나는 그때 과연 공부를 열심히 했던 걸까? 〈디너 파티〉가 왜 만들어졌는지, 어디에서 모티프를 따왔는지 궁금해하고, 작품이 미친 영향에 대해 호기심을 갖고 공부했던 이는 과연 그 시험을 잘 보았을까? 그때 내가 열심히 했던 것은 무엇이었을까? 말도 안 되는 이미지를 기억하는 것이었나 아니면 진짜 공부였나? 그때 나는 공부를 하기는 했나? 서두에 나왔던 문제, 약 2000년 전과 현재가 여전히 같은 것은 바로 이것이다.

고대 그리스의 지식인은 암기력이 뛰어난 시인이었다. 책이 없었던 당시에는 전해오는 이야기들을 기억으로 기록할 수밖에 없었기 때문이다. 어느 시인은 두꺼운 책 몇백 권 분량을 암기하고 있기도 했다. 그러므로 더 많은 책을 소장한, 아니, 더 많은 내용을 암기한 이가 뛰어난 지식인 취급을 받았다.

그리고 동시대에 소크라테스가 살고 있었다. 그는 지식인은커녕 문제를 일으키는 사람이라는 대우를 받았다. 물론 그도 사람들에게 배움을 주기는 했지만 그 방법이 시인과 달랐기 때문이다. 그는 사람들에게 질문하고 답을 끌어낸 뒤 그 답이 옳지만은 않음을, 편견에 의해 만들어진 것임을 스스로 깨닫도록 했다. 이런 썩 유쾌하지만은 않은, 하지만 본인에게는 도움이 되는 과정을 통해 소크라테스는 스스로가 무지를 깨닫고 참된 지식을 추구하도록 했다. 게다가 그는 당시 현명하다고 여겨지는 이들인 시인, 정치가, 장인을 찾아가 그들의 앎이 참된 앎이 아님을, 실제로는 그들도 제대로 아는 것이 없음도 깨닫게 했다.

그의 이런 행동은 사람들에게 불쾌감을 주었기에 끝내 그는 독배를 마셨다. 하지만 그는 당연하게 받아들여지는 지식에 대해 스스로에게나 타인에게 끊임없이 의문을 제기했고, 이런 성찰 과정을 통해 참된 지혜를 깨닫고 있었다.

만약 현재의 과학자가 타임머신을 만들어 고대 그리스로 갔다고 해보자. 그리고 그곳에서 소크라테스와 시인을 만났다고 해보자. 그래서 과학자가 그들에게 타임머신을 타고 2000년 후로 가보자고 제안했다고 해보자. 아마 그들은 그런 기계는 있을 수 없다며 과학자의 말을 믿지 않을 것이다. 하지만 과학자는 끈질기게 설득했고 결국 함께 타임머신을 탔다고 해보자. 그리고 소크라테스와 시인이 2015년, 우리나라에 왔다고 해보자. 그들은 이곳저곳을 돌아다니며 당시와 완전히 달라진 환경을 접하고는 어쩌면 타임머신의 존재를 믿기 시작할 것이다. 그리스 시대에는 상상도 못 할 고층 건물과 휴대전화 같은 신기한 기계들을 보며 이 정도의 기술력이라면 과거나 미래로 갈 수 있는 기계도 만들 수 있을 것이라며. 그리고 이 과정에서 이들이 대학을 방문했다고 해보자. 그리고 중간고사를 치고 있는 한 강의실에 들어갔다고 해보자. 그들은 우리 시험지를 볼 것이다. 시험지를 한참 바라보던 소크라테스와 시인은 과학자에게 이렇게 말하지 않을까?

"하마터면 당신에게 속을 뻔했소. 타임머신이라는 기계가 있는 줄 착각할 뻔했소."

10.4   계획의 무계획성에 대하여

        초등학교에 다닐 때 방학 시작과 동시에 했던 일이 있다. 바로 계획표 만들기. 스케치북 한 장을 찢어 큰 동그라미를 그린 뒤 가운데 점을 찍고, 원둘레에 1부터 24까지 숫자를 썼다. 그리고 점과 숫자를 선으로 연결해 기상 시간, 밥 먹는 시간, 공부하는 시간, 텔레비전 보고 친구들과 노는 시간 등을 깨알같이 나눴다. 지금 생각해보면 실천 가능성이 조금도 없는 계획이었다.

    하지만 성인이 되어도 계획을 세우는 습관만은 남아 있다. 심지어 이때에는 24시간 동안이 아니라 대학에 입학했을 때부터 사회에서 은퇴할 때까지의, 무려 평생의 계획을 세운다. 학부 때 수학을 전공하고 교사가 되고자 했던 친구 B의 인생 계획은 이랬다. 놀라지 마라.

학부 졸업 후 사범대 대학원에 입학, 중등 임용 고시 응시 자격 취득.

대학원 졸업 후 임용 고시 준비.

1년 만에 임용 고시 합격.

몇 년간 학생들을 가르치다가 미국으로 유학(교육 공무원은 국비 유학 가능).

박사 학위 취득 후 귀국.

교단으로 돌아가지 않고 교육부에서 교과서 만드는 일을 도움.

마침내 장학사가 됨.

여기까지 들은 내 느낌은 이랬다. 얘가 판타지 영화 시나리오를 쓰나? 그런데 B의 계획은 여기에서 끝이 아니었다. 가장 중요한 것이 남아 있었다.

스물여덟 살에 결혼 후 아기를 둘 낳음.
단, 첫째가 아들, 둘째가 딸.

여기까지 듣자, 참지 못하고 내가 한마디 했다.

"일단 다른 계획은 가능하다 치자. 임용 고시에 1년 만에 합격하고, 장학사가 되고, 스물여덟 살에 결혼하는 것도. 물론 장학사가 그렇게 쉽게 되는 것인지도 모르겠고 결혼도 너 혼자 하는 것이 아닐 테지만 내가 너그러운 마음으로 이해했다 치자. 그런데 자식의 출생 순서까지 계획하는 것이 말이 되냐?"

그러자 B가 말했다.

"이 계획도 반드시 지켜져야 해. 오빠가 여동생을 보호해야 하니까."

교사가 되고 유학을 가는 계획까지는 내게 〈트와일라잇〉이나 〈스파이더맨〉같이 최소한 현실을 바탕으로 픽션이 가미된 이야기로 들렸다면, 아들과 딸의 순서를 정하는 계획은 〈아바타〉급의 순수한 공상과학 영화 내용처럼 들렸다. 스토리 전개를 위해 현실이라는 배경은 거의 필요 없는 이야기. 그래서 다시 물었다.

"너의 그 판타지 시나리오, 얼마나 현실화되었냐?"

그러자 B가 자랑하듯 말했다.

"현재 임용 고시를 4년째 준비 중이라, 이때부터 계획이 틀어지기는 했어. 하지만 그 전까지는 모두 계획대로 이루어졌어."

지금까지는 계획했던 일이 모두 이루어졌다는 친구의 이야기는 나에게 다시 한 번 〈아바타〉를 떠올리게 했다. 친구의 삶과 내 삶은 〈아바타〉에서의 지구와 판도라 행성만큼 멀었기 때문이다. 친구의 삶이 현실이라면 내 삶은 비현실임에 분명할 만큼 우리 둘의 삶은 동떨어져 있었다. 실제 내 삶은 내 계획과 조금도 연관이 없었기 때문이다. 내 삶과 친구의 삶뿐 아니라 내 계획과 내 실제 삶도 〈아바타〉의 두 행성만큼 멀었다.

나는 고등학교 때 주저 없이 이과를 택했다. 수학 과목은 무척 좋아했지만 사회 과목은 80점을 넘어본 적이 없었던 내가 문과 공부를 하는 것은 단 한 번도 상상해보지 않았다. 내 두뇌는 태생적으로 이과에 특화된, 내추럴 본 이과였다. 그런데 이렇게 계획을 세웠……다기보다 원래부터 이런 아이였던 나는 몇 해 뒤 심리학 공부를 하게 되었다. 물론 나도 놀랐다. 심리학 공부를 시작하기 2년 전만 해도 이를 조금도 짐작하지 못했고, 계획에도 없었지만, 어느 때부터인가 심리학 공부가 하고 싶어졌기 때문이다. 그리고 심리학 공부를 한 이후에는 철학과 대학원에 입학했다. 이 또한 전혀 계획에 없었다. 철학과 대학원 첫 번째 입학시험에 떨어졌던 이유가 학부 때 철학 수업을 전혀 듣지 않았기 때문일 정도로. 게다가 나는 중간에 연애도 했다. 믿어지지 않겠지만(나도 좀처럼 믿을 수 없지만) 학부 때 내 계획은 공부만 하는 것이었다! 그런데 어쩌다 보니 하게 되더라. 그리고 현재 나는 아무런 계획 없이 배우게 된 심리학과 철학 내용들로 책을 쓰고 있다. 그런데 내가 당시 수업을 들으며 '이런 내용을 이후에 책에 써야지'라고 상상이나 했겠나? 물론 그때의 자료들과 필기들을 바탕으로 지금 글을 쓰지만, 이것들은 단지 청소하기도 귀찮고 처치하기도 애매해서 모아둔 것들이었다. 이것들이 이렇게 쓰일 거라고는 조금도 예상하지 못했다. 그랬다면 보존 상태가 좀 더 좋았겠지.

　그래서인지 어느 때부터인가 나는 계획에 대해서는 조금도 믿지 않게 되었다. 물론 엄밀히 말하면 나는 계획을 세워본 적도 없으니 계획이 어긋난 적도 없다. 하지만 내 삶에서 1, 2년은 고사하고 몇 달이나 몇 주 뒤의 짧고 단순한 계획도 이루어진 적이 없었다. 주말에는 읽고 싶었던 그 책을 꼭 읽겠다고 결심하지만 매번 미루고, 한두 달 후에는 반드시 연애를 하겠다는 계획은 도대체 몇 번 세웠다 수포로 돌아갔는지 모른다. 계획들이 지켜진 적이 과연 언제였는지 이제는 기억조차 나지 않는다. 언제나 내 삶은 계획 따위는 안중에도 없었고, 계획은 계획일 뿐 실제 삶에서는 전혀 다른 일들이 일어났다.

　그런데 이런 경우는 나뿐이 아니다. 계획이 무소용이 되거나 계획하지 않았던 일이 불쑥 튀어나오는 경우는 철학자에게도 일어난다. 무려 철학자의 계획이니, 어떻겠는가? 얼마나 많은 생각을 했을 것이고, 얼마나 많은 가능성을 따진 뒤에 세운 계획이겠는가? 하지만 계획의 어그러짐 앞에서는 철학자도 어쩔 수 없다.

　루트비히 비트겐슈타인의 이론은 전기와 후기로 나뉘는데, 전기 이론은 거칠게 말해, 언어와 세계가 1 대 1로 대응될 수 있다는 것이다. 우리가 '연필'이라고 말하면 세계에는 실제 연필이 분명 존재한다는 것이다. 반면 그의 후기의 대표 이론은 사용 이론이다. 이것은 단어 자체의 의미보다는 단어가 사용되는 맥락을 고려해야 진짜 의미를 알 수 있다는 것이다. 내가 자식의 출생 순서까지 계획하는 친구에게 '아바타'라고 말했다면, 이때의 의미는 '너의 계획은 〈아바타〉 같아. 그만큼 비현실적이야'라는 의미일 테지만, 아기는 생기는 대로 낳는 것이라 여기는 친구에게 '아바타'라고 말했다면, 그건 '〈아바타〉 영화나 보자'

혹은 '너는 아바타 주인공 닮았어'라는 의미이다.

그런데 한 사람의 주장이 왜 이렇게 달라졌을까? 중간에 엄청난 충격을 받았기 때문일까? 알 수 없다. 하지만 중요한 것은 그가 전기 이론을 쓸 때 세운 계획이다. 그는 전기의 그림 이론을 끝으로 철학을 끝내고자 했다. 이 이론에 따르면 언어와 세계가 1 대 1로 대응하지 않는 것에 대해서는 철학이 어떤 주장도 할 수 없었기 때문이다. 예를 들어 '아름답다'라고 표현할 수 있는 것들은 세계에 너무 많다. 꽃도 아름답고, 어려움에 처한 사람을 돕는 마음도 아름답고, 원빈도 아름답다. 하지만 그에 따르면 철학은 원빈의 꽃 미모에 대해 아무런 말도 할 수 없었다. 안타깝게도. 실제로 전기 이론을 설명하는 그의 책 『논리·철학 논고』의 맨 마지막 문장은 이것이다.

(철학은) 말할 수 없는 것에 관해서는 침묵해야 한다.

이후 그는 그 말대로 학계에서 완전히 종적을 감추며 침묵했다. 일설에 의하면 초등학교 교사와 정원사 일을 하며 지냈다고 한다. 하지만 십여 년 뒤, 그는 자신의 계획을 포기하고 후기 주장이 담긴 새로운 책을 쓸 수밖에 없었다. 전기 이론보다 훨씬 설득력 있는 이론이 떠올랐기 때문이다. 이때 그는 무엇을 깨달았을까? 새로운 이론이 떠오름과 동시에 계획의 무가치함, 계획의 부질없음, 계획이 실제로는 무계획적임을 깨닫지 않았을까?

신기하게도 어렸을 때 계획표대로 실천했던 일은 지금 전혀 기억나지 않는다. 계획표를 따랐던 적이 거의 없었기 때문이기도 하지만 계획표를 따르는 것은 너무 일상적이었기 때문이기도 할 테다. 하지만 계획대로 실천되지 않았던 때는 아직도 기억난다. 아빠가 갑자기 나들이를 가자고 해서 명절도 아닌데 사촌 언니, 오빠 들과 모여 신나게 놀았던 기억. 시간표에 '공부'라고 쓰여 있던 바로 그 시간에 간만에 책상에 앉아 있었는데 아파트 전체가 정전되어 집을 나와 서성였던 기억. 생각해보면 가장 오래 기억에 남는 일은 결코 계획하지 않았던 일이 벌어졌을 때이다. 언제 어디에서 무슨 일이 일어날지 예측할 수 없는 일들이 일어났을 때 더 놀랍고 흥미 있었다. 그래서 다행이다. 재미를 느끼고 기억에 오래 남는 일이 벌어질 경우가 많아서. 왜냐하면 우리에게는 계획할 수 있는 일보다 계획할 수 없는 일들이 훨씬 많으니까.

11   우리의 이기심

11.1   우리는 이기적일까

언제부터인가 우리는(구체적으로 20대부터 30대 초·중반까지) 다른 세대들로부터 이런 말을 듣기 시작했다.

"너희는 이기적이야."

언어철학에서 말하는 논리적 의미에 따르면 이 말은 단지 '우리가 이기적이다'라는 의미뿐이다. 이 말에는 우리가 이기적이라는 설명만 있을 뿐, 다른 이들에 대한 언급은 없다. 즉 우리를 제외한 다른 이들 역시 이기적이라는 의미도 없고, 다른 이들은 이기적이지 않은데 우리만 이기적이라는 의미도 없다. 다시 말하면 우리는 이기적임이 확실하지만 다른 이들은 이기적일 수도 있고 아닐 수도 있다는 것이다. 이렇게 본다면 우리를 향한 "너희는 이기적이야"라는 말을 쿨하게 받아들일 수 있다. 인간은 누구나 이기적이므로 우리 또한 이기적일 것이다.

하지만 일상에서 이 말을 이렇게 받아들이면 좀 곤란하다. 만약 그렇다면 우리에게 이기적이라 말한 상대로부터 우리는 이런 말까지 들을지 모른다.

"너희는 이기적인 데다가 짜증 나기도 해."

일반 대화에서 '이기적'이라는 말이 나왔다면 그것은 이런 의미이다.

"다른 이들은 전혀 이기적이지 않은데, 오직 너희만, 진짜, 유난히, 도드라지게 이기적이야."

예를 들어 각 팀마다 맡은 일이 있고 모든 팀이 함께 일을 해야 할 때 다른 팀들은 서로 도와 일하는데 유독 한 팀이 문제를 일으킬 때가 있을 것이다. 누가 맡을지 애매한 일은 무조건 다른 팀으로 미루거나 자기 팀의 성과에만 매진하고, 뛰어난 직원의 다른 팀 전출을 막는 등의 태도를 보일 때, 타 부서 사람들이 이 팀 사람들에게 "너희는 이기적이야"라고 말했다면 적재적소에 사용한 것이다. 당장 국어사전 예문으로 사용될 수 있을 정도이다.

그러므로 다른 세대가 우리에게 하는 "너희는 이기적이야"라는 간결한 말이 담고 있는 풍부한 의미를 살려 쓰면, 이 말의 진의는 이것이다.

"우리는 전혀 그렇지 않은데 너희는 정말 혀를 내두를 정도로 이기적이야. 지금까지 세대들 중에, 너희처럼 이기적인 애들은 살다 살다 처음 본다."

이 말의 의미를 알게 된 우리는 이제 조금 더 정확하고 구체적인 의문이 든다. 저들은 왜 우리에게만 이런 말을 할까? 그런데 조금만 생각해보면 그들은 우리를 꽤 정확히 보고 있다. 그들이 보는 우리 모습은 대략 이러하기 때문이다. 다른 세대와 공동으로 고민하고 해결해야 하는 사회문제에는 큰 관심을 갖지 않으며 누군가 해결하겠으려니 하며 자기 문제에만 몰두하는 이들. 머릿속은 온통 학점과 취업뿐이고, 타인에 대한 배려는 눈을 씻고 봐도 없는 이들. 약간의 수고면 고통을 겪는 타인에게 큰 힘이 될 텐데 자신에게 조금도 이익이 돌아오지 않는다면 거들떠보지도 않는 이들. 하지만 자신에게 조금이라도 득이 되는 일에는 수단과 목적을 가리지 않는 이들.

이렇게 보면 우리는 이기적임이 확실하다. 당연히 논리적 의미가 아니라 대화적 의미로. 우리를 이기적이라 칭하는 그들에게 도저히 반박할 수가 없다. 이기적임을 넘어 우리에게 재수 없다고 하지 않으면 다행일 정도이다. 그런데 한편으로는 이런 생각도 든다. 그들이 보는 우리 모습이 과연 우리가 가진 모든 모습일까? 우리의 진짜 모습일까? 그리고 우리가 이렇게 될 수밖에 없었던 이유들도 있지 않을까?

궁금하지 않나? 우리는 정말 이기적일까?

11.2   우리의 이기심에 대한 해명 1: 생존과 이기심 사이에서

2008년 5월 광화문의 밤은 유난히 밝았다. 오색 네온사인이 아닌 노란 양초가 빛을 밝혔다. 광우병에 걸린 소의 수입 반대를 위한 촛불이었다. 촛불을 켰던 이들은 근처 직장인들만이 아니었다. 하교 후 교복을 입고 곧장 달려온 여고생들, 부모와 현장학습을 하듯 나온 꼬마들, 유모차까지 등장했다. 곳곳에서 작은 공연이 열렸고, 구호를 연호하며 거리 행진도 했다. 축제 같은 이 모임에 거의 모든 세대가 참여했다.

하지만 그곳에 우리는 없었다. 우리는 당시만 해도 예민한 사회문제에 가장 먼저 목소리를 낼 것이라 기대된 이들이었다. 설령 다른 세대는 침묵하더라도 이들만은 예외일 것이라 여겨지던 세대였다. 하지만 이런 기대는 가볍게 묵살되었다.

이때부터였다. 다른 세대들은 우리를 다르게 보기 시작했다. 그들은 우리를 이렇게 묘사했다.

"20대는 답이 없다."

"20대에게는 희망이 없다."

"20대는 뭘 해도 늦었다."

"대학은 죽었다."

어떤 이는 20대 무용론을 들며 말했다.

"분노도 열정도 연대도 모르는 20대여, 나는 너희를 포기한다."

하지만 우리가 모든 사회문제에 관심을 꺼버린 것은 아니었다. 등록금 문제만큼은 제 목소리를 냈다. 이것은 사회문제이기도 했지만 우리의 문제이기도 했기 때문이다. 하지만 등록금 인하 관련 시위에도 많은 이들이 참여한 것은 아니었다. 시위를 해도 학교 측이 받아들일지, 또 받아들인다 해도 언제 실현될지 등을 알 수 없었기 때문이다. 우리는 성공 가능성이 희박한 투쟁을 하며 시간 낭비를 하느니 더 많은 아르바이트를 해서 오른 등록금을 어서 충당하는 것이 더 빠른 해결책이라 여겼다. 다른 이가 아르바이트를 하기 전에 내가 먼저 해서 등록금을 내겠다고 생각한 것이다. 이런 우리의 모습을 살펴보면 우리를 향한 이기적이라는 질서에 대해 도저히 반박할 수가 없다.

그렇다면 이때 우리는 과연 무엇을 하고 있었을까? 모두가 한목소리를 내는 집회에 나가지도 않고, 바로 옆에서 부당한 대우를 받는 이를 돕지도 않고,

등록금 인하 투쟁도 강 건너 불구경하듯 보던 우리는 도대체 무엇을 하고 있었을까? 여기에 대해서는 내가 잘 안다. 나는 이들을 바로 옆에서 지켜보았기 때문이다.

나는 주로 도서관에서 공부하는데, 대개 일정한 자리에 앉는다. 같은 자리에 앉는 것이 익숙하고 편하기 때문이다. 그런데 다들 비슷한 생각인지 내 옆자리에 앉는 이들도 거의 같다. 수업을 듣고 도서관에 가면 어제 내 뒤에 앉았던 학생이 그 자리에 또 있다. 심지어 나는 이름도 모르는 학생의 지갑도 찾아주었다. 도서관에서 누군가 지갑을 주웠는데 주인을 알 길이 없었다. 나는 지갑을 열어 학생증을 보았는데, 모르는 이였지만 학생증 속의 얼굴은 익숙했다. 나는 그 학생의 이름, 전공, 나이는 전혀 몰랐지만 그가 매일 어느 좌석에 앉는지는 정확히 알았고 있었기 때문이다. 나는 그 자리로 가 지갑을 찾아주었고, 그는 처음 보는 학생이 자기 지갑을 건네주는 상황이 얼떨떨했다. 내 기분 또한 묘했다.

우리는 누가 어디에 앉는지 외울 만큼 매일 도서관에 간다. 그리고 다른 학생이 자기 좌석을 외울 만큼 매일 같은 자리에서 공부한다. 학생회장 선거를 해도, 교내 축제가 열려도 학교는 고요하다. 이때 우리는 도서관에서 각종 시험을 준비하고 있기 때문이다. 그렇다. 이기적이라고 손가락질당하며 사회에서 사라진 우리는 바로 도서관에 있었다.

어떤 이들은 이런 우리를 여전히 이기적이라며 욕할 것이다. 자기 문제에만 관심을 갖고 자기를 위한 공부만 한다며. 타인에 대한 배려나 관심은 조금도 없다고. 물론 이 말도 맞다. 하지만 우리의 이런 이기적인 모습은 조금 더 자세히 살펴봐야 한다. 우리를 더 들여다보면 전혀 다른 모습이 보이기 때문이다. 도서관에서 우리가 보는 책들을 들여다보면 우리에 대해 더 잘 알 수 있다.

『형법총론』,『해커스 토익』,『○○ 그룹 직무 적성검사』,『대법전』,『○○○ 교육학』,『해커스 토플』,『○○ 채용 인·적성 검사』,『민법 강의』,『선행정학 개론』 등. 우리가 도서관에서 보는 책은 아주 많다. 하지만 이 책들은 몇 유형으로 묶인다. 교육학, 형법, 민법, 대법전, 영어 공부, 행정학, SSAT. 끽해야 일곱 종류이다. 그런데 이들을 시험 종류로 재분류하면 우리가 보는 책들은 더 단순해진다. 사법 고시, 행정 고시, 임용 고시, 그리고 대기업 입사 준비. 수많은 학생이 수많은 책을 보지만, 이 책들은 겨우 네 가지 시험 준비로 좁혀진다. 그런데 더 줄일 수도 있다. 이 책들을 보며 시험을 준비하는 이들이 종종 노트북을 사용하기 때문이다. 그리고 어떤 시험을 준비하든 이들이 보는 노트북 화면은 모두 한 장면이기 때문이다. 녹색 칠판을 배경으로 한 사람이 문제를 풀어주고 있고, 동영상의 재생 속도는 약 1.2~2.0배속. 그러므로 노트북 화면으로 재분류하면 우리는 모두 한 종류이다.

과거 단일민족의 피가 도서관에서만 흐르는 것도 아닐 텐데, 우리는 어쩌다가 이런 한 종류의 인간이 되었을까? 왜 모두 똑같은 행동만 하게 되었을까? 이를 알기 위해서는 인간이 어떤 상황에 처했을 때 모두 같은 행동만 하는지 살펴보면 된다.

동물의 각 개체가 살아가는 방식은 전부 다르다. 새는 날고, 물고기는 헤엄치고 육지 동물은 달린다. 하지만 삶과 죽음의 경계에 놓였을 때에는 행동이 전부 비슷해진다. 어떤 동물이든 작은 돌멩이라도 움켜쥐려 하거나 곧 부러질 듯한 나뭇가지에라도 매달리려 한다. 인간도 마찬가지이다. 아무것도 배운 것이 없어 오직 생존 반응만 남아 있는 갓난아기들의 행동은 모두 같다. 무언가를 먹기 위해 입에 닿는 것은 뭐든 빨려 하고, 갑자기 놀라면 두 팔을 벌려 무언가를 안으려 한다. 모든 아기가 이렇게 반응하는 이유는 아기가 살기 위해 할 수 있는 것이 오직 이뿐이기 때문이다. 우리도 마찬가지. 우리가 생존할 수 있는 방법은 오직 도서관에서 노트북으로 인터넷 강의를 보는 방법밖에는 없다 여겼던 것이다.

게다가 사느냐 죽느냐의 문제가 불확실할 때에는 다른 욕구들은 고개도 못 내민다. 에이브러햄 매슬로의 욕구 위계 이론에 따르면 인간의 욕구들은 층위가 있다. 가장 하위 욕구는 생리적 욕구로, 의식주나 성욕 등 생존을 위한 기본적 욕구들이다. 그리고 상위 욕구로 갈수록 타인과 관계 맺고 싶은 사회적 욕구, 꿈을 실현하고픈 자아실현 욕구 등이 생겨난다. 그런데 이 욕구들은 아무렇게나 나타나는 것이 아니다. 하위 욕구가 충분히 만족되어야 상위 욕구들이 나타날 수 있다. 의식주가 해결되지 않았을 때에는 타인과 관계를 맺거나 자아실현을 하겠다는 생각은 꿈에도 안 나온다.

우리의 가장 기본 욕구는 취직 욕구이다. 취직을 하느냐 마느냐에 우리의 생존이 걸려 있다. 취직 욕구가 해결되어, 생존의 위협으로부터 벗어나야 이후의 욕구를 고려할 여유가 생기는 것이다. 고기를 사 먹을 수 있느냐 없느냐의 문제를 해결해야 어떤 국가에서 생산된 고기를 사 먹을지를 고민할 수 있는 것이다.

이런 우리는 정말 이기적일까? 집회에 참석하지 않고, 바로 옆의 타인의 고통에도 침묵하고, 심지어 자신과 관련된 문제에서조차 조금이라도 더 이기적인 방법을 택할 수밖에 없었던 우리. 그리고 이 모든 이기적인 행동들의 이유가 우리의 생존 문제조차 해결하지 못했기 때문이었던 우리는, 과연 이기적일까?

11.3 우리의 이기심에 대한 해명 2: 비판 능력과 이기심의 관계

수학 임용 고시를 준비하던 친구가 물었다.

"칸트의 선험적 주체가 뭐야?"

생뚱맞은 질문에 당황스럽기도 했지만 의문이 더 들어 되물었다.

"네가 그것을 왜 물어?"

"요즘 고시생들 사이에서 이번 시험에 칸트의 선험적 주체 문제가 나온다는 소문이 돌거든."

하지만 이 부연에 더 불어난 것은 내 의문이었다. 수학 시험에 칸트가 왜 나올까? 평생 수학을 가르쳐도, 중·고등학교 수학 시간에 칸트를 언급할 일이 과연 몇 번이나 있을까? 수학 시험에 칸트를 낼 만큼의 역량을 가진 수학 시험 출제자는 과연 어떤 사람일까?

이런 일도 있었다. 감정평가사 시험을 준비하던 친구가 안도하며 말했다.

"나는 글씨가 예뻐서 글씨체 학원은 안 다녀도 돼, 다행이야."

그러면서 다른 준비생들은 보기 좋은 글씨를 위해 학원에 다닌다고 했다. 나는 불현듯 옛 기억이 떠올랐다. 사법시험을 준비하던 친구의 남자 친구가 글씨체 학원을 다녀 글씨가 좋아졌다고 말했던 기억. 그때 나는 그 말을 반 농담으로 이해했다. 설마 글씨체 학원이 있으리라고는 상상도 못 했다. 차라리 연필 깎는 학원이 있다고 하면 믿었을 것이다. 그런데 한 두 달만 다니면 글씨가 나아진다는 이 친구의 말에 예전의 그 친구의 말도 진실이었음을 이제야 알게 되었다.

그런데 이런 상황이 말이 되나? 수학 교사가 되기 위해 칸트를 공부하고, 속기사 시험을 준비하는 것도 아니면서 글씨체 학원을 다니는 것이. 왜 우리는 이렇게 말도 안 되는 상황에 놓이게 되었을까?

나는 수능을 두 번 보았다. 고등학교 3학년 때는 시험을 준비하며 교과서보다는 참고서나 문제집을 보았다. 교과서는 교과서일 뿐이라 시험과는 거리가 멀다고 느꼈기 때문이다. 게다가 간혹 교과서를 보더라도 내용을 무조건 이해하려 했다. 간혹 이해되지 않는 내용이 나오면 내 생각을 탓했다. 교과서대로 생각하지 않고 엉뚱한 방향으로만 생각하는 나를 꾸짖었다. 내 생각과 상반된 내용이 나와도 어떻게든 수용하려 하며, 교과서나 참고서 내용대로 공부해야 한다고 여겼다.

그리고 2년 뒤, 다니던 대학을 휴학하고 두 번째 수능을 보았다. 이때에는 대학물을 좀 먹었다고 나름의 주관도 생기고, 텍스트에 대한 비판도 할 수 있게 되었다. 내 생각과 다른 부분도 왜 다른지 한 번 더 생각해보면 수긍되기도 했다. 그리고 수능의 기본 원리도 깨달았다. 시험 범위는 무조건 교과서라는 것을. 그래서 이때에는 교과서로만 공부했다. 꼼꼼히 읽어보니 교과서도 꽤 알차서 수능 고득점자들이 하는 "교과서만 보았어요"라는 말이 진실이라는 생각도 들었다. 그런데 사회 교과서를 읽어갈 때였다. 무언가 이상했다. 객관적 사실만 담고 있으리라 믿었던 교과서에 주관적 의견이 꽤 보였다. 정확한 문장은 기억나지 않지만, 그것은 분명 객관적 사실에 대한 기술이 아니라 특정 관점에서 본 의견이었다. 게다가 역사적 사실에 대한 기록은 없고 그것에 대한 해석만 있는 경우도 수두룩했다. 당시 나는 주관은 사람만 가지는 것이라 여겨 교과서에도 주관이 있을 줄은 몰랐다. 물론 지금은 아니지만. 사실과 진리가 교과서의 지분

중 100퍼센트를 차지한다고 여겼던 당시의 나에게 사회 교과서의 의견 함유량
은 충격이었다.

그러다 뒤늦게 궁금해졌다. 왜 당시 교과서는 해석과 비판을 모두 끝내놓
고 우리에게는 이를 받아들이도록 했을까? 텍스트를 비판하기는커녕 왜 이미
비판해놓은 내용을 수용하라고만 했을까? 원래 텍스트에 대한 해석과 비판은
그것을 읽는 이가 하는 것이 아닌가? 그리고 왜 우리는 고등학교 때까지 교과
서가 어떤 내용을 말하건 이를 수용해야만 한다고 여겼을까?

이는 당연하다. 고등학교 때까지 우리는 그렇게 배웠기 때문이다. 교과서
가 무조건 옳다고, 교과서대로 행동해야 한다고 배웠다. 착하게 살아야 하고 부
모님 말씀은 무조건 따라야 한다고 배웠다(물론 배우는 것과 실천하는 것은 서
로 달랐지만). 학교에서 가르치는 내용과 다른 생각을 가져서도 안 되었고, 맥
락에 어긋나는 질문을 해서도 안 되었다. 주어진 사건이나 텍스트에 대해 비판
하라는 말은 배우지도, 들어보지도 못했다. 고등학교 때 교과서에 대해 비판해
본 적도 없었지만, 비판했더라도 선생님의 반응은 뻔하다.

"교과서대로 공부나 할 것이지 그따위 생각을 왜 하니?"

이 결과 우리는 그동안 단 한 번도 무언가에 대해 비판해본 적이 없다. 단
지 이해하고 수용할 뿐이었다.

수년간 이렇게 공부해온 우리의 현재 모습은 당연하다. 수학 임용 고시를
위해 칸트의 선험적 주체에 대해 공부해야 하고, 국가고시를 위해 수십 년간 써
온 글씨체를 바꿔야 하는 상황도 우리는 무조건 수용한다. 이처럼 단 한 번도
상상해본 적도 없을 만큼 이상한 조건을 들이대도 묵묵히 받아들인다. 말도 안
되는 조건이라도 어떻게든 통과하려 한다. 자신이 처한 상황이 얼마나 비합리

적이고 비현실적인지에 대해서는 관심이 없다. 왜 이런 상황에 놓이게 되었는지도 궁금해하지 않는다. 까라면 깔 뿐이다. 우리는 아마 수학 임용 고시에 한글 맞춤법을 묻는 문제가 나와도 받아들일 것이다. 고시 패스 조건이 이성 친구와 헤어지는 것이어도 우리는 수용할 것이다. 경쟁률이 높아졌으니 당연히 회사와 학교에서는 더 많은 능력을 가진 이를 원할 거라며. 수학 교사가 맞춤법도 잘하면 더 좋지 않겠냐며. 여자 친구가 없으면 그 시간에 일을 더 열심히 할 테니 이성 친구가 없는 사람을 더 선호하지 않겠느냐며.

과연 우리 같은 이들이 또 있을까? 이런 말도 안 되는 환경이 왜 만들어지는지에 대해 고민도 않고, 어떻게든 이를 통과하려고만 하는, 사회에 이보다 더 순응적인 이들이 또 있을까? 만약 누군가 우리 목에 칼을 들이대면 그때에는 우리도 상황이 무언가 잘못되었음을 알아챌까? 이때에는 순종이 아니라 반항해야 할 시점이라는 걸. 아니면 이때조차 어쩔 수 없는 상황이라면 받아들일 수밖에 없다며, 순순히 목을 내주지는 않을까?

이쯤 되니 진짜 문제는 우리가 이기적인 것이 아닌 것 같았다. 진짜 문제는 우리가 이기적이냐 아니냐가 아니라, 우리가 이기적이지 않으면 살아남을 수 없는 이런 상황이었다. 수학 임용 고시를 위해 칸트의 선험적 주체를 공부해야 하는 상황, 고시를 위해 수십 년간 써 온 글씨체를 바꿔야 하는 상황, 백곰의 털 한 올, 상어의 비늘 하나에 해당할 만큼 사소한 부분까지 신경 써야 할 만큼 경쟁이 치열해진 이런 상황이 바로 문제였다. 그러므로 우리의 이기심은 비판하는 법을 전혀 배우지 못한 우리가 이런 말도 안 되는 상황에서 살아남기 위해 어쩔 수 없이 등장한 결과였다. 우리가 이기적이지조차 못했다면 이런 어이없는 상황을 절대 버텨내지 못했을 것이다. 이런 상황들을 떠올리면 우리의 이기적인 모습이 오히려 안쓰럽게 느껴지기도 한다.

11.4 이기심과 이타심

영국 철학자 토마스 홉스가 친구와 길을 가고 있었
다. 그런데 홉스가 거지에게 적선을 했다. 이를 본 친구가 홉스에게 말했다.

"너는 모든 인간은 이기적이라고 했잖아. 그런데 방금 네 행동은 이타적이
지 않아? 이건 너의 평소 주장과 다른데?"

홉스가 답했다.

"이 행동이 거지를 기쁘게 하기 위함이면 이타적이지. 하지만 나는 돈을 받
고 기뻐하는 거지를 보고 내가 즐겁기 위해 한 것이니, 이기적인 행동이 맞아."

홉스에 따르면 인간의 모든 행동은 자신을 위한 것이다. 심지어 대개 이타
적이라 여기는 행동도 실은 이기적이다. 타인에게 선물을 주는 것은 이타적인
행동 같지만, 이후에 자기도 선물을 받기 위한 행동일 수 있으므로 이기적이다.
봉사 활동도 이타적으로 보이지만 이를 통해 자신도 재미와 만족을 얻었으니
이기적인 행동이다.

우리 행동은 홉스의 주장을 그대로 따른다. 우리 행동은 이기적이다. 타인
의 문제에는 둔감하지만 우리의 이익에는 몰두한다. 우리와 관련 없는 일에는
무관심하지만 우리와 조금이라도 연관되는 일은 눈을 부릅뜨며 관심을 갖는다.
하지만 이 모두는 생존을 위해서였다. 어떻게든 살아남기 위해 한 행동이다. 그

리고 주어진 상황을 비판할 줄 몰랐기 때문이기도 했다. 그러므로 이기적으로 보였던 우리 모습은 단지 겉모습뿐이다. 실제 우리 모습은 이기와 거리가 멀다.

실제 우리 모습은 오히려 이타적이다. 자신이 아닌 타인에게 이익인 일, 타인이 좋아하는 일만 한다. 우리는 자신의 선호보다 타인이 무엇을 선호하는지를 더 중요하게 여기고, 자신이 하고픈 공부보다 타인들이 주로 하는 공부를 하려 한다. 자신의 적성보다는 남들이 평가할 때 좋은 직업인 교사가 되려 하고, 자신의 바람보다는 남들이 좋은 직장이라 말하는 공기업과 대기업에 입사하려 한다. 여기에 자신의 이익이나 관심이 있을 리 없다. 우리의 이기심은 이미 오래전에 개에게 줘버렸다. 게다가 아이러니하게도 이기적이라는 손가락질까지 받아가며 우리가 몰두했던 일은 전부 우리의 이타심 때문이었다. 욕을 먹으면서까지 이타적인 일을 했으니 우리는 어쩌면 노벨 평화상을 받아야 할지도 모른다(물론 '이타적'이라는 단어를 원래 이런 의미로 사용하지는 않지만, 자신이 아닌 타인에게 이익인 일을 따라 하려는 우리는 정말 타인에게 이익인, 이타적인 것 같지 않은가?).

그리고 실제로는 이타적이지만 겉으로는 이기적으로 보이는 우리의 이런 양면성의 원인은 바로 이것이다. 우리가 스스로에 대해 잘 몰랐기 때문이다. 어떻게 살아야 자신이 진짜 행복할지, 어떤 직업을 택해야 스스로에게 맞을지 몰랐기 때문에 우리는 다른 사람의 시선을 무시할 수 없었던 것이다. 그래서 사회가 흔드는 대로, 주변의 시선이 가는 대로 휘둘릴 수밖에 없었다. 우리는 그 속에서 살아남기 위해 최선을 다했다. 타인의 문제에 무관심했고, 어떤 말도 안 되는 상황이든 일단 수용하려 했다. 그런데 이렇게 노력하고 애쓰는 모습은 다른 이들에게 이기적으로 비쳤다.

그렇다면 이 오해를 풀 방법은 하나이다. 진짜 이기적으로 행동하는 것이다. 타인에게 이익이 되는 일을 따라 하지 않고, 무엇이 자신을 위한 일인지 제대로 알고 행동하는 것이다. 진짜 자신을 위한, 자신에게 이익이 되는 삶을 사는 것이다.

원래 자기 이름은 자신의 소유가 아니다. 다른 이들이 나를 부르기 위해 존재한다. 그래서 내 이름은 타인의 소유나 마찬가지이다. 우리의 '이기적'이라는 이름도 그렇다. 이것은 타인이 우리를 지칭하기 위해 만든 이름이다. 하지만 어느 시점부터는 자기 이름에 책임을 져야 한다. 자신의 이름을 걸고 사업을 시작할 수도 있고, 가게를 운영할 수도 있을 테니. 자기 이름을 딴 디자인을 개발할수도, 계약서에 사인을 해야 할지도 모르니. 그리고 이때야말로 자신의 이름이 진짜 자신의 것이 되는 때이다.

우리의 '이기적'이라는 이름을 남들에게 불리기 위해서가 아니라, 진짜 우리 것으로 만들어야 할 시점은 바로 지금일지 모른다. '이기적'이 진짜 우리 이름이 될 수 있게, 어떤 것이 우리 자신에게 진짜 이익이 되는지 알고, 행동해야 할 시점은 바로 지금일 것이다. 그래야 우리의 진짜 이름이 '기적'이 될 수 있다.

12 학력에 대한 몇 가지 오해

12.1 학력이 갖는 진짜 의미

카페에 앉아 있을 때, 옆 테이블에서 멋진 남자가 책을 읽고 있다. 나는 얼마 동안 그를 지켜본다. 책이 꽤 재미있는지 좀처럼 눈이 떨어지지 않는다. 그런 모습에 더욱 그에게 눈길이 간다. 말을 걸어볼까? 괜찮은 사람이다 싶으면 한번 만나볼까? 바로 그때, 그가 책장을 넘긴다. 그러자 그의 손에서 무언가가 반짝인다. 앗! 네 번째 손가락의 반지! 안타깝다. 하지만 나는 곧 다른 생각을 한다. 유부남은 정말 안 될까?

결혼반지는 '결혼했음', '연애하기 매우 어려움', '위험부담이 큼'을 증명해 주는 유용한 도구이다. 때문에 배우자가 곁에 없거나 혼인 증명서를 내밀지 않아도 반지만으로 기혼이 증명된다. 작은 물건이지만 많은 의미를 담고 있기 때문이다. 이런 것은 더러 있다. 모슬렘 여자가 걸친 히잡 등이 이에 해당한다. 작은 표식이 많은 의미를 담는 것에는 이런 것도 있다.

친구들 L, K, E가 모여 한창 수다 중이다. 직장 상사와 교수의 뒷이야기, 증권가 지라시에 실린 M 군과 B 양의 열애 등. 그 끝에, L이 새로운 화제를 던진다.

"너희 독일의 메르켈 총리에 대해 좀 아니?"

K가 즉각 반응한다.

"오, 우리 대화에 독일 총리라니, 신선한데? 나는 자세히는 모르지만 얼마 전 이슈가 된 발언은 알고 있어. 일본에 방문했을 때 메르켈이 위안부 문제와 같은 부끄러운 과거와 정면으로 마주하라고 했지. 그 발언 때문에 일본 내부에서도 과거를 반성하자는 움직임이 미세하게나마 있었고."

이 말을 시작으로 그런 발언을 자신 있게 할 수 있었던 건 메르켈이 나치 수용소에 직접 가서 헌화하며 사죄하고, 폴란드에 가서도 직접 사과하고, 또 기회가 있을 때마다 자신의 과오를 사죄하기 때문이라는 이야기가 덧붙여진다. 그리고는 얼마 전 퇴근 후 집 근처 마트에서 장을 보는 모습이 사진에 찍혔더라는 말까지 추가된다. 우리나라에서는 상상도 할 수 없는 일이라며. 더 나아가 과거사를 반성하지 않는 일본도 문제이지만, 우리나라도 베트남 전쟁 때 민간인 학살과 관련해서 전 국민적으로 사과해야 하는 것이 아니냐는 이야기까지 나온다. 그러면서 신상 대화 주제에 신이 나 계속 의견을 나눈다. 반면, 이때 E는 대화에 끼지 못하고 멀뚱대고만 있다. 한참 동안 이야기하던 L과 K는 이런 E에게 한마디 한다.

"너는 이런 이야기 전혀 모르니?"

이 말에, 무언가 이상한 느낌을 받았는지 E가 발끈한다.

"왜 이래? 그래도 나 서울 4년제 나왔어!"

어느 대학에 재학 중이라는 것 혹은 어느 대학을 졸업했다는 것은 결혼반

지나 히잡 이상의 확실한 물증이다. 결혼반지가 '배우자 있음'을 확인시켜준다면 유명한 대학 이름은 '똑똑함' 혹은 '절대 무식하지 않음'을 보여준다. 배우자나 혼인 증명서 없이 반지만으로 기혼임을 증명하듯, 전공에 대해 얼마나 해박한지 또는 어떤 이슈가 사회적 문제인지 전혀 몰라도 "나 ○○ 대학 졸업했어"라는 말 한마디면 으레 똑똑하겠거니 여긴다. 게다가 더 흥미 있는 것은 자신에게 있다고 주장하는 똑똑함이 수많은 방법으로도 전혀 증명되지 않을 때 대개 출신 학교를 이야기한다는 것이다. 전공에 자신이 없고, 시사를 통찰하고 있지도 못하고, 상식이 풍부하지도 않을 때, 즉 도무지 똑똑함이 보이지 않을 때 마침내 학교 이름이 등장한다.

그러면 당연히 의문이 든다. 이런 식으로 학력을 공개한 이가 과연 똑똑할까? 전공 공부는 제쳐두고 취업을 위한 공부만 하는 이가 "나는 ○○ 대학에 다니니까 똑똑해"라고 당당히 말할 수 있을까? 히잡이 이슬람교도임을 확실히 보증해주는 만큼, 학력도 똑똑함을 확실히 보증해줄까? 학력이 담고 있는 진짜 의미는 무엇일까? 궁금한가? 그리 궁금해할 필요 없다. 우리는 이 답을 이미 알고 있기 때문이다.

우리는 학력 좋은 친구들이 그 대학에 어떻게 입학했는지 잘 안다. 우리나라는 대학 입학 방법이 거의 하나뿐이기 때문이다. 바로 수능시험. 그들은 수능시험을 잘 보았기 때문에 그 대학에 입학했고, 그 학력을 획득할 수 있었다. 모든 대학을 1등부터 약 400등까지 일렬로 나열할 수 있다고 여기는 우리나라에서는 수능 성적이 우수한 학생이 우수한 학력을 가진다는 것은 원빈이 모태 미남이라는 것만큼 당연하다. 그해 시험 점수가 가장 좋은 학생이 일렬로 나열된 대학 중 첫 번째 대학에 가서 가장 좋은 학력을 차지하고, 이 대학의 정원이 거의 채워지면 그다음으로 점수가 높은 학생들이 서열 두 번째인 대학에 입학해 두 번째로 좋은 학력을 얻는다. 그리고 이후의 학생들이 세 번째 대학과 세 번째 학력을 가진다. 이렇게 차례대로 약 400개의 대학 정원이 충원되며 각자의 학력을 획득한다. 심지어 점수와 대학의 이런 1 대 1 대응 원리로 친절하게 배치표라는 것도 만든다. 이것은 '수능에서 ○○점을 받았다면 ○○ 대학을 갈 수 있다. 즉, ○○ 학력을 차지할 수 있다'라는 의미가 담긴 것이다. 나 또한 이 배치표를 참고해 대학에 갔다. 2004년 배치표의 내 수능점수 바로 옆에 모 여대 심리학과가 있었다. 결과적으로 우리가 재학 중인 혹은 졸업한 대학의 이름이 담고 있는 진짜 의미는 바로 이것이다. 우리가 10대에 단 한 번 치른 시험 점수.

그렇다면 이제 질문이 바뀐다. '높은 학력은 똑똑함을 보여줄까?'라는 질문은 '높은 수능 점수는 똑똑함을 보여줄까?'로. 궁금하지 않나? 과연 수능 점수가 높으면 똑똑할까?

이 문제는 2012년 수학 능력 시험 언어 영역의 홀수형, 46번 문항이다.

⊙과 관련하여 [보기]의 A, B에 들어갈 말로 가장 적절한 것은?

[보기]
그녀가 손가락으로 가야금을 (A) 시작하자, 그는 채로 장구를 (B) 시작했다.

① A-뜯기　　B-치기
② A-치기　　B-켜기
③ A-타기　　B-퉁기기

④ A-켜기   B-두드리기

⑤ A-퉁기기   B-타기

문제의 답이 뭘까? 당연히 알 수 없다. 문제에 '㉠과 관련하여'라고 쓰여 있으니 관련된 지문에서 ㉠을 참고해 풀어야 한다. ㉠이 포함된 지문은 다음과 같다.

바로크 초반의 음악 이론가 부어마이스터는 마치 웅변에서 말의 고저나 완급, 장단 등이 호소력을 이끌어내듯 음악에서 이에 상응하는 효과를 낳는 장치들에 주목하였다. 예를 들어, 가사의 뜻에 맞춰 가락이 올라가거나, 한동안 쉬거나, 음들이 딱딱 끊어지게 ㉠연주하는 방식 등이 이에 해당한다.

자, 이제 풀 수 있겠나? 답이 뭘까?

그런데 이상하지 않나? '이제' 풀 수 있다니? 사실은 문제를 보자마자 거의 답이 보이지 않던가? 가야금은 '뜯는' 것이고, 장구는 '치는' 것이라는 것을 우리는 으레 알지 않나? 이 문제는 '㉠연주하는 방식'을 참고해야 풀 수 있는 문제도, ㉠이 포함된 문장이나 문단 전체를 읽어야 풀 수 있는 문제도 아니다. 전체 지문의 이해가 선행되는 문제는 더욱 아니다. [보기]만으로도 풀 수 있다. 우리나라에서 적당히 텔레비전을 보고, 수업 시간에 적당히만 졸았다면 알 수 있는 문제이다. 그렇다면 이런 문제를 잘 풀었다면, 즉 이런 문제가 출제되는 수능을 잘 보았다면, 과연 똑똑한 것일까? 하긴, 바로크 시대에 기악곡이 발달하면서 정서론과 음형론이 변화된 것을 통해 가야금과 장구가 어떤 방식으로 연주되는지를 추론할 수 있는 이는 아주 똑똑할 것이다. 평범한 사람은 바로크 시대의 기악곡과 가야금 사이의 연결점도 못 찾을 테니.

물론 이 문제가 좀 극단적이었을 뿐, 일반적인 수능 문제가 이런 엄청난 능력 정도는 있어야 추론 가능하지는 않다. 수능에서 진짜 요구되는 능력은 지문을 정확히 이해하는 능력과 그로부터 적절한 내용을 추론하는, 보통의 인간이라면 충분히 할 수 있는 그런 추론 능력, 그리고 수학 시험에서 요구되는 논리력이다. 그러므로 수능에서는 얼마나 감동적이고 아름다운 음악을 작곡할 수 있는지, 100미터를 몇 초 만에 달리는지, 1분에 윗몸일으키기를 몇 개나 하는지를 테스트하지 않는다. 평소 환경보호에 힘쓰는지, 사회문제에 관심이 있는지는 관심도 없다. 사회성이 좋은지, 타인의 아픔에 공감할 수 있는지는 볼 생각도 않는다. 게다가 수능을 두 번 친 내가 보기에 마지막 두 능력은 오히려 적을수록 시험에 도움이 되는 것도 같기도 하다.

수능에서 요구되는 능력에 대해 그럴듯한 이론으로 설명할 수도 있다. 미국 심리학자인 하워드 가드너와 로버트 스턴버그의 이론이다. 가드너는 다중 지능 이론을 발표했다. 조기교육에 관심 있는 엄마들에게는 꽤 알려진 이론이기도 한데, 인간에게는 아홉 가지 유형의 능력(지능)이 있다는 주장이다. 언어, 수학, 공간, 신체 운동, 음악, 자기 이해, 대인 관계, 자연주의적 능력, 그리고 실존 능력. 마지막 실존 능력은 인간의 존재 이유, 삶과 죽음, 그리고 행복 등과 같은 초월적 질문들에 대해 사고할 수 있는 능력을 뜻하는데, 이 지능의 존재에 대해 학자들 사이에서도 의견이 분분해 그의 이론은 $8\frac{1}{2}$지능 이론으로 불리기도 한다. 반면 스턴버그는 삼원 지능 이론을 제시하며 인간이 가진 능력들이 세 가지로 분류될 수 있다고 주장한다. 분석적, 창의적, 실용적 능력. 분석적 능력은 일반적인 지능 검사를 통해 알 수 있는 능력으로, 정보를 획득, 저장, 인출하는 능력과 문제를 해결하는 능력이고, 창의적 능력은 처음 접하는 문제를 빨리 해결하거나 다른 시선으로 사물을 볼 수 있는 능력이다. 그리고 실용적 능력은 현실에서 부딪힐 수 있는 문제들을 원만히 해결할 수 있는 능력을 말한다.

그렇다면 수능에서 높은 점수를 받기 위해서는 어떤 능력이 필요할까? 가드너의 다중지능 이론으로 볼 때에는 여덟아홉 가지 능력들 중 단 두 가지 능력만 필요해 보인다. 언어적 능력과 수학적 능력(참고로 그의 자연주의적 능력은 물리나 화학 분야 등에 두각을 보이는 능력이 아니라, 자연과 얼마나 친화적일 수 있는지를 보여주는 능력이다). 스턴버그의 이론에 따르면 수능을 위해 가장 필요한 능력은 오직 분석적 능력뿐이다.

친구 E의 말, "나 서울 4년제 나왔어!" 이 말을 가드너와 스턴버그 이론의 언어로 번역하면 이것일 테다.

"내가 가진 능력은 여덟아홉 개인데, 이 중 뛰어난 능력은 단 두 개야."

"내가 가지고 있는 세 개의 능력 중 썩 괜찮은 능력은 오직 하나야."

12.2 원인과 결과의 관계

누구나 가끔 이유 없이 우울해지는 때가 있다. 친구를 만나거나 씻기도 귀찮고, 그저 잠만 자고 싶을 때. 그러면 빨래는 쌓여가고 바닥에는 먼지가 나뒹군다. 머리에서는 떡방앗간이 힘차게 떡을 뽑는다. 자신의 이런 모습을 보면 어서 털고 일어나 청소도 하고 씻어야겠다고 마음먹지만 몸은 좀처럼 말을 듣지 않는다. 그럴수록 더 늘어지고만 싶다. 이쯤 되면 이 기분에서 빠져나오지 못해 더 우울해진다. 하지만 나는 이때 약간의 기쁨이 솟는다. 살짝 변태 같기도 한데, 나에게는 우울을 덜어주는 나만의 방법이 있기 때문이다. 게다가 아주 확실한 방법이다. 내게 그다지 어울리는 행동은 아니지만, 나는 우울할 때 꽃을 산다. 믿기지 않겠지만 진짜다. 꽃을 가까이에 두면 우울했던 기분은 언제나 나아진다. 종류는 가리지 않는다. 백합이나 카라를 선호하지만 국화도 좋고 이름 모를 꽃들도 좋다. 꽃을 사더라도 우울한 정도에 따라 기분이 나아지는 정도는 다르지만 기분이 회복된다는 느낌은 확실하다.

하지만 꽃이 모든 이의 우울을 덜어주는 것은 아니다. 어떤 이는 꽃을 보고 아무런 감정 변화도 못 느낄 수 있고, 오히려 더 우울해진다며 치워버리라는 이도 분명 있을 것이다. 그래서 사람들은 우울할 때 각자의 방법을 사용한다. 어떤 이는 알코올이야말로 기분을 낫게 해준다며 술에 의존한다. 하지만 알코올이 모든 이에게 그러한 것은 아니다. 술을 먹어도 기분이 달라지지 않는 이도 있고, 오히려 더 괴로워지는 이도 있다. 어떤 이는 달콤한 케이크를 먹으면 기분이 낫는다며 힘들 때마다 케이크를 달고 산다. 사실 나도 그런 편이지만 내게 케이크는 꽃보다는 불확실하다. 많이 먹으면 내일 힘겹게 운동할 내 모습이 떠올라 더 우울해지기도 하기 때문이다. 또 어떤 이는 운동 후 땀을 흘리면 기분이 상쾌해진다는 반면, 운동하면 더 피곤해진다는 이도 있다. 글로벌한 효과를 검증받은 의약품도 마찬가지이다. 어떤 이에게는 우울증 치료제 중 프로작이 맞을 수 있고, 누구에게는 졸로푸트가, 또 누구에게는 렉사프로가 체질에 맞다.

그런데 왜 이럴까? 왜 우리는 이렇게 다를까? 우울할 때 누구는 술을 먹고, 누구는 케이크를 먹는 등 왜 서로 다른 방법을 사용할까? 우울한 모두를 똑같이 낮게 해주는 것은 정말 없을까? 안타깝게도 그런 것은 없다. 그런 물질이 있다면 제약 회사가 여태껏 가만있었겠는가? 그럼 혹시 다른 분야에는 그런 것이 없을까? 어떤 것을 하기만 하면 누구에게나 똑같이 작용하는 그런 것, 어떤 원인이라면 반드시 어떤 결과를 낳는 그런 것 말이다.

어떤 이에게는 그런 것이 있었다. 그는 '어떤 원인'이라면 반드시 '어떤 결과'를 낳을 것이라 믿었다. 대학 때 우연히 알게 된 친구 T였다. T에게는 재수 학원에서 만난 다른 친구가 있었는데, 이들은 힘든 시기를 함께하며 서로에게 많은 도움을 주었다고 했다. 내가 물었다.

"어떤 도움을 주었는데?"

T가 답했다.

"열심히 공부해서 명문인 ○○ 대학에 함께 가자고 서로 의지했지."

당시 이들은 이렇게 생각했단다.

'○○ 학교에 입학하기만 하면 앞으로의 모든 일은 순조로울 거야. ○○ 학교를 졸업만 하면 나도 성공할 수 있어.'

T와 친구에게 '어떤 원인'은 좋은 대학에 입학하는 것이었고 '어떤 결과'는 성공하는 것이었다. 그런데 과연 이들의 생각이 맞을까? 좋은 학교에 입학하면 성공할 수 있을까? 성공을 위해서는 좋은 학력이 꼭 필요할까? 과연 제약 회사도 풀지 못했던 '확실한 원인 찾기' 문제를 한 대학이 해결할 수 있을까?

이 의문 해결에 도움을 줄 상황이 있다.

더운 여름날이었다. K는 여자 친구에게 차였다. 혼란스러웠다. 이 기분을 잊기 위한 답은 하나뿐이었다. 바로 술. K는 친구를 불러내 술을 마시기 시작했다. 친구는 말없이 K의 하소연을 들어주었다. K는 분하기도 하고 억울하기도 했다. 그동안 여자 친구에게 소홀했던 것이 떠올라 미안하기도 했고, 이런 생각을 하니 눈물도 났다. 급기야 K는 훌쩍이기 시작했다. 앞에 앉은 친구는 K의 넋두리를 들으며 말없이 잔을 채워주고 있었다. 그런데 이때, 옆 테이블에 있던 이가 이들을 향해 한마디 했다.

"사내놈이 그 정도 일에 훌쩍이냐?"

둘의 이야기가 들렸던 모양이다. 그런데 이 말이 끝나자마자 K가 벌떡 일어나 시비를 건 남자에게 주먹을 날렸다. 이윽고 욕설과 폭행이 오갔고, 테이블이 뒤집혔다.

여기에서 문제. K는 옆 테이블의 남자에게 왜 주먹을 날렸을까? K가 공격성을 보인 이유는 무엇일까? 사회심리학에서 연구하는 여러 주제 중 '공격성' 분야가 있다. 이 분야에서는 사람들이 어떤 이유로 공격 행동을 하는지 알고자 한다. 오랜 연구 끝에 이들이 알아낸 공격성을 보이는 원인은 다양하다. 먼저, 공격의 이유가 '본능'이라는 연구가 있다. 본능이라 불릴 수 있는 행동은 포유류의 짝짓기, 철새의 이주, 거미의 집 짓는 행동 등인데, 그 종에 속한 모든 개체가 그 행동을 하고 또 그 모습이 전부 같을 때 이를 본능이라 한다. 그렇다면 K의 공격 행동이 본능 때문일까? 만약 그렇다면 모든 인간이 그 상황에서 공격성을 보여야 한다. 그리고 그 모습이 모두 같아야 한다. 그런데 우리가 모두 저 상황에서 K처럼 행동할까? 그리고 그 모습이 모두 같을까? 상대에게 이렇게 말하는 남자도 있지 않을까?

"이 정도 일이니까 울지."

게다가 공격성이 물리적 행동으로 드러날 때에도 개인마다 엄청난 차이가 있다. 무언가를 치는 이도 있고, 물건을 던지는 이, 신체에 직접적인 폭력을 가

하는 이도 있다. 게다가 여성의 공격성은 언어적으로 나타나기도 하고, 아예 무시하는 것처럼 겉으로는 아무런 행동을 안 하는 듯 보이기도 한다. 심지어 뒤에서는 입에 담을 수도 없는 험담을 하지만 앞에서는 아주 따듯하게 대하는, 독특한 방식의 공격성을 표출하기도 한다. 때문에 상대방은 그 여자에 대해 공격성은커녕 아주 상냥한 사람이라 여길 수도 있다. 그러므로 K의 행동이 본능이었다고 볼 수는 없다.

공격성의 또 다른 원인으로 제기된 것은 좌절이다. 좌절이란 목표한 행위가 실패해 기운이 꺾이는 것이다. 이 가설에 따르면 우리는 시험에 불합격하거나 이성에게 차였다면 반드시 공격 행동을 해야 한다. 그런데 K가 공격 행동을 보인 것이 그날 여자 친구에게 차였기 때문일까? 물론 K는 그날 차이기도 했다. 하지만 그날은 날씨도 더웠고, 술도 마셨고, 울기도 했다. 그리고 글에서 표현되지는 않았지만 친구 때문일 수도 있다. 친구가 술을 이상하게 따라주었기 때문일 수도 있고, 〈사랑과 전쟁〉에 나올 만한 이야기처럼 상황을 재구성해본다면 여자 친구가 K와 헤어지며 그 친구가 좋아졌다고 말했을 수도 있다. 그래서 K는 친구에게 복수하고자 불러냈고, 친구를 때리기 위해 옆 테이블 사람과 고의적으로 싸운 것일 수도 있다. 이를 위해 과장해서 서럽게 우는 척했을 거다. 나에게 덤비라며. 아, 좀 멀리 갔나? 게다가 우리는 좌절했을 때 타인을 공격하기보다 스스로 비탄에 빠지기도 한다. 이성에게 차였을 때에도 어떤 이는 공격은커녕 무기력해지거나 냉담해진다. 그러므로 K의 공격 원인이 그날 여자 친구에게 차였기 때문이라고만 볼 수는 없다.

공격성의 또 다른 원인으로 알려진 것은 도발이다. 누군가가 우리를 건드리거나 성가시게 하면 공격 행동을 한다는 것이다. 그렇다면 K의 공격성의 원인이 옆 사람의 도발 때문일까? 그런데 만약 K가 기분이 좋았더라도 상대의 그런 말에 주먹이 날아갔을까? 로또 1등에 당첨되어 기뻐서 울고 있을 때에도 과연 그를 때렸을까? 아, 합의금을 충분히 줄 수 있으니 마음껏 때린 건가? 게다가 우리는 어떤 이가 귀찮게 하며 불편하게 해도 그게 실수였다거나 그의 원래 성격이 그렇다는 생각이 들면 상대를 공격할 필요를 못 느끼지 않나? 그러므로 상대의 도발 또한 K의 공격 행동을 설명하기에는 역부족이다.

이 밖에도 공격성의 원인을 찾는 시도들은 많다. 한여름에 범죄가 증가하므로 높은 기온이 사람을 공격적이게 만든다는 가설도 있다. 알코올도 중추신경을 이완시켜 이성적 판단을 흐리게 해 공격 행동을 쉽게 하도록 만든다고 알려져 있다. 폭력 매체도 공격성에 영향을 준다고 주장된다. 하지만 이들 중 어떤 것도 K의 공격 행동을 완벽하게 설명할 수는 없다.

K로 하여금 공격 행동을 하게 만든 진짜 원인이 무엇일까를 고민하다 이런 생각이 들었다. 과연 어떤 결과가 하나의 원인으로 설명될 수 있을까? 어느 원인이 일어나기만 하면 반드시 어떤 결과를 낳는 것이 가능할까? 우리의 전체 삶의 결과가 하나의 원인만으로 설명될 수 있을까? 과연 유명 대학을 졸업했다는 학력 하나가 성공을 보장해줄 수 있을까?

어쩌면 우리는 우울감을 덜기 위해 미친 듯이 케이크만 먹고 있는 중일지도 모른다. 오직 케이크만이 우울을 덜어준다 믿기 때문이다. K도 싸움의 원인이 그날 여자 친구에게 차였기 때문이라 믿어 앞으로는 절대 차이지 않으려 할지도 모른다. 상대가 자기를 차려는 조짐만 보여도 먼저 차버릴 것이다. 하지만 어느 날 무언가를 느낄 것이다. 아무리 케이크를 많이 먹어도 예상했던 것만큼 우울이 회복되지 않거나 효과가 거의 없다는 것을. 여자 친구에게 차이지도 않았는데 자신이 공격 행동을 한다는 것을. 오히려 여자 친구를 차고 난 뒤 더욱 공격적이게 된다는 것을. 그리고 그때 즈음 이런 의문이 떠오를 것이다. 과연 그것이 진짜 원인이었을까? 내 우울을 낫게 해주었던 원인이 정말 케이크일까? 그날의 다툼의 원인이 정말 여자 친구에게 차였기 때문이었을까? 어떤 결과가 과연 단 하나의 원인 때문일 수 있을까? 그리고 마침내 이런 생각도 들지 모른다. 성공하기 위해서 반드시 학력이 필요할까? 좋은 학력을 가지면 무조건 성공할 수 있을까? 알코올은 우울을 덜어주어 기분을 좋게 만들어주는 요인 중 하나다. 하지만 알코올은 공격성을 보일 수 있는 요인 중의 하나이기도 하다. 우리는 이 두 사실을 기억해야 할 것 같다.

13 　어른이 된다는 것

13.1 　어른이란

　　　　　　　　아이는 어른과 다르다. 아이는 감정을 솔직하게 표현하고 행동도 꾸밈이 없다. 선생님께 칭찬받는 친구를 바라보는 아이 눈은 이렇게 말한다.

'네가 부러워, 질투나.'

게다가 누가 누구를 좋아하는지도 노는 모습을 5분만 관찰하면 바로 알 수 있다. 서로 대하는 행동이 큐피드 화살이 되어 이곳저곳을 향하기 때문이다. 이 화살을 CG로 처리하면 세상의 모든 유치원은 제3차 세계대전의 발발지가 될 것이다. 하지만 어른이 되면 이런 모습은 사라진다. 정확히 말해, 속으로 숨어든다.

어른은 몇 년째 짝사랑 중인 이성 친구가 바로 옆에 있어도 동성 친구를 대하듯 편하게 지낼 수 있다. 게다가 수위를 살짝 넘는 스킨십이 와도 으레 그랬다는 듯 아무런 동요 없이 받아줄 수 있다. 심지어 그의 연애 상담도 해줄 수 있다. 내가 알지도 못하는, 왜 좋아하는지도 도무지 알 수 없는 어떤 여자 혹은 년이 좋다는 그를 위해 질투는 장난스러운 말투로 포장하고, 둘을 지구와 안드로메다로 각각 떼놓고 싶다는 마음도 바위에 묶어 바다에 던진 채, 그 여자가 기뻐할 행동을 1부터 10까지 알려줄 수 있다. 또 상상 속에서는 말하는 입을 이미 100번도 넘게 찢어버렸을 만큼 미운 상대에게도 이런 마음을 숨길 수 있다. 이뿐이겠는가? '나는 너의 베프가 되고 싶어'라는 표정으로 그와 1박 2일 동안 대화를 나눌 수도 있다.

그렇다면 아이가 어른으로 성장한다는 것은 이런 것일까? 아이였을 때에는 겉모습을 통해 속마음을 그대로 알 수 있었다면, 어른이 되면 보이는 겉모습만으로는 속을 추론할 수 없게 되는 걸까? 그렇다면 어른이 된다는 것은 엑스레이도 못 뚫을 만큼 두꺼운 철판이 행동과 속마음 사이에 생기는 걸까? 혹은 행동과 마음이 '1'의 상관을 보이다가 '0'에 이르고, 결국 마이너스 상관에까지 이르지만, 이들이 마치 하나이듯 보이는 스킬을 발휘하는 걸까? 어른이 된다는 것은 과연 무엇일까?

나는 이 질문을 아주 어렸을 때부터 고민했다. 지금도 마찬가지이지만 그때의 나 또한 전혀 어른스럽지 않았기에, 어른이 되는 것이 무엇인지 더욱 의문을 가졌던 것 같다. 나는 성장해가며 서서히 이 의미를 알게 되었는데, 돌이켜보면 그때의 내가 상상하던 어른의 모습이 재미있기도 하다. 그리고 어른이 되고 나서는 절대 상상할 수 없는 모습이기도 하다.

내가 초등학교 저학년일 때에는 그랬다. 나는 내가 생각하기에 못된 친구들을 보며 저들은 절대 어른이 될 수 없을 거라 여겼다. 예를 들어 숙제를 안 해오거나 약한 친구를 놀리는 친구들은 당시 내 기준에서는 어른이 될 수 없었다.

당연히 결혼도 할 수 없었다. 어른이라면 당연히 숙제도 잘 해 올 테고 약한 친구를 놀리지도 않을 테니까(우습겠지만 당시 나는 실제로 이렇게 생각했다). 나는 이런 친구들은 어른으로 자라는 도중에 중도 탈락(?)하거나 사라질 것이라 믿었다. 이런 생각을 할 때마다 내가 떠올렸던 이미지는 어느 날 못된 친구들이 깊은 안개와 함께 동네에서 홀연히 사라지는 것이었다. 이런 장면을 상상하며 나는 다짐했다. 절대 저 친구들처럼 되지 않겠다고. 그러면 결코 어른이 될 수 없을 테니까.

그리고 몇 년 후, 나쁘다고 여겼던 그 친구들은 아주 잘 자라고 있었다. 사라지지 않았음은 물론, 여기저기에서 관찰되었다. 하지만 준비물을 안 챙겨 오는 등의 학생답지 못한 행동(또 한 번 강조하지만, 당시의 내가 생각할 때의 학생답지 못한 모습)은 여전했다. 때문에 나는 그들이 절대 어른이 못 될 것이라 확신했다. 그런 행동을 하는 어른은 상상할 수 없었기 때문이다. 나는 그들이 곧 사라질 거라 굳게 믿었다.

그로부터 몇 년 후, 나쁘다고 느껴지는 친구들은 사라지기는커녕 더 늘어났다. 그리고 나쁜 행동의 강도도 더 세어졌다. 하지만 그들은 아주 잘 성장했다. 오히려 예전보다 더 즐겁고, 행복해 보였다. 무언가 이상하다고 느낀 것은 이때쯤이었다. 어? 왜 이렇지? 내가 알고 있는 세상은 이렇지 않은데. 학교에서는 공부를 열심히 하고 친구들과도 사이좋게 지내야 한다고 배웠는데……. 그렇게 해야 잘 자라서 어른이 될 수 있다고 배웠는데……. '어른'은 저런 아이들이 되는 것이 아닌데……. 왜 저들이 사라지지 않지? 왜 나처럼 계속 자라고 있는 거지?

이로부터 얼마의 시간이 흐른 뒤, 나는 어렴풋이 깨달았다. 어른이 될 수 없을 것이라 여겼던 이들이 모두 어른으로 성장 중이란 것을. 그리고 나쁜 사람은 전혀 없는 세계가 어른의 세계도 아님을. 어른의 세계에도 어렸을 때 절대 어른이 될 수 없을 것이라 믿었던 친구들의 모습을 한 어른이 꽤 있음을. 그리고 내가 많이 자랐을 때, 나는 완전히 알게 되었다. 어렸을 때에는 절대 어른이 될 수 없다 믿었던, 어디론가 사라져버렸어야 했던 그런 사람들만 모인 집단이 바로 '어른들'이라는 것을. 게다가 이를 부정할 수 없는 확실한 근거도 있었다. 이때쯤에는 다른 누구도 아닌, 바로 내가 어른이 되어가고 있었던 것이다.

지금은 확실히 알지만 아이였을 때의 내가 몰랐던 것은, 그래서 안개 따위를 상상할 수밖에 없었던 것은 이것이다. 어른이 되기 위해서는 지난 몇십 해를 어떻게 살았는지는 중요하지 않다는 것이다. 몇십 해를 착하게만 살았던 이나 온갖 나쁜 짓을 다 하며 살았던 이나, 강아지나 송아지나 모두 어른이 된다. '어른'의 의미는 단지 지구에서 일정 기간 먹고 자며 살아온 생물이다. 여기에서 '일정 기간'이라는 단어가 애매한데, 이것을 시간으로 구체화해보면 어른의 정의가 보다 명확해진다. 우리나라 사람들의 평균 수면 시간을 여섯 시간으로 추정했을 때, $43800(6 \times 365 \times 20)$시간을 자면 거의 어른으로 인정해주지 않는다. $65700(6 \times 365 \times 30)$시간을 자면 반쯤 어른으로 인정해준다. 마지막으로 $87600(6 \times 365 \times 40)$시간쯤 자면 누구도 부인할 수 없는 완전한 어른이 된다. 마찬가지로 $21900(3 \times 365 \times 20)$끼를 먹으면 거의 어른이 아니지만, $32850(3 \times 365 \times 30)$끼를 먹으면 반쯤 어른이 되고, $43800(3 \times 365 \times 40)$끼를 먹으면 완전한 어른이 된다.

하지만 우리는 이러한 것도 안다. 이렇게 먹고 자며 나이만 먹은 어른과 나이를 먹음과 함께 제대로 된 생각과 행동도 하게 된 진짜 어른은 다르다는 것을.

이들은 모두 '어른'으로 불리지만 이들이 결코 같지 않다는 것을. 그렇다면 궁금하지 않나? 어떤 어른이 진짜 어른일까? 어른이 되는 것의 의미는 무엇일까?

13.2 아모르 파티, 운명을 사랑하라

어른이 되면 다년간의 경험으로 사람을 통찰하는 안목이 생긴다고 한다. 표정, 말투, 자세, 걸음걸이 등으로 그의 성격뿐 아니라 살아온 삶도 유추한다고 한다. 어른의 이런 능력은 분야를 초월해 어떤 사건에도 적용된다. 상황을 분석하고 예측해, 그것이 몇 년이나 몇십 년 후에 어떤 결과를 낳을지 안다는 것이다. 그들은 이런 능력을 발휘해 자식 혹은 타인에게 이렇게 조언한다.

학부 때 물리학을 전공하다 심리학 수업에 흥미를 느껴 복수 전공까지 한 친구가 있었다. 나와는 수업을 들으며 가까워졌는데 졸업이 다가오자 갈등하기 시작했다. 예상보다 심리학이 꽤 매력적이었던 것이다. 교사가 되기 위해 사범대 대학원에 갈 것인가? 재미있는 공부를 위해 심리학과 대학원에 갈 것인가? 친구는 나와도 상담을 하며 한동안 고심했다. 그러다 마침내 결정했다. 꽤 고민했던 터라 나는 어떻게 그 결정을 하게 되었는지 궁금했다. 내 물음에 친구는 어렵지 않았다는 듯 답했다.

"엄마가 교사가 되는 것이 더 비전 있다며 사범대를 권하시더라고."

또 다른 친구는 어렸을 때부터 다짐했다. 돈 많은 남자에게 시집을 가겠다고. 그런데 이런 단호한 결심에도 한 가지 걱정이 있었다. 혹시 사랑에 눈이 멀면 어떡하지? 그래서 가난한 남자와 결혼하겠다고 고집을 부리면 어쩌지? 물론 합리적으로 생각하면 자신은 절대 그러지 않을 것이라 장담할 수 있었다. 하지만 누군가를 깊이 사랑하면 순간 잘못 판단할 수도 있었다. 그리고 그 판단 때문에 평생 후회할지도 모른다 생각했다. 친구는 그런 미래가 두려웠다. 그래서 엄마에게 어렸을 때부터 말했다.

"내가 혹시 나중에 사랑에 귀도 먹고 눈도 멀어서 돈 없는 남자와 결혼하겠다고 고집 피우면 그때에는 엄마가 나를 때려서라도 말려줘. 알았지?"

엄마는 꼭 그럴 것이라 약속했다. 그런데 이 모든 일의 발단은 이 말 때문이었다. 어렸을 때부터 친구가 엄마에게서 수없이 들은 말.

"돈 없는 남자랑 결혼하면 힘들어. 너는 꼭 돈 많은 남자와 결혼해."

두 친구를 떠올리다 의문이 들었다. 어른들의 이런 예측은 언제나 옳을까? 심리학을 공부하는 것보다 사범대 대학원에 가서 교사가 되는 것이 더 비전 있을까? 물질적으로 풍족하지 않은 남자와 결혼하면 정말 고생만 할까? 한편으로는 이런 의문도 들었다. 그렇다면 상견례를 치르고 양가 부모님의 동의와 허락, 축하 속에 결혼한 부부는 왜 이혼을 할까? 왜 이 부모들은 자녀의 이혼을 예측하지 못했을까? 게다가 부모의 잔소리를 한 귀로 흘려버린 이가 이후 자수성가 하는 것은 어떻게 설명할 수 있을까? 궁금했다. 어른들은 과연 미래를 어느 정도 예측할 수 있을까? 만약 어른들의 예측력이 뛰어나 점집을 운영한다면 복채를 얼마나 받을 수 있을까? 받을 수 있기는 할까?

여기, 어른들의 복채 가격을 결정하는 데 도움이 될 만한 실험이 있다. 첫 번째는 2002년 런던에서 실시된 실험이다. 이것은 다섯 살 꼬마와 점성술사(알다 시피, 어른 중에서도 예측을 잘하기로 소문난 어른이다), 그리고 펀드매니저(이 어른 또한 예측이 주 업무인 어른이다)에게 각각 주식에 투자하게 한 뒤, 각자 의 수익률을 따져본 실험이다. 점성술사는 회사 창립일의 별들의 위치를 살펴 서 종목을 택했고, 펀드매니저는 회사들에 관한 배경지식과 최신 정보, 타이밍 을 바탕으로 종목을 선정했다. 주식을 전혀 모르는 꼬마는 회사 이름이 적힌 수 많은 쪽지 중 제비뽑기를 해 투자 종목을 골랐다. 1년 뒤, 누구의 수익률이 가장 좋았을까? 바로 꼬마였다. 영국의 주가가 평균 16퍼센트 하락했을 때 꼬마의 수익은 5.8퍼센트였고, 점성술사와 펀드매니저는 각각 -6.2퍼센트와 -46.2퍼센 트를 기록했다. 이런 실험도 있었다. 딸기란 이름을 가진 앵무새와 일반 투자자 열 명과의 수익 대결에서 승리자는 투자자가 아니라 딸기였다. 기업 이름이 적 힌 조류용 장난감 열다섯 개 중, 딸기가 고른 장난감에 있던 적혀 있던 종목의 수익률은 14.6퍼센트였고, 일반 투자자 열 명의 평균 수익률은 -0.8퍼센트였다. 그리고 다트를 던져 종목을 고른 원숭이와 투자 전문가와의 대결에서도 압승 한 것은 원숭이였다.

어른이라도, 설령 예측을 전문으로 하는 어른이라도 미래를 정확히 내다보 는 것은 불가능하다. 예측 시기와 실현 시기 사이에는 변수들이 수없이 많기 때 문이다. 셀 수 없을 정도를 넘어서, 두 시기 사이에 지구에서 일어나는 모든 사 건이 변수가 될 수 있다. 심지어 평생 들어본 적도 없는 나라에서 들어본 적도 없는 물질이 발견되어 내 삶에 영향을 미칠 수도 있고, 평생 들어본 적도 없는 나라에서 들어본 적도 없는 남자가 갑자기 나타나 우리 삶이 완전히 달라질 수도 있다(물론 이 변수라면 언제든 환영이고). 만약 어른의 시야가 이 모든 변수를 전부 고려할 수 있을 만큼 밝았다면 그들은 이미 점집을 차려 떼돈을 벌고도 남았을 것이다. 아니면 노스트라다무스가 되어 역사에 이름을 남겼거나. 실제로 2년 뒤 친구가 대학원을 졸업할 즈음에는(심지어 현재에도) 사범대보다 심리학이 더 비전 있을 수도 있다. 사범대를 졸업한 후 임용 고시에 합격하는 것과 심리학과를 졸업한 후 상담사가 되는 것 중 당연히 후자의 확률이 높을 테니. 그리고 돈 많은 남자와 결혼해도 결혼 후 사업으로 가산을 모두 탕진할 수도 있고, 감당할 수 없이 많은 돈으로 인해 바람이 나 이혼 위기에 몰릴 수도 있다. 가난한 이와 결혼해도 잘살 수 있고, 이후 그가 부자가 될 수도 있다. 몇 년 후에 무슨 일이 일어날지는 아무도 모른다.

그런데 조금 더 생각해보니 어른이 모든 것을 예측하지 못하는 것은 아닌 듯했다. 심리학과 교육대학원 중 무엇이 더 비전 있을지, 가난한 남자와 결혼하면 힘들지 아닐지는 예측할 수 없지만, 이런 예측은 가능할 것 같았다. 어른들이 굳이 예측을 하겠다면, 점술가가 되겠다면, 이런 종목으로 특화하면 승산이 있을 것 같았다. 아래는 니체의 『즐거운 지식』 중 등장하는 구절이다.

어느 날 혹은 어느 밤에 외로운 중에서도 가장 외로운 중에 있는 당신에게 악마가 살그머니 다가와 이렇게 말한다면, 당신은 어떻게 할 것인가?

"너는 네가 지금 살고 있는 삶을 혹은 지금까지 살아온 이 삶을 다시 한 번, 나아가 무한 제곱으로 수없이 살아야 한다. 그런데 거기에는 아무것도 새로운 것이 없을 것이다. 너의 생의 모든 고통, 기쁨, 사념, 한숨, 그리고 네 생애의 말할 수 없이 작고 큰 모든 일이 너에게 다시 되돌아오고, 그것이 같은 순서대로 되돌아올 것이다. 지금 여기 이 거미, 나무들 사이의 달빛, 지금 이 순간. 그리고 나까지도 다시 되풀이될 것이다……."
그러면 당신은 이렇게 말한 악마 앞에서 쓰러져서 이를 갈면서 악마를 저주할 것인가? 아니면 그 악마에게 "당신은 신이오, 나는 이제까지 한 번도 이보다 더 신적인 것을 들어본 적이 없소"라고 대답할 텐가? (……) 모든 일 하나하나에 대해 "너는 이것을 다시 한 번, 또는 무한 제곱으로 수없이 계속 반복되기를 원하는가?"라는 질문은 가장 큰 무게로 당신의 행동을 내리누를 것이다.

어른이 굳이 예측을 하겠다면, 자식이 어떤 삶을 수십 번 반복해서 살아야 할 때 자식이 그러한 삶을 진심으로 행복해할지 아닐지는 예측해도 될 것 같았다. 그래서 진짜 어른이라면 자식에게 아무것도 달라지지 않는 삶을 수십 번 반복해서 산다 해도 행복할 삶을 택해서 살라고 말할 것 같았다.

그런데 한편으로는 이런 생각도 들었다. 어른에게 있어 똑같은 삶을 수십 번 살아도 행복한 삶이 어떤 삶일지를 예측하기는 별로 중요하지 않은 것 같았다. 게다가 어떤 것이든 예측을 잘하느냐 못하느냐의 문제 또한 그다지 중요하지 않은 것 같았다. 어른에게 있어 진짜 중요한 것은 이것인 듯했다. 설령 아이의 삶을 예측했다 하더라도, 그것을 아이에게 말하느냐 말하지 않느냐. 진짜 어른은 타인의 인생을 쉽게 예측하려 들지도 않겠지만, 설령 예측했더라도 그것을 타인에게 섣불리 말할 것 같지 않다. 타인의 삶 속에 들어가 그들의 인생에 대해 섣불리 재단하려 들지 않을 것 같다. 그래서 타인에게 이렇게 혹은 저렇게 예측되는 삶을 살라고 하기보다는 이렇게 말할 것 같다.

"삶이란 것이 쉽게 예측할 수 있는 것도 아니고, 또 설령 예측했다 하더라도 실제 삶이 그렇게 예측한 일들만 벌어지는 것도 아니지. 그러니까 섣불리 예측하는 삶을 살기보다는 삶에서 어떤 운명적인 일이 일어나든 그것을 받아들이는 삶을 살아야 해."

그리고 이 같은 말은, 이미 한 어른이 말했다.

니체가 말했다.

"운명을 사랑하라Amor fati."

13.3 문제를 해결하는 가장 좋은 방법

식인종과 수도사 또는 선교사, 늑대와 토끼 또는 양…… 이들을 보면 무언가가 떠오르지 않나? 혹시 이런 문제는 아닌가? 이들을 보트를 태워서 강의 반대편으로 옮기는 문제. 단, 보트 승선 인원은 제한되어 있고, 수도사보다 식인종 수가 많으면 수도사가 잡아먹히는 등의 조건이 있는 문제. 내가 이야기할 것이 바로 이 문제이다. 이 문제에서는 늑대와 양을 보트에 태워 강의 반대편으로 옮겨야 한다. A 지점에 있는 늑대와 양 각각 세 마리를 반대쪽 B 지점으로 옮기는 것이다. 보트에는 두 마리까지 탈 수 있고, 한마리 이상이 타야 보트가 움직인다. 그리고 A, B, 보트, 어디에서든 늑대가 양보다 많으면 안 된다. 그러면 양이 잡아먹힌다.

이 문제를 해결할 때 사람들은 맨 처음에 대개 늑대와 양 각각 한 마리를 보트에 태워 B 지점으로 보낸다. 그리고 B 지점의 양 한 마리를 보트에 태워 다시 A로 옮긴다. 이때 늑대를 태우면 A에 늑대가 더 많아지므로. 이후에도 사람들은 양과 늑대를 보트에 태워 A와 B를 몇 번 더 왔다 갔다 한다. 양이 살 수 있나 살피면서. 그런데 어느 순간, 사람들이 어떤 동물도 옮기지 못한 채 머뭇거릴 때가 있다. 앞의 과정이야 어찌 되었건 '이 단계'에 도달하기만 하면 거의 모든 이가 헤매고만 있다. 바로 B에 늑대와 양 각각 두 마리와 보트가 있을 때이다.

이때 사람들의 두 손은 거의 움직이지 못한다. 늑대 한 마리를 보트에 태웠다가 다시 제자리에 두고, 양을 잡았다가 놓기를 반복한다. 머릿속은 온갖 생각들로 난리일 것이다. 늑대 한 마리를 보트에 태워 A로 오는 건 어떨까? 아, 그러면 A에 늑대 둘과 양 한 마리가 있게 되니 양이 먹혀. 안 돼. 아니면 양 한 마리를 태워 A로 오는 건 어떨까? 아, 그러면 B에 늑대 둘과 양 한 마리가 있게 돼. 양이 또 죽어. 이것도 안 돼. 아…… 어디에서 잘못되었지? 이전 단계부터 꼬인 걸까? 그런데 이전 단계부터 잘못된 것이 맞기는 한가? 혹시 이전의 이전 단계부터 잘못된 것이 아닐까? 어쩌면…… 나 처음부터 다시 시작해야 하나?

답답한 이는 이들만이 아니다. 답을 몰라 헤매는 이도 답답하지만, 답을 아는 이 또한 답답하다. 이 난관을 어떻게 극복하는지 아는 이는 조금만 더 생각하면 답을 알 수 있는데, 정답의 바로 코앞까지 왔는데 그것을 알아채지 못하는 이들을 보면 속이 탄다. 끙끙대는 이들이 바보 같기도 하다. 그 단계에서 마찬가지로 힘들어하던 자기 모습도 떠올라 어서 그들을 지옥으로부터 꺼내주고도 싶다.

이때, 이 상황을 벗어나는 방법에는 몇 가지가 있다. 그중 내가 종종 사용하는 방법은 이것이다. 나는 힘들어하는 그에게 이렇게 말한다.

"문제를 꼼꼼히 읽고 빈틈을 노려봐. 동물들을 B로 옮기라 했지만 살아 있는 채로 옮기라는 말은 없잖아?"

그리고는 쿨하게 늑대 둘을 보트에 태워 A로 보내 양 한 마리를 먹게 한 뒤, B로 돌아오게 하겠다. 그러면 B에 있는 두 양도 세 늑대에게 잡아먹혀, 결국 A에는 동물이 하나도 없게 되고, B에는 늑대 셋이 남게 된다. 비록 양이 모두 희생되기는 했지만 내 방법대로라면 문제에서 요구한 대로 A에 있던 동물이 모두 B로 옮겨지기는 한다. 하지만 답답한 상황을 이렇게 벗어나는 것은 무언가 미흡하다. 출제자는 모든 동물을 시체가 아닌, 다른 동물의 배 속을 통해서도 아닌, 살아 있는 채 B로 옮기고 싶었을 것이다. 그리고 나와 같이 이런 방법으로 문제를 푸는 이들은 거의 없다. 대개는 이런 방법을 사용한다.

나는 미술관에서 이 방법이 사용되는 것을 종종 보았다. 그림에 집중하고 있을 때, 갑자기 주변이 소란스러워졌다. 나는 생각했다. 강의가 시작되나 보다. 조용히 그림을 보고 싶었던 나는 그곳과 멀어진다. 하지만 강의 소리를 피할 수는 없다. 힐끗 보니, 오늘의 강사는 초등학교 저학년으로 보이는 아이의 엄마이다. 아이는 그림이 어렵다는 듯 눈만 끔뻑이고 있고, 엄마는 아이에게 그림 강의를 시작한다.

"이건 호안 미로의 〈새와 벌레들〉이라는 작품이야. 저기 새가 보이지? 그리고 이건 벌레들이네. 조금 우스꽝스럽게 그렸다, 그치?"

"이건 폴 시냐크의 그림이야. 자세히 봐봐. 모든 걸 점을 찍어 표현했지? 구름도, 바다도, 배도, 저기 보이는 성도. 예전에 본 〈그랑드 자트 섬의 일요일 오후〉라는 그림과도 비슷하지 않니? 이런 그림을 점묘화라고 해. 아름답기는 한데 화가는 그리느라 아주 힘들었을 거야. 그치?"

엄마는 아이에게 그림을 설명해주었다. 그리고 그에 따르는, 혹은 따라야 한다고 여기는 감정들까지도 알려주었다. 엄마는 그림을 보는 아이가 어떤 생각을 하는지에는 관심이 없었다. 단지 아이가 어서 그림에 대한 '답'을 알았으면 했다. 그리고 그에 따르는 해설과 제대로 된 감상(물론 엄마가 생각하는)까지도 이해했으면 했다.

그렇다. 문제를 해결하다 고착 상태에 빠진 이를 도울 때 정답을 알고 있는 이가 가장 많이 사용하는 방법은 그에게 정답과 해설을 모조리 알려주는 것이다. 미술관의 강사 엄마는 아마도 늑대와 양의 강 건너기 문제에서도 이 방법을 사용할 것이다.

"이때의 답은 이거야. 양과 늑대 각각 한 마리를 보트에 태워 A로 보내야 해. 이렇게 하면 A, B, 보트 모두에 양과 늑대가 각각 한 마리씩 있게 되니 어떤 양도 잡아먹히지 않겠지? 이때 사람들은 보통 양이든 늑대이든, 한 마리만 보트에 태워서 A로 보내려 해. 힘들게 B로 옮긴 동물들을 다시 한 마리도 아닌, 두 마리씩이나 A로 보내고 싶지 않은 거지. 하지만 그렇게 생각해선 안 돼. 알았지?"

참 매끄럽고 친절한 설명이다. 고등학교 때 보던 자습서가 따로 없다. 다시 보니, 오답 노트인 것도 같다. 왜 틀리게 생각했는지 그 이유까지 알 수 있다.

그런데 이때, 어떤 고민도 없이 답을 알게 된 아이는 어떤 느낌이 들까? 하마터면 눈만 끔벅인 채 많은 시간을 허비할 뻔했는데 쉽게 답을 찾아 만족스러울까? 상상이나 추론 없이 명화를 이해할 수 있게 되어 마냥 기쁠까? 답을 몰라 헤매는 이를 앞에 두고 답을 알려주지 않고 참는 것은 무척 힘들다. 그가 스스로 답을 깨달을 때까지 기다리는 것은 정말이지 쉽지 않다. 아마 답을 모르는 이만큼 참는 이 또한 고통스러울 것이다. 때문에 그를 그 고통에서 가장 쉽게 벗어나게 해주는 방법은 조건의 빈틈을 찾으라는 말도, 끝까지 참고 기다리라는 말도 아닐 테다. 정답을 알려주는 것이야말로 서로에게 가장 빠르고 편한 방법이다. 하지만 기다리지 못했던 어른의 행동 때문에 또 한 번 스스로 답을 찾을 기회를 박탈당한 아이가 이후 겪어야 할 시련은 기다림을 인내했던 어른보다 아마 더 힘들지 않을까?

어쩌면 진짜 어른은 답에 이르는 가장 빠른 방법을 알고 있는 이가 아니라 그것을 아이 스스로 찾을 때까지 기다려주는 이일지도 모른다. 아이가 문제를 스스로 해결해나가는 시간을 묵묵히 지켜볼 때야말로 어른 또한 진짜 어른으로 성장하는 중일 테니. 그리고 진짜 어른은 아이 스스로 나름의 답을 찾고 있을 때야말로 아이가 진짜 성장 중이라는 것을 아는 이일지도 모른다. 묵묵히 기다리는 시간은 아이를 성장하게 하고, 어른을 진짜 어른으로 만들기 때문이다.

13.4   전형적인 어른의 모습, 그곳에는

전형적. 어느 한 종류에 속하는 것들 중 그 종류의 특성을 가장 잘 나타낸다고 여기는 것을 이르는 말이다. 사람들이 떠올리는 전형적인 이대생은 무엇일까? 학교에 갈 때에도 명품 가방을 메는 사치스러운 학생? 긴 생머리를 날리며 청바지를 입고 힐을 신는 여자? 오른손에는 늘 스타벅스 컵을 쥔 된장녀? 혹시 공부를 열심히 하는 학생은 아닌가? 아, 아니라고? 그렇다면 전형적인 남자는 어떨까? 마초에다가 고집이 센 이가 전형적인 남자일까? 아니면 온몸이 근육으로 뒤덮인 이? 결단력과 리더십이 있는 이? 그렇다면 송중기나 유승호는 전형적인 남자가 될 수 없을까?

이런 생각을 하고 있으면 궁금해진다. 도대체 전형적이다, 비전형적이다의 기준은 뭘까? 왜 우리는 그 대학을 다니는 학생에게 전형적인 이대생이니, 이대생 같지 않다느니 할까? 게다가 누가 보아도 성염색체 검사나 성 정체성 검사(?)가 필요 없을 만큼 분명한 남성에게 전형적인 남자이니, 아니니 할까? 도대체 어떤 특성을 가져야 전형적인 걸까?

여기 전형성 정도, 즉 그것이 그룹 내에서 얼마나 전형적인지를 평가하는 실험이 있다. 심리학자 엘리너 로쉬는 사람들에게 스포츠, 범죄, 채소 등의 범주와 각 범주에 속하는 항목들을 함께 제시했다. 스포츠 범주에는 축구, 역도, 테니스, 컬링, 트라이애슬론 등을, 범죄의 범주에는 살인, 강도, 사이버 범죄, 아동학대, 언어폭력, 만취 상태의 성폭행 등을 넣고 각 항목이 그 범주에서 얼마나 전형적인지를 평가하게 했다. 아주 전형적이라 여겨질 때에는 1로 표시하고, 덜 전형적이라 여길 때에는 2~6으로, 아주 비전형적이라 여길 때에는 7로 표시하게 했다.

그 결과, 사람들은 축구를 아주 전형적인 스포츠(1.2)로 여기고 있었지만 역도는 그렇지 못했다(4.7). 범죄의 유형에서도 살인은 무조건 범죄(1.0)로 여기는 반면, 일정한 거처 없이 떠돌아다니는 것은 비전형적인 범죄(5.3)로 평가했다. 채소를 평가할 때에도 당근은 매우 전형적인 채소(1.1)로 보았지만 파슬리는 그렇지 않았다(3.8). 만약 전형적인 남성을 주제로 〈런닝맨〉 멤버들을 평가하게 했다면 김종국은 1.5 정도를(1에서 0.5가 더해진 이유는 그의 목소리 때문일 것이다), 하하와 광수는 각각 5나 7을 받지 않았을까.

그런데 왜일까? 축구와 역도는 모두 스포츠인데 왜 사람들은 축구를 전형적인 스포츠로 여기면서, 역도는 그렇지 않을까? 당근과 파슬리도 모두 채소인데 왜 우리는 다르게 여길까? 그건 아마 우리가 역도보다는 축구 경기를, 파슬리보다는 당근을 더 흔히 보았기 때문일 것이다. 축구 경기는 유럽 리그까지 합하면 거의 매일, 하루에도 몇 번씩이나 방송되는 반면, 역도 경기를 볼 기회는 기껏해야 4년에 한 번이다. 당근은 카레, 잡채, 김밥, 케이크 등 여러 음식을 만들 때에 사용되고, 요리 프로그램에서 냉장고에서 굴러다니는 채소로 음식을 만들자고 할 때에도 반드시 등장한다(이를 보면 나에게는 당근이 좀 덜 전형적일 것 같다). 하지만 파슬리는 완성된 음식 위의 초록색 가루로만 보는 것이 전부이다. 게다가 축구가 더 전형적인 스포츠로 보이는 이유는 역도에 비해 달리고, 차고, 골인만 하면 승점이 더해지는 등의 비교적 단순한 룰로 만들어졌고, 공을 구하기도 쉽기 때문일 것이다. 오프사이드 룰을 정확히 몰라도 축구를 즐기는 데 큰 어려움은 없는 반면, 역도의 용상과 인상은 아직도 헷갈린다. 이 룰을 모르면 역도를 즐기기 쉽지 않고, 바벨은 주변에서 쉽게 구할 수도 없다. 그 결과 사람들은 스포츠를 생각할 때 축구를 떠올리지 역도를 떠올리지 않는다. 채소를 생각할 때에도 당근을 상상하지 파슬리를 상상하지는 않는다. 전형적인 남자를 떠올릴 때 김종국을 떠올릴지언정 송중기와 광수를 상상하지는 않는다.

그래서인지 우리의 생각도 비슷하다. 승무원이 되려는 이가 떠올리는 승무원도 전형적인 승무원이지, 비전형적인 승무원이 아니다. 승무원 중에도 공항에서 탑승권을 발행하고, 수하물을 체크하고, 공항 라운지에서 라운지 서비스 시설을 관리하는 지상 승무원이 있다. 하지만 승무원을 꿈꾸는 이들이 생각하는 승무원은 대개 이들이 아니다. 그들의 상상 속의 승무원은 제복을 입고 비행기에 올라 미소를 띠며 기내에서 서비스를 제공하는 이들이다. 연예인이 되려는 이가 떠올리는 연예인도 비전형적인 연예인이 아니라 전형적인 연예인이다.

연예인 중에는 수많은 작품에 오디션을 보아도 늘 불합격하고, 행사가 주 수입원인 이도 있다. 하지만 연예인 지망생이 떠올리는 연예인은 이런 연예인이 아니다. 종종 드라마에 등장하고, 가끔 광고도 찍고, 연말에는 우아한 드레스를 입고 레드 카펫을 밟는 이가 그들이 생각하는 전형적인 연예인일 것이다.

어른이 되려는 우리도 마찬가지이다. 우리도 전형적인 어른이 되려 하지 전형성 테스트에서 '7'로 체크될 어른이 되려 하지 않는다. 저 사람이 과연 제대로 된 어른일까? 저 행동이 어른으로서 할 행동인가? 이런 질문에 의문을 품지 않는, 그런 전형적인 어른이 되고자 한다. 또 그래야 진짜 어른이 되는 줄 안다. 그리고 이때 우리가 생각하는 전형적인 어른의 이미지는 대략 이렇다. 바로 어른의 일부이며, 우리 사회에서 대략 300명으로 이루어진 한 집단의 모습이다.

그들의 실제 속마음은 알 수 없지만 그들은 표정과 몸짓, 혹은 말로 끝없이 자신의 생각을 표현하고 있다. '저는 제 이익 따위에는 조금의 관심도 없어요. 오직 공익만 생각하는 것이 바로 저입니다. 국가와 국민의 복지와 안녕보다 더 우선인 것이 있나요? 그런 것이 있을 수가 있기는 한가요?' 하고. 게다가 그들은 누구나 웃을 법한 상황에서도 절대 웃지 않는다. 국가에 산재한 문제와 고민들이 넘쳐나는데 어찌 그런 유치한 장난에 낄낄거릴 수 있느냐는 듯(하지만 웃음조차 안 나오는 상황에서 그들은 목젖까지 보이며 환히 웃는다). 게다가 누가 보아도 옳지 못한 선택을 이들은 자신 있게 결정한다. 언뜻 보면 결단력과 추진력은 기본이고 소신까지 있어 보인다. 이런 이들의 모습을 한마디로 표현하면 이것이다. 심각한 척과 진지한 척의 최고봉.

그래서인지 우리 중 일부는 착각하는 것 같다. 어른이 되는 것이, 철이 드는 것이 이 집단의 모습과 흡사해지는 것인 줄 안다. 유치한 장난을 피하고, 미간에 주름을 잡고 중요하고 심각한 일에 몰두하는 척이라도 해야 '진짜' 어른이 되는 줄 안다. 물론 이런 착각은 이 집단도 하고 있는 것 같다. 그런데 궁금하지 않나? 많은 이가 생각하는 이런 전형적인 어른의 모습이 과연 진짜 어른의 모습일까? 이런 모습을 보여야만 진짜 어른이 되는 것일까?

우리가 전형성에 대해 이야기할 때, 놓친 것이 있다. 전형적이라 해서 반드시 그 종류를 대표하는 특징을 보이는 것은 아니라는 것이다. 전형성 정도를 판단하는 것은 단지 우리의 느낌이기 때문이다. 대부분이 생각하는 전형적인 이대생의 이미지인, 명품 가방을 들고, 힐을 신고, 한 손에는 커피를 든 모습이 그들의 진짜 특징은 아니다. 이 모습은 단지 사람들이 '그럴 것 같다'라고 여기는 그들의 모습일 뿐이다. 마찬가지로 고집 센 근육 덩어리가 남성을 가장 잘 나타내는 모습도 아니다. 고집이 세지 않고 근육도 별로 없는 내 이성 취향도 전형적인 남성일 수 있다. 전형적인 승무원과 전형적인 어른도 마찬가지이다. 로쉬의 실험에서도 평가를 위해 나누어준 항목들이 실제로는 모두 그 범주에 속하는 것들이었다. 사람들이 가장 전형적인 범죄라 여기는 살인도 범죄이고, 우리나라에서는 죄의 형량도 비교적 무겁지 않은 아동 학대, 언어폭력, 만취 상태의 성폭행 또한 모두 명백한 범죄이다. 마찬가지로 전형적인 어른도 어른이고, 전형적이지 않은 어른도 분명한 어른이다. 이들을 전형적 혹은 비전형적이라 구분하는 것은 단지 우리의 느낌이다.

노자의 『도덕경』에 이런 이야기가 나온다.

실도이후덕(失道而後德) 실덕이후인(失德而後仁) 실인이후의(失仁而後義) 실의이후예(失義而後禮).

'도를 잃고 난 다음에 덕을 찾고, 덕을 잃고 난 다음에 인을 찾고, 인을 잃고 난 다음에 의를 찾고, 의를 잃고 난 다음에 예를 찾는다'라는 뜻이다. 유가에서는 인과 예를 중요하게 여기는데, 노자는 이런 인과 예는 진짜 지켜야 할 '도'를 잃고 난 다음에 찾는 것이라 말했다. 그리고 인, 의, 예를 지키려 하면 할수록 오히려 덕을 더 잃는다고 주장했다. 노자의 이런 주장을 되새기니 이런 생각이 들었다. 진짜 어른이라면 불필요한 예는 지키지 않으려 할 것이기에, 겉으로 보면 더 가벼워 보이지 않을까? 자신의 진중함을 의식적으로 감추려 할 것이기에 오히려 덜 점잖아 보이지 않을까? 그래서 진짜 어른이야말로 우리에게는 오히려 덜 전형적인 어른으로 보이지 않을까?

어쩌면 진짜 어른이라면 이들을 구별할 수 있을지도 모른다. 인과 예를 따르기에 전형적인 어른으로 보이지만, 실제로는 도를 잃어버렸기 때문에 인과 예를 따르는 사람인지 아니면 도 또한 따르고 있는 사람인지. 인과 예를 따르지 않아 전형적인 어른으로 보이지는 않지만 실제로는 도로 꽉 차 있는 사람인지, 아니면 인, 의, 예뿐 아니라 도마저도 없는 사람인지. 전형적인 어른의 모습을 하고 있지만 속 빈 강정인 경우와, 전형적이지는 않지만 속이 꽉 찬 어른, 이들을 제대로 구별할 줄 아는 이야말로 진짜 어른일 것이다.

14 　완벽함에 대하여

14.1 　완전한 행복은 어디에

　　　　　여기는 새빨갛고, 저기는 불그스름하고, 저쪽에는 노릇노릇, 바로 앞에는 주홍빛. 가을 설악산의 다양한 모습이다. 하지만 우리는 이것을 과감하게 한 단어로 표현한다.

　"아름답다."

　물 위에 떠 있는 잎과 드문드문 핀 작은 꽃 들이 조화롭다. 나무들도 수면에 잔잔히 비쳐 아련함을 더한다. 모네의 작품 〈수련〉을 보고 우리는 이런 감상을 갖지만 이를 간단하게 표현한다.

　"아름답다."

　바흐의 무반주 첼로를 들으면 마음이 편안해지고, 낮게 깔리는 현의 울림을 통해 깊은 곳으로 빨려 들어가는 상상마저 든다. 어느새 우리는 선율에 젖고 멜로디를 따라 흘러가고 있다. 그리고 이 느낌을 이렇게 표현한다.

"아름답다."

우아하고, 기품 있고, 섹시하고 고혹적이며, 청초하기까지 한 그녀, 그레이스 켈리. 그녀를 보면 온갖 화려한 수식어가 다 떠오르지만, 결국 마지막에 하는 말은 이것이다.

"아름답다."

가을의 설악산, 모네의 〈수련〉, 바흐의 무반주 첼로곡, 그레이스 켈리. 이들은 전부 아름답다. 그런데 신기하지 않나? 공통점이라고는 눈을 씻고 보아도 없는 것들이 어떻게 모두 한 단어로 표현될까? 무엇이 이들을 '아름답다'라는 단어로 묶는 것일까?

플라톤은 이것이 이데아 때문이라 말한다. 이데아에는 상상 가능한 모든 아름다움인 '완벽한 아름다움'이 있는데, 이것이 설악산과 〈수련〉, 무반주 첼로곡, 켈리에게 아름다움을 나누어주고 있다고 주장한다. 산타클로스가 아이들에게 선물을 나누어주듯이. 만약 이데아로부터 아름다움을 많이 받았다면 아주 아름다울 것이고, 적게 받았다면 조금 아름다울 것이다. 쉽게 말해, 가을의 설악산과 김태희는 착한 어린이이고, 우리는 나쁜 어린이라는 것이다.

그렇다면 이 이데아는 어디에 있을까? 어디에서 아름다움을 나누어주고 있을까? 이것이야말로 진짜 궁금하지 않나? 이 장소만 알면 아름다움을 조금, 아니, 아주 많이 훔쳐오고 싶지 않나? '아름다움'이라는 선물을 더 많이 얻기 위해 힘들게 착한 어린이가 되는 것보다는 훔치는 것이 더 쉬울 것 같지 않나?

하지만 이데아는 지금 우리가 사는 이곳에는 없다. 정말 안타깝게도. 이데아는 플라톤이 가정한 어떤 곳에 있다. 실제로도 주변에서 완벽하게 아름다운 것은 없지 않은가? 모네의 〈수련〉도 잎과 꽃의 형체를 알아보기 쉽지 않아 완벽하게 아름답다고 할 수는 없고, 바흐의 무반주 첼로곡의 아름다움도 모두가 그렇게 느끼는 것은 아니다. 어떤 이는 설악산은 가을보다 겨울이 압권이라 할 테고, 그레이스 켈리보다는 오드리 헵번이라고도 할 테다. 그러므로 이렇게 애매하고 의견이 엇갈리는 것을 완벽하게 아름답다고 할 수는 없다.

하지만 여기에서 물러설 우리가 아니다. 우리는 지금 이곳에 없는 완벽함을 굳이 이곳에서 가지려 한다. 눈앞에 있는 것보다 눈앞에 없는 것을 더 갈망하는 것이 바로 우리이기 때문이다. 매일 메는 가방보다는 아까 백화점에서 구경만 한 가방이 더 갖고 싶고, 바로 집어 먹을 수 있는 눈앞의 반찬보다는 주문한 치킨이 얼른 왔으면 하는 것이 바로 우리이다. 완벽한 행복도 마찬가지이다. 우리는 현재의 조건에서 행복을 발견하려 하기보다는 이곳에 없는 완벽한 행복을 이루려 한다.

그렇다면 어떤 방법으로? 바로 복권 당첨이다. 1등에 당첨되기만 하면 집을 살 수도 있고, 전세를 올리겠다는 주인의 말이 끝나자마자 기다렸다는 듯 입금해줄 수도 있다. 이자 내기도 버겁던 빚을 갚을 수도 있고, 꽤 괜찮은 차를 살수도, 꿈꾸던 여행을 마음껏 다닐 수도 있다. 게다가 몇십억의 돈은 이미 '문제'라고 낙인찍힌 문제들뿐 아니라 곧 닥쳐올 듯한 예비 문제들까지도 전부 해결해줄 듯하다. 이쯤 되면 복권 당첨은 애들은 가라고 외치던 만병통치약의 현대판이다. 당첨만 되면 모든 문제가 해결되어 이데아가 아닌 이곳에서 완벽한 행복이 이루어질 것 같다. 실제로 복권 당첨자들의 행복 정도를 살펴보면 이 예측이 맞다. 당첨 사실을 확인하자마자 완전한 행복이 이루어진 것 같단다. 세상의 절반이 아니라 온 세상을 다 가진 듯하고, 자신이 못 하는 것이 없는 신이 된 듯하단다. 너무나 행복해서 아무 말도 나오지 않는단다. 당첨자들이 인터뷰에서 이렇게 말했다.

　그런데 의문이 들었다. 이것이 진짜 완벽한 행복일까? 플라톤 시대에는 복권이 없었기 때문에 우리는 일주일에 대략 몇 명은 누리는(그것도 우리나라에서만) 완전한 행복을 그는 현실에서 발견하지 못했을까? 그래서 이곳에는 이데아가 없다고 주장했나? 그렇다면 플라톤의 주장은 복권에 의해 비판받는 것인가? 결국 이데아론을 비판하는 것은 아리스토텔레스도, 소피스트들도 아닌 복권일까? 그럴 리 없다. 플라톤이 복권에 까이는(?) 것은 말도 안 된다. 여기, 플라톤의 주장을 살려낼 방법이 있다. 플라톤이 이를 보고 좋아할지 모르겠다.

　경제학과 심리학에 등장하는 이론 중 '평균으로의 회귀'가 있다. 극단의 수치들은 시간이 지날수록 평균에 가까워진다는 주장이다. 키가 아주 큰 아버지가 아들을 낳으면 아들도 물론 키가 클 테지만 성인 남성의 평균에 가까워질 것이다. 평균 타율이 2할인 야구 선수가 작년 타율이 3할이었다면 올해에는 1할일 가능성이 크다. 구단주가 이 이론을 안다면 야구 선수는 올해 연봉 협상에서 생각했던 것만큼 인상을 받지 못할 것이다. 복권에 당첨된 이의 행복 정도도 당첨 직후에는 가파르게 솟는다. 마치 완벽한 행복인 듯 느낄 것이다. 하지만 그 행복은 곧 사그라지고 얼마 지나지 않아 당첨 이전의 상태로 회복한다. 너무 큰 행복을 맛보았기 때문에 행복을 느끼는 기준이 높아져 이제 웬만해서는 그 기준을 만족하지 못할 수도 있고, 만병통치약인 줄 알았던 것이 알고 보니 타이레놀이더라는 것을 깨달았기 때문일 수도 있다. 완전한 듯 보였던 행복은 그것이 완전한지 아닌지 확인하기도 전에 사라질 것이다. 심지어 몇 해 뒤에는 완벽한 행복과 정반대 모습으로 신문에 등장할지도 모른다. 모두가 예상하는 진부한

스토리, '복권 당첨자, 4년 뒤 빈털터리가 되다'.

이에 대해 복권을 사는 이들은 이렇게 말할지도 모른다. 물론 그 행복이 곧 사그라질 수도 있고 꿈꾼 듯 순식간에 지나버릴 수도 있지만, 적어도 당첨 번호가 발표되기 전 일주일 동안은 행복할 수 있다고. 자신의 번호가 1등일 가능성이 있는 일주일 동안에는 원하는 바를 모두 이룰 수 있다고. 적어도 상상 속에서 자신은 완벽하게 행복하다고.

행복에 관해서는 여전히 플라톤의 말이 옳은 것 같다. 다행히 복권도 플라톤을 비판할 수 없을 것 같다. 현실에서는 완벽한 행복이란 없기 때문이다. 만약 있다면 그것은 아마 우리 안에 있을 것이다. 바로 우리의 상상 속에. 플라톤이 말한 이데아가 있는 '어떤 곳'도 어쩌면 우리의 상상 속일지도 모른다. 상상 속에서의 이데아, 즉 우리의 상상 속에서의 완벽한 아름다움이 설악산과 모네의 〈수련〉, 바흐의 무반주 첼로곡, 그레이스 켈리를 보고 모두 아름답다고 생각했던 것일지도 모른다.

14.2   만들어진 엄친아, 만들어진 상처

전혀 다른 두 개가 만나 생각지도 못한 것이 만들어질 때가 있다. 종이와 쉽게 떨어지는 풀이 만나 포스트잇이 되듯, 이런 것들은 주변에도 꽤 있다.

1 - ① 남성용 소변기와 사인이 만나면

남자라면 하루에 한 번 이상은 사용하지만 아름답기는커녕 지저분해 눈여겨보지 않는 물건, 남성용 소변기. 그런데 이런 변기에 사인을 한다면? 공장에서 하루에 수백 개씩 찍어내는 물건에 개인의 고유성을 상징하는 사인을 한다면? 실제로 이 일을 한 이가 있다. 프랑스 미술가 마르셀 뒤샹이다. 그는 남성용 소변기(물론 한 번도 사용하지 않은)에 사인을 했다. 변기 제조업자의 이름에서 따와, 'R. Mutt'라고(왠지 적절한 사인 같지 않나?). 그런데 그는 여기에서 멈추지 않고 사인한 변기에 〈샘〉이라는 이름을 붙였다. 그것이 마치 예술품인 양. 그리고 미술관에 〈샘〉 전시를 의뢰했다.

1 - ② 데칼코마니와 정신과 의사가 만나면

어렸을 때 이런 놀이 해본 적 있지 않나? 종이 한쪽에 물감을 짜고 반을 접어 좌우대칭 그림을 만드는 놀이, 데칼코마니. 나는 결과를 확인할 때마다 물감을 짤 때 예상했던 그림과 전혀 다른 그림이 나와 깜짝 놀란 기억이 있다. 그런데 이런 신기한 놀이도 정신과 의사의 손을 거치면 엄청난 것으로 재탄생한다. 1921년, 스위스 정신과 의사 헤르만 로르샤흐는 데칼코마니로 심리검사를 만들었다. 바로, 로르샤흐 검사이다. 이것은 형태가 불분명한 좌우대칭 그림을 사람들이 해석하는 방식에 따라 심리 상태를 추론하는 검사이다. 인간은 불분명한 이미지에 대해 주관을 곁들여 이해한다는 데서 착안한 심리검사였다.

1 - ③ 〈모나리자〉의 완벽주의와 후광효과가 만나면

가장 유명한 초상화인 레오나르도 다빈치의 〈모나리자〉. 〈모나리자〉가 이토록 알려지게 된 이유는 몇 차례의 도난 때문이라고도 한다. 하지만 작품 자체가 대단하지 않았다면 도난만으로 이렇게 유명해지기는 어려웠을 것이다. 〈모나리자〉는 단순하게 그려진 그림이 아니기 때문이다. 〈모나리자〉를 분석한 바에 따르면 다빈치는 이런 생각을 하며 그림을 그렸다.

'전체적으로 자연스럽고 우아한 분위기를 어떻게 나타낼까? 오른팔은 팔걸이에 기대고, 왼팔로 오른손을 감싸면 가능할까? 아니면 반대로? 얼굴에서 안정감과 편안함이 느껴지려면 어떻게 해야 할까? 황금비를 사용하면 가능할까? 피라미드나 파르테논 신전을 만들 때에도 사용되었고, 인간이 조화와 아름다움을 가장 많이 느끼는 비율이 황금비랬지? 얼굴의 가로와 세로, 인중과 입술의 길이, 턱과 코의 길이 등을 1:1.618로 맞추어야겠다. 미소 띤 입은 어떻게 그릴까? 활짝 웃기보다는 은은한 미소를 표현하고 싶은데 어떻게 해야 할까? 붓으로 여러 번 덧칠해 입꼬리의 경계선을 흐리면 가능할까? 이러면 여러 각도에서 보았을 때 조금씩 다른 미소가 보일까?'

완벽한 그림을 그리겠다는 다빈치의 이런 열망, 이러한 그의 완벽주의가 〈모나리자〉를 만들었다.

후광효과의 후광은 부처나 예수의 머리 뒤에 있는 동그란 원을 말한다. 후광효과는 후광이 주변으로 번지듯, 한 사람의 특징이 전혀 관련 없는 영역에까지 번지는 것을 말한다. 지저분하게 생긴 사람은 왠지 집도 지저분할 것 같고, 개념 있는 연예인이 광고하면 그 제품도 왠지 더 믿음이 가는 것이 이에 해당한다. 쉽게 말해 후광효과는 한 사람에 대해 하나만 보고 열을 판단하려는 우리의 심리적 추론이다. 그렇다면 〈모나리자〉를 만든 완벽주의와 후광효과가 만나면 무엇이 탄생할까?

생명은 이성 간의 섹스만으로 탄생하는 것이 아니다. 완벽에 대한 추구와, 나무만 보고도 숲을 판단하려는 인간의 심리가 만나도 생명이 탄생한다. 바로 엄마 친구 아들, 엄친아다. 엄친아의 탄생 과정은 이렇다. 우리는 아버지가 유명하고 외모가 준수한 아이는 왠지 부모님 말씀도 잘 듣고, 친구들에게도 인기가 많을 것이라 예상한다. 그리고 공부를 잘하는 아이를 보면 왠지 어른들께도 예의 바르고 철도 들었을 것이라 예상한다. 예를 들면 이승기. 이런 기대와 추측이 몇 번 더해지면 아이는 어느덧 자기가 갖지 않은 능력들도 하나둘 갖게 된다. 성적만 좋던 아이는 예절과 성숙함을 얻고, 꽃 미모와 부모 복을 가진 아이는 인기도 얻게 된다. 이런 과정을 몇 번 더 거치면 결국 모든 능력을 다 갖춘 완벽한 아이가 탄생한다. 우리의 완벽에 대한 갈망과 후광효과가 만나, 엄친아가 탄생하는 것이다.

남성용 소변기와 사인이 만나 만들어진 뒤샹의 〈샘〉, 데칼코마니와 정신과 의사가 만나 탄생한 로르샤흐 검사, 〈모나리자〉를 만든 완벽에 대한 추구와 후광효과가 만나 만들어진 엄친아. 그렇다면 이들은 우리에게 어떤 영향을 미쳤을까?

2 - ① 뒤샹의 〈샘〉

뒤샹이 전시를 의뢰한 미술관은 6달러만 내면 어떤 작품이든 전시가 가능한 곳이었다. 그곳은 심사위원의 기준을 통과해야만 전시가 허락되었던 기존 관행에 불만을 품은 이들이 자유로운 창작 활동을 위해 만든 공간이었다. 하지만 그곳에서도 〈샘〉은 전시를 거절당했다. 일화에 따르면 〈샘〉은 다른 작품들이 전시되는 동안 커튼 뒤에 숨겨져 있었다고 한다. 이때가 1917년이었으니 그럴 법하다. 이때에는 남성용 소변기를 미술관에 전시할 대범함이 없었을 것이다. 하지만 수십 년 후, 〈샘〉의 위상은 완전히 달라진다. 현재 〈샘〉 앞에 붙는 수식어들은 대략 이 정도이다. '20세기 최초의 레디메이드 예술 작품', '2004년 영국의 터너 상 시상식에 참여한 미술계 인사들 500인이 뽑은 가장 영향력 있는 현대 미술 작품, 1위', '현재 360만 달러의 가치'. 하지만 미술 전문가들은 수집가들이 현대 미술을 제대로 이해하려면 아직 멀었다고 평가한다.

2 - ② 로르샤흐 검사

로르샤흐 검사는 사람들이 불분명한 그림을 볼 때 자신의 경험을 바탕으로 이해한다는 것을 가정했기에 같은 그림을 보아도 일반인과 범죄자, 외상을 입은 이들의 반응은 확연히 다르다. 그래서 이 검사는 일반인과 범죄자를 구분하기도 하고, 정신적으로 큰 외상을 입은 이들의 심리적 상태를 드러내 보여주기도 한다. 예를 들어 일반인들이 나비처럼 보인다는 카드를 범죄자들은 칼로 배를 찌르고 있다든지, 총이 복부를 관통하고 있는 장면으로 본다. 이는 판결에서 범인을 가려내기 위한 증거로 참조되기도 한다. 영화 〈왓치맨〉에서는 용의자에게 로르샤흐 카드를 보여주고 그 대답을 유죄 증거로 채택하려는 의사가 등장한다. 의사는 그에게 전형적인 범죄자의 대답을 기대하며 카드를 내밀지만 이를 간파한 용의자는 나비나 박쥐 등 일반인들이 하는 대답을 한다. 또 이 검사를 통해 트라우마를 가진 이들의 경험과 고통도 엿볼 수 있는데, 일반인들이 나비와 꽃으로 보는 카드를 위안부 할머니들은 '일본군들이 처녀를 마구 끌고 가는 장면', '여자 자궁을 잡아당기고 있는 짐승 같은 남자'라 대답한다.

2 - ③ 엄친아

엄친아는 우리에게 이런 영향을 미친다. 어느 날 엄마가 내게 말했다.

"앞집 K네 딸 알지? 걔가 어렸을 때부터 예쁘고 상냥한 데다가 부모 말도 잘 들었잖아. 곧 변호사랑 결혼한다더라."

"R네 아들이 성실하고 공부도 열심이더니만 이번에 대기업에 합격했다네".

엄마는 단지 사실을 전달하고 있다. '예쁘고 상냥하던 K의 딸이 변호사와 결혼한다'와 '성실하고 공부도 잘하던 R의 아들이 대기업에 합격했다'라는 사실이다. 하지만 나에게는 뒷말까지 덧붙여져 나에 대한 의견 제시 및 평가로 들린다.

"앞집 K네 딸 알지? 걔가 어렸을 때부터 예쁘고 상냥한 데다가 부모 말도 잘 들었잖아. 곧 변호사랑 결혼한다더라. 그런데 너는 애인도 없니?"

"R네 아들이 성실하고 공부도 열심히더니만 이번에 대기업에 합격했다네. 그런데 너는 언제까지 그러고 살래?"

나도 안다. 뒷말은 내가 자신에게 하는 말이라는 것을. 내 열등감과 자격지심이 내 옆구리를 쿡 찌르는 것이기에 K의 딸과 R의 아들, 그리고 엄마에게 기분 나빠 할 필요는 없다. 하지만 그래도 내 기분이 좋을 리는 없다. K의 딸과 R네 아들만 없었더라면, 그들이 엄친딸, 엄친아만 아니었더라면 내 열등감과 자격지심을 또 한 번 확인하지 않아도 되었을 테니까. 이런 엄친아 때문에 우리는 굳이 안 받아도 되는 스트레스를 오늘도 받고 있다.

뒤샹의 〈샘〉은 현대 미술에서 엄청난 위치를 차지하게 되었고, 로르샤흐 검사도 범죄자와 일반인을 구분해주고 외상 입은 이들의 트라우마를 보여주는

데 사용되고 있다. 그리고 엄친아는 가뜩이나 높은 우리의 스트레스를 더욱 높여주고 있다. 그렇다면 〈샘〉과 로르샤흐 검사, 그리고 엄친아는 현재 어떤 모습일까?

현재 뒤샹의 〈샘〉은 사라졌다. 6달러 미술관에서 전시를 거절당한 샘은 우여곡절 끝에 다른 미술관에 전시되기는 했다. 하지만 알 수 없는 이유로 곧 사라졌다. 이 '알 수 없는 이유'가 석연치 않아 나는 가끔 〈샘〉이 지금 누군가의 화장실에 있지는 않을까 상상해본다. 커튼 뒤에 소변기가 있는 것을 의아하게 여긴 이가 집에 가져가 360만 달러짜리 소변기를 매일 사용하고 있지는 않을까? 하지만 〈샘〉은 현재 뉴욕에도 있고, 밀라노에도 있다. 물론 화장실이 아닌 전시장에. 이 이유는 뭘까? 현재 전시되고 있는 이 〈샘〉들은 모두 1917년에서 50년이 지난 뒤 뒤샹의 허락하에 만들어진 복제품들이기 때문이다. 그러므로 1917년에 뒤샹이 직접 만든 〈샘〉은 현재 존재하지 않는다. 심지어 2006년, 프랑스 퐁피두 미술관에 전시 중이던 복제품 〈샘〉은 남자 소변기가 미술관에 전시된 것을 못마땅하게 여긴 한 노인이 망치로 깨버렸다. 현재 뒤샹의 〈샘〉은 존재하지 않는다.

로르샤흐 검사도 사라졌다. 아니, 사라진 것과 마찬가지이다. 2009년, 위키피디아는 로르샤흐 검사에 사용되는 열 개의 그림을 모두 공개했다. 스위스에서 처음 만들어진 이후로 88년이 지나 저작권이 소멸되었기 때문이다. 그런데 심리 검사에서 아주 중요한 것이 바로 사전 노출이다. 피험자가 검사 전에 그림을 접하게 되면 검사 시 영향을 받기 때문이다. 어떤 답을 말할지 미리 생각할 수도 있고, 〈왓치맨〉의 용의자처럼 상대의 의도를 짐작해 답할 수도 있다. 물론 로르샤흐 검사는 임상심리학자가 그것을 어떻게 해석하느냐가 아주 중요하기 때문에 다른 검사에 비해 사전 노출에 영향을 덜 받는 편이기는 하다. 하지만 그림이 노출되었기 때문에 로르샤흐 검사를 실시하기 훨씬 어려워진 것은 분명하다.

　엄친아, 엄친딸도 마찬가지이다. 이들도 원래부터 없었다. 모든 능력이 뛰어난 이는 처음부터 존재하지 않았다. 단지 완벽에 대한 갈망과 후광효과가 만들어낸 허상만 있을 뿐이었다. 알다시피 '완벽'이라는 말은 우리가 인공적으로 만든 물건에만 붙일 수 있기 때문이다. 〈모나리자〉의 완벽한 미소를 실제 인간에게서는 볼 수 없듯, 완벽한 능력을 가진 사람은 실제로 없다. 그리고 후광효과도 인간의 심리적 특징이기는 하지만, 이것이 옳은 판단을 하도록 만드는 것은 아니다. 후광효과는 한 사람이 가진 특성을 바탕으로 그가 다른 특성까지도 가졌을 것이라고 우리 마음대로 추측해버린 것이기 때문이다. 이것은 마치 한 그루의 소나무만 보고 그곳이 소나무 숲이라 여기는 것과 같다. 그러므로 엄친아는 원래 없었다. 여기까지 생각이 드니 우리 모습이 우스워졌다. 우리는 그동안 왜 그랬던 걸까? 있지도 않은 허상을 애써 만들고, 또 그 허상으로부터 우리 스스로가 스트레스를 받고.

　어느 날 이런 생각이 들었다. 우리가 만든 엄친아는 사실 우리 각자가 되고 싶었던 모습이 아니었을까? 모든 능력이 뛰어나기를 바랐던 이는 타인이 아니라 바로 우리 자신이 아니었을까? 하지만 그것이 불가능해지자, 우리의 완벽해지고자 하는 욕구를 타인에게 투영해왔던 것은 아니었을까?

　우연히 알게 되었다. 완벽에 대한 추구가 사실은 방어기제라는 것을. 작은 흠으로 인해 자신에게 돌아올 비난을 피하기 위해 모든 일을 완벽하게 하려는 방어기제. 어쩌면 우리는 그래서 내가 아닌 타인에게 완벽을 요구했던 것인지도 모른다. 만약 조금이라도 완벽해지지 못했을 때 내가 아닌 타인을 비난하기 위해. 조그만 흠집에 대해서도 내가 아닌 타인을 공격하기 위해. 작은 불완전함에도 내가 아닌 타인의 잘못이 도드라져 보이게 하기 위해. 그리고 실제로 엄친아가 작은 흠이라도 보이려 하면 그들을 비난하기 위해 우리는 엄친아를 점점 더 완벽하게 만들어가고 있었던 것은 아닐까? 결국 우리가 엄친아에게 받은 스트레스는 우리가 만든 엄친아의 이미지로부터 받은 것이기도 했지만, 우리가 그들에게 주었던 상처 때문에 되돌려 받은 상처인 것도 같다.

15   자기 찾기

15.1   자신을 찾는 과정은 황홀하다

꽤 오래되었지만 〈개그 콘서트〉에 이런 코너가 있었다. '애매한 것을 정해주는 남자, 애정남'. 이들은 헷갈리는 상황을 명확하게 결정해주었다.

"회사 선배와 직장 상사의 차이는 무엇인가요?"
"대들 때 혼만 낼 것 같으면 선배, 나를 자를 것 같으면 상사예요."

"회사에서 후배들이 의견을 낼 때 당당한 것과 건방진 것의 차이는 무엇인가요?"
"그만둬도 갈 곳이 있다면 당당한 것, 그만둬도 갈 곳이 없다면 건방진 거예요."

"직장 동료에게 하지 말아야 할 행동은 무엇인가요?"

"차를 태워줄 때 절대 옆자리에 태우면 안 돼요. 무조건 뒤에 태우는 거예요. 그리고 집 앞에 도착했을 때에는 바로 내려줘야 해요. 시동을 잠시라도 끄면 안 돼요. 시동이 꺼지는 순간 내 이성도 꺼지는 거예요."

하지만 우리는 이대로 행동하지 않는다. 상사와 선배, 당당함과 건방짐을 이렇게 구분하지 않는다. 단지 공감하며 웃는다. 그들의 해결책이 우리의 평소 통념과 정확히 맞아떨어졌기 때문이다. '애정남'은 또한 애매한 것을 정해주며 덧붙인다.

"이대로 따르지 않는다고 쇠고랑 안 찹니다. 경찰 출동 안 합니다. 하지만 지키는 것이 있으니까 아름다운 거예요."

하지만 우리가 모든 통념을 단지 웃으며 흘려버리지는 않는다. 어떤 통념은 거의 어긋남 없이 정확하게 지킨다. 예를 들면 이런 것들.

2008년 2월 마지막 주 월요일은 내 학부 졸업식뿐 아니라 제17대 대통령 취임식도 있던 날이었다. 우리 가족은 졸업식에 참석하기 전 집에서 텔레비전을 보고 있었다. 그때 취임식 장면이 생중계되었는데, 대통령 내외는 환영 나온 군중에게 웃으며 손을 흔들었다. 그들에게는 기쁨과 여유가 넘쳤고, 참석자들도 그들을 환호하며 뜨거운 박수를 보냈다. 이때, 이 장면을 아련히 보던 엄마가 내게 한마디 했다.

"너도 영부인이 되면 좋을 텐데……."

엄마는 순간 애정남이 되어 앞이 깜깜한 딸의 진로를 한 방에 정해주었다.

영부인이 되라는 말, 이 말은 남자들에게는 하지 않고 여자들에게만 하는 말이다. 여자 대통령도 당선되었으니 영부군도 충분히 가능한데 내조는 그래도 여자가 해야 한다는 사회적 분위기는 좀처럼 바뀌지 않는다. 대통령이 될 부인을 위해, 혹은 일하는 부인을 위해 남자에게 외조를 권하는 사례를 들어본 적 있는가? 있다면 나에게 연락 바란다. 나, 외조받고 싶다.

게다가 영부인이 되어 내조하라는 말을 들은 여자가 할 수 있는 반응도 여러 가지이다. "영부인을 왜 해. 이왕 할 거면 대통령을 하지"라고 말할 수도 있다. 엄마 말이 끝나자마자 실제로 내가 했던 말이다. 하지만 대개의 여자는 이렇게 반응하지 않는다. 지나가는 아무 여자에게 대통령 취임식에서 자신과 남편이 시민들에게 손을 흔드는 이미지를 떠올리라 한다면, 누가 대통령이고 누가 영부인 혹은 영부군일까? 당연히 남편이 대통령이고 자신이 영부인이라 떠올리지 않을까? 마치 "대통령 내외가 있을 때, 대통령과 내(외)조하는 이를 어떻게 구분할까요?"라고 애정남에게 물으면 "남자가 무조건 대통령이고, 여자는 무조건 내조하는 사람이에요"라고 답하기라도 하는 것처럼.

우리가 절대적으로 따르는 통념에는 이런 것도 있다. R은 요즘 이런 고민을 한다.

'결혼하고 싶은데, 지금까지 내가 모은 돈으로 과연 가능할까? 지금 결혼을 했다가는 내가 바로 웨딩 푸어가 되지는 않을까? 게다가 아기까지 생기면 경제적으로 더 부담될 텐데, 과연 내 수입으로 아이를 제대로 기를 수 있을까? 어쩌면 우리 부부는 불임, 난임도 아닌, 경제적 불안정 때문에 아기를 낳지 못하게 되는 것은 아닐까? 그리고 언제쯤 전세를 벗어나 내 집을 가질 수 있을까? 아이와 함께 2년마다 이사해야 한다면 꽤 힘들 텐데……. 게다가 만약 나의 이런 재정 상태를 상대방 부모님이 안다면, 결혼을 허락해주실까? 상대 부모님은커녕

내 내인은 나의 이런 상황을 알까? 안다면 나와 결혼하려 할까?'

여기에서 문제. 당신은 R의 성별을 무엇이라 상상하며 읽었나? 우리 대부분은 같은 성을 떠올리지 않았을까? 첫 문장을 읽자마자 떠오른 R의 모습은 '결혼에 대해 심각하게 고민 중인 한 남자'가 아닐까?

물론 여자들도 자신의 재정 상태를 고민한다. 수입이 적다며 걱정한다. 하지만 이 때문에 자신이 웨딩 푸어가 될 수도, 아기를 못 낳을 수도, 집을 마련하지 못할 수도, 심지어 상대 부모에게 결혼 허락을 받지 못할 수도 있을 거라는 고민은 대개 하지 않는다. 많은 여자는 결혼 후 자신의 수입으로 가정경제의 대부분이 이끌어질 것이라 생각하지 않기 때문이다. 그런 것은 남자의 역할이라 여긴다. 물론 여자도 수입이 있을 것이다. 하지만 가정의 주 수입원은 남자이고 대부분의 여자는 거기에 '돕는다' 정도의 개념만 가진다. 자신의 수입이 '있다' 혹은 '없지는 않다'만 강조할 뿐, 가정 재정의 메인 책임자는 남자라 여긴다.

그런데 우리는 왜 이렇게 생각할까? 왜 내조는 무조건 여자의 역할이라 여기고 가정 경제의 책임은 남자의 몫이라 여길까? 무엇이 우리의 생각과 행동을 이렇게 정해놓은 걸까? 우리의 성 역할의 애정남은 무엇일까? 그건 바로 진화 심리학이다. 진화 심리학자들은 인간이 태초의 환경에서 진화할 때 남녀에게 부여된 과제가 달랐는데, 이를 해결하며 환경에 적응하는 과정에서 성차가 만들어졌다고 주장한다. 당시 남자에게 주어진 과제는 떼를 지어 사냥을 다니며 음식을 구하는 것이었다. 이 과정에서 남자들은 폭력, 경쟁, 권력 등을 선호하는 쪽으로 진화할 수밖에 없었는데, 그 결과 남자들은 현재에도 밖에서 일하며 가정경제를 책임지게 된 것이다. 반면 여자는 빈번한 임신과 육아로 인해 사냥과 전쟁 같은 직접적인 경쟁에는 부적합했다. 대신 이들이 환경에 적응한 방법은 자신이 낳은 자식을 더 오래 생존시킬 수 있는 배우자를 차지해 그가 더 많은 힘을 내도록 돕는 것이었다. 결국 이들은 자신의 대외적 성공을 바라기보다는 자신과 자식에게 더 많은 자원을 제공해줄 힘 있고 용감한 남자의 내조를 선호하게 되었다. 결과적으로 엄마와 나의 차이는 이것이었다. 엄마는 진화가 조금 더 되었고 딸은 진화가 조금 덜 되었다.

그런데 여기에 신기한 것이 있다. 진화 심리학이라는 애정남이 우리에게는 성 역할에 대해 이토록 명확하게 정해주었지만, 어떤 이들에게는 아예 정해주지 않았다는 것이다. 마치, "직장 동료에게 하지 말아야 할 행동은 무엇인가요?"라는 질문에, 우리에게는 시동과 이성은 동시에 꺼지는 것이라 말했지만, 다른 이에게는 "그런 건 없어요. 차를 태워줄 때 앞자리에 태워도 돼요. 이성은 한 번쯤 꺼지라고 있는 것 아니겠어요?"라고 답하는 것처럼.

진화 심리학으로부터 우리와 다른 답을 받은, 축복받은(?) 이들은 뉴기니에 거주하고 있었다. 미국의 문화인류학자 마거릿 미드는 태평양의 뉴기니에 거주하는 세 부족을 관찰했는데, 이들의 성 역할은 우리와도 달랐고, 세 부족끼리도 달랐다. 아라페시 족은 남녀 모두 모성 기질이 있어 아이 중심적 생활을 했다. 이들은 남녀 모두 경쟁하고 공격하기보다는 온순하게 사는 방식을 선호했다. 반면 문두구머 족은 남녀 모두 활기찼고 독립적 성향이 강했다. 이들은 모성적 성향을 거부하고 공격적인 태도를 보였다. 게다가 챔블리 족에서는 집에서 아이를 기르며 몸치장을 해 상대가 자기에게 관심을 가져주길 바라는 쪽은 남성이었고, 물고기 사냥을 하며 자기주장이 강한 쪽은 여성이었다.

왜 그랬을까? 왜 애정남은 누군가에게는 성 역할을 명확하게 정해주면서 누군가에게는 아예 정해주지 않았을까? 이쯤 되면 자연스레 이런 의문이 든다.

이렇게 불공평한 성 역할을 정해주는 애정남이 과연 애정남이 맞을까? 애정남이라는 것이 있기는 할까? 다행스럽게도 애정남은 있다. 노자가 누구에게나 같은 기준을 알려주는 제대로 된 애정남을 알고 있었다.

노자는 사물이 존재하기 전, 태초의 우주를 '도道'라 불렀다. 그런데 이 도의 모습은 카오스로, 모든 것이 한데 뒤엉켜 있는 혼돈 그 자체이다. 이것은 단지 사물들이 혼합되어 있는 정도가 아니라 각각의 형체를 알아볼 수 없을 정도로 뒤엉켜 있는 모습이다. 그런데 이런 모습은 아이러니하게도 겉으로 볼 때에는 마치 아무것도 없는 것처럼 보인다. 사물들이 본래의 형체마저 잃은 채 뒤섞여 있기 때문이다. 그래서 이때의 '도'의 모습을 도가에서는 '무無'라고도 한다. 그런데 놀랍게도 이 '무'에서 '유有'가 나온다. 혼돈 속에서 몇몇 과정을 거쳐 사물이 탄생하는 것이다. 아무것도 없는 '무'에서 1이 나오고, 1에서 2가 나오고, 마침내 만물이 생겨난다. 다음은 『도덕경』의 일부이다.

도생일(道生一), 일생이(一生二), 이생삼(二生三), 삼생만물(三生萬物).

'도에서 하나가 생기고, 하나에서 둘이 생기고, 둘로부터 셋이 생기고, 셋으로부터 만물이 생긴다'라는 뜻으로, 이것은 사물이 있기 위해서는 무가 있어야 함을 뜻한다. 모든 것이 한데 엉켜 있는 혼돈의 상태가 존재해야 그로부터 만물이 나올 수 있다. 노자는 혼돈 속에서 사물이 태어나는 이 과정을 사물이 자기 모습을 찾아가는 것이라 주장했다. 무질서 속에서 자기의 본모습을 발견해 스스로를 알아가는 것이라 했다. 그는 수많은 가능성 속에서 진짜 자기를 찾는 이 과정을 "황홀하다"라고 표현했다.

어쩌면 우리의 진짜 모습이 이런 '도'의 모습일지도 모른다. 우리의 진짜 모습은 인간이 가질 수 있는 모든 성격을 가진 모습일 테니. 진화 심리학에서 말하는 여성성과 남성성도 물론이고, 뉴기니의 여러 부족의 다양한 모습 또한 전부 우리 안에 있는 것들일 테다. 그리고 이들은 내 안에서 모두 섞여 마치 아무것도 없는 '무'로 보일 것이다. 하지만 우리는 이 속에서 나의 진짜 모습을 찾아야 할 것이다. 물론 이 과정이 쉽지는 않을 것이다. 일단 내 안의 수많은 모습 중에서 진짜 '나'를 발견해야 할 테고, 또 이 모습은 애정남이 우리에게, 정확히 말해 우리에게만 정해준 모습들과도 다투어 이겨야 할 것이다. 그리고 뉴기니 부족의 사례를 접하며 애정남이 차별적임을, 애정남의 주장을 그리 신뢰하지 않아도 됨을 깨달아야 할 것이다. 이런 수많은 과정을 겪으며 진짜 '나'가 되기까지의 여정은 아마 결코 쉽지 않을 것이다. 하지만 그렇기 때문에 '무'에서 진짜 자신의 모습을 찾는다면 정말 황홀할 것 같다.

15.2   안락함과 고독감, 이들 사이의 거리는

전혀 다른 종류와 성격의 두 상황. 이들에게는 공통점이 있다. 과연 뭘까?

"와!"

오피스텔 전체가 떠나갈 듯한 함성이 들리자 드는 생각. 우리나라가 또 한

골 넣었군. 이제 2 대 1이네. 내일까지 제출해야 할 과제 때문에 축구 경기를 볼 수는 없지만 우리나라(와 특히 일본)의 경기면 스코어 정도는 맞힐 수 있다. 큰 환호가 두 번, 건물이 무너질 듯한 탄식이 한 번 들렸기 때문이다. 이것이 오피스텔의 장점이다. 텔레비전을 보지 않아도 스코어를 맞힐 수 있다는 것. 조금 더 생각해보면 이것은 신기하다. 어떻게 주변 사람들의 환호만 듣고도 우리나라 선수가 골을 넣었다고 확신할 수 있을까? 그런데 이것은 당연하기도 하다. 우리나라 사람이라면 으레 우리나라를 응원하기 때문이다. 물론 평소 호감이 있던 나라와의 경기라면, 상대 국가에 좋아하는 선수가 있다면, 잘생긴 축구 선수 카카가 뛰는 브라질과의 경기라면 적어도 우리 중 몇몇은 그 나라를 응원할지도 모른다. 나도 살짝 흔들릴 것 같다. 하지만 우리는 대개 모두가 한마음이 되어 우리나라를 응원한다.

예전부터 있었지만 최근에야 주목을 받은 학교 내 집단 괴롭힘 문제. 이 문제가 일어나는 과정은 이렇다. 몇몇 학생으로 이루어진 그룹 B가 한 학생 A를 괴롭히기 시작한다. A는 나머지 학생들과 어울려 논다. 그런데 요즘에는 이런 분위기가 계속 이어지지 않는다는 것이 바로 문제이다. B를 따라 나머지 학생들 중 일부도 A를 괴롭히기 시작하는 것이다. 그리고 이에 동참하는 학생들도 점점 늘어난다. 결국 B가 A를 괴롭힌 지 한 학기가 지나면 나머지 아이들 중 꽤 많은 이가 A를 괴롭히고 있다. 마침내 A는 집단 괴롭힘을 당하게 되는 것이다. 그런데 나머지 학생들은 왜 B를 따라 했을까? B의 행동이 재미있어 보였기 때문일까? 아니면 자신도 A와 같은 처지가 될까 두려웠기 때문에? 분명 이들도 B가 옳지 않다는 것을 알고 있었을 텐데 왜 B를 따라 했을까?

내가 더욱 궁금한 것은 따로 있었다. 다른 사람들을 따라 우리나라 경기를 응원하는 것은 해도 되고, 심지어 모두가 들으라는 듯 소리도 지르면서, 다른 친구들을 따라 한 친구를 따돌리는 것은 왜 옳지도 않고 해서도 안 될까? 단지 응원은 옳은 일이고, 따돌리는 것은 나쁜 행동이기 때문일까? 그렇다면 옳은 행동은 함께해도 되고, 나쁜 행동은 함께해서는 안 될까? 그런데 옳은 행동과 나쁜 행동을 나누는 기준은 도대체 뭘까?

분명 두 행동은 모두 다른 이들과 함께하는 행동이었지만, 그에 대한 평가는 완전히 달랐다. 하지만 이때 이들이 느끼는 감정은 서로 비슷할 것 같았다. 이 느낌은 뭘까? 이 감정을 떠올리다 한 실험이 떠올랐다. 미국의 사회심리학자, 솔로몬 아시가 1950년대에 실시한 선분 실험이다. 실험 참가자가 느꼈을 감정을 제대로 알기 위해서는 본인이 직접 실험에 참여해보는 것도 좋을 것 같은데, 한번 볼 텐가?

당신은 이 실험에 참여자로 왔다. 방으로 들어가라는 지시를 받고 가보니 그곳에는 실험 참가자들 일곱 명이 이미 도착해 있다. '다들 빨리 왔네' 하고 속으로 생각하며 그들을 다시 보니, 동그란 테이블에 둘러앉아 있다. 그들이 앉은 의자에는 ①번부터 ⑧번까지 숫자들이 쓰여 있다. 당신은 남은 ⑧번 자리로 가 앉는다. 방을 둘러보니 앞쪽에는 스크린이 있다. 이때 심리학자가 와서 실험을 설명한다.

"이곳에 모인 여덟 명이 할 실험은 화면에 보이는 세 선분 중, 기준선과 같은 길이의 선분이 어떤 것인지 맞추는 것입니다."

①에 앉은 사람이 제일 먼저 답을 말하고, 순서대로 ②, ③…… 그리고 ⑧번에 앉은 당신이 마지막에 답하기로 했다.

첫 번째 문제가 제시되었다.

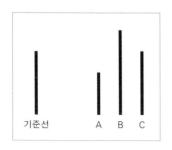

①에 앉은 사람이 말한다.

"기준선과 같은 길이의 선분은 C입니다."

②에 앉은 사람도 말한다.

"C입니다."

그리고 ③과 ④에 앉은 사람도 같은 답을 말한다. ⑦번에 앉은 이까지도. 이제 당신 차례이다. 당신이 생각한 답은 무엇인가?

이어 두 번째 문제가 제시된다.

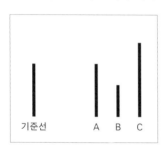

①이 즉시 대답한다.

"A."

바로 뒤이어 ②도 말한다.

"A입니다."

③, ④는 물론 ⑦도 모두 A라 답한다. 당신이 생각한 정답은 무엇인가?

그리고 세 번째 문제가 화면에 뜬다.

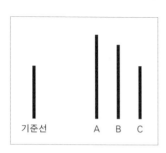

그림이 제시되자마자, ①이 말한다.

"A입니다."

잠시 뒤, ②도 답을 말한다.

"A."

③과 ④는 물론 ⑦까지 모두 A라고 답한다. 이때 당신이 생각한 답은 무엇인가?

248

이 실험에는 비밀이 있다. 그건 바로, 이 실험은 기준선과 같은 길이의 선분을 맞추는 실험이 아니었다는 것이다. 설마 심리학 실험이 이렇게 쉬운 문제를 푸는 것이겠나?

이 실험의 진짜 목적은 모두가 누가 보아도 틀린 답을 말할 때, 마지막에 답하는 이가 어떤 답을 말할지 알아보는 것이다. 실험의 핵심은 세 번째 문제이다. 이때 당신이 다른 이들과 같은, 틀린 답을 말하는지, 아니면 다른 이들과는 다른 자신이 생각한 정답을 말하는지를 알기 위함이다. 즉 사람들의 동조행동을 연구하기 위한 실험이다. 그러므로 실험에 '실제로' 참여하고 있는 이는 오직 ⑧번에 앉은 당신뿐이다. 선분을 화면에 제시하는 심리학자는 물론, 함께 답을 말하던 일곱 명 모두는 당신이 실험하도록 돕고 있었다. 당신은 모든 실험 상황이 세팅된 후에 방에 들어섰던 것이다. 자리에 앉아 있던 일곱 명은 당신보다 훨씬 빨리 왔다. 도우미인 그들은 실험 설계자와 짜고, 두 문제에는 정답을 말하고 세 번째 문제에는 틀린 답을 말하기로 약속했다. 이것을 알 리 없는 당신만 세 번째 문제에서 어떤 답을 말해야 하나 혼란을 느낀 것이다. 당신은 약간 당혹스러웠을 것이다. 하지만 나머지 일곱 명은 아마 그런 당신의 표정을 보며 속으로 웃었을 것이다.

실제 실험에서 세 번째 문제에 답한 이들 중, 다른 이들의 답이 아닌, 자신이 생각한 '진짜 정답(누가 보아도 C)'을 말한 이는 전체 피험자 중, 단 23퍼센트였다. 대부분은 다른 이들의 대답이 틀린 줄 알면서도 그들과 똑같은 답을 했던 것이다. 이것은 왜일까? 왜 우리는 그 답이 틀릴 줄 알면서도 다른 이에게 동조했을까? 하나가 되어 우리나라 경기를 응원하는 것처럼 이것이 옳았기 때문인가? 그런데 누구나 아는 정답을 틀리게 답하는 것이 과연 옳을까? 아니면 한 친구를 따돌리는 것처럼 잘못되었음을 알면서도 어쩔 수 없었기 때문일까? 그런데 기껏해야 다른 이들과 다른 답을 말하는 것이 어쩔 수 없는 일일까? 틀린 줄 알면서도 다른 이들과 같은 답을 할 때 느껴지는 감정, 우리나라 경기를 함께 응원하며 우리가 느끼는 감정, 한 친구를 여럿이 따돌리면서 우리가 느꼈던 감정은 바로 이것이다. 안도, 그리고 안락함. 그 행동이 옳든 그르든, 해도 되든 안 되든 상관없이, 일단 누군가와 함께라는 느낌, 절대 혼자는 아니라는 느낌이다. 이런 안락함을 포기할 수 없었던 우리는 세 번째 문제에서 다른 이들의 답을 따라 할 수밖에 없었던 것이다. 그것은 분명 틀린 답이었지만 남들과 다른 답은 아니었기에 이렇게 답하며 우리는 마음을 놓을 수도, 편안함을 느낄 수도 있었을 것이다. 다 같이 모여 응원할 때, 하나가 되어 한 친구를 따돌릴 때와 마찬가지로.

그런데 바로 여기에 안타까운 것이 있다. 우리가 안락함을 느끼는 이 시점이 바로 우리 자신을 잃는 시점이라는 것이다. 남들 속에서 안도와 편안함을 느낄 때가 바로 우리 자신이 함몰되는 지점이기 때문이다. 그곳에 자기는 없다. 다른 이들과 함께 A를 따돌리며 무리 속에 있을 때 그곳에 자기 판단은 없다. 다른 이들의 답을 따라 말할 때, 그곳에 자기 의견은 없다. 안락함과 편안함만 있을 뿐이다.

우리는 이런 집단으로부터 자기만 홀로 떨어지는 것에 대해 매우 불편하게 느낀다. 그룹 B에 반기를 들며 혼자 A와 친하게 지내는 것은 죽어도 할 수 없는 일이라 여긴다. 모든 이들이 A가 정답이라 말할 때, 나만 C라고 말하는 것은 너무 어렵다고 생각한다. 다른 사람들이 의아하게 쳐다보거나, 이상한 사람 취급을 받을 것이라 여긴다.

그런데 조금 더 생각해보면 이것은 어렵지 않다. 집단과 나 사이는 우리 생각만큼 멀지 않기 때문이다. 옳든 그르든 상관없이 안락함을 주는 집단에 기대기보다는, 불안하지만 강단 있는 자기주장에 귀를 기울일 때가 바로 집단으로부터 떨어져 자신을 되찾는 지점이기 때문이다. 우리는 쉽게 편안함에 매혹되기도 하지만 여기에서 조금만 나를 살피면 쉽게 자신에게 돌아올 수 있다. 아마 집단 속에서도 가끔 고독함과 생경함을 느낄 때가 있을 것이다. 따돌림당하는 친구를 돕고픈 마음이 든다든가 무엇에도 기대지 않은 자신의 솔직한 의견을 말하고자 할 때. 바로 이때가 집단 속에서 온전한 자기를 찾은 시점일 것이다.

안락함과 고독감은 한 끗 차이이다. 선 하나를 사이에 두고 경계를 왔다 갔다 한다. 사람들 속에서 안도를 느끼다가 한 발을 디뎌 경계를 넘는 것, 그것이 바로 자신을 찾는 때이다.

16   자신을 사랑한다는 것

16.1   내가 사랑하는 나는 누구일까

홈쇼핑에서 신발을 광고 중이다. 다리가 가장 예뻐 보인다는 9센티미터 힐, 우아한 느낌을 주고 다리를 길어 보이게 하는 베이지색, 처음 신어도 발이 편한 가죽 소재. 쇼 호스트는 제품의 장점을 부각하느라 정신이 없다. 하지만 제품 자체의 성격만으로 구매를 유도하는 데에는 한계가 있다. 어떤 이에게는 제품의 장점이 단점으로 느껴지기 때문이다. 아무리 다리가 예뻐 보여도 나처럼 높은 힐을 못 신는 이에게 9센티는 부담스럽고, 채식주의자에게 가죽 소재는 심리적으로 불편하다. 게다가 제품의 모든 성격이 다 장점이라니, 더욱 믿음이 안 간다. 그래서 채널을 돌리려는 순간, 쇼 호스트의 다음 말에 눈이 번쩍 뜨인다.

"이게 단지 구두로 보이십니까? 절대 아닙니다. 이건 당신의 욕망입니다! 이걸 사서 당신의 발에 신겨주세요! 그래서 당신의 욕망을 채우세요! 당신이 스스로를 아끼고 있음을, 사랑하고 있음을 스스로에게 보여주세요!"

쇼호스트의 말에 이토록 신뢰가 가기는 처음이다. 그렇다. 사랑은 보여주는 것이다. 내가 누군가를 사랑하고 있음은 선물을 주거나, 말로 알려주거나, 몸짓으로 느끼게 해주어야 한다. 아무리 오래 사랑한 사이라도 상대를 여전히 사랑하고 있음은 끊임없이 보여주어야 한다. 간혹 사랑은 감각적 확인 없이 믿음이나 눈빛만으로도 알 수 있다 하지만 그것은 착각이다. 사랑은 어떻게든 그에게 보여주어야 한다. 그래야 안다.

이것은 스스로에게도 마찬가지이다. 스스로를 아끼고 있음은 자신에게도 보여주어야 한다. 돌아보니 요즘 나에게 소홀했다. 야근하며 몸을 혹사했고, 남들 눈치를 보느라 원하는 바대로 행동하지 못했다. 지난 주말에도 제대로 쉬지 못했다. 욕망을 채우기는커녕 나를 돌보지도 못했다. 수고한 나에게 선물을 주어야겠다. 저 구두를 신어 욕망을 충족해야겠다. 여전히 나를 사랑하고 있다는 것을 스스로에게 보여주어야겠다. 나는 자동 주문 전화로 같은 디자인의 빨강, 245를 구매한다. 구두를 신은 내 모습을 상상하니 이제야 내가 나를 사랑하는 듯 느껴진다.

며칠 뒤, 나는 구두를 신었다. 쇼호스트의 표현에 의하면 '내 욕망을 채워주었다'. 나를 여전히 사랑하고 있음을 스스로에게 보여주었다. 자, 그렇다면 이제 내 욕망이 만족되었을까? 나를 더 사랑하게 되었을까? 프랑스의 정신분석학자 자크 라캉은 말한다.

"나의 욕망은 타자의 욕망이다."

이 말은 무슨 뜻일까? 내 욕망이 당연히 내 것이지, 왜 타자의 것이라는 걸까? 알 수 없다. 하지만 확실한 것은 이 말은 인간에게만 적용될 뿐, 동물에게는 적용되지 않는다는 것이다. 갓 태어난 기린이 성체가 되기까지는 오래 걸리지 않는다. 자궁 문이 열리고, 머리가 나오고, 몸통과 뒷다리까지 나온 뒤 쿵! 새끼 기린이 땅에 떨어진다. 온몸은 양수로 뒤범벅되어 있고, 뜨거운 김까지 내뿜지만 새끼는 곧 일어선다. 그리고 후들거리는 다리로 걸어가 엄마 젖을 먹는다. 탄생부터 스스로 음식을 먹기까지 단 몇 분이면 된다. 동물은 거의 모든 행동을 스스로 할 수 있도록 거의 완성된 상태로 태어나기 때문이다. 이후에도 이들은 엄마의 보살핌이 그리 필요치 않다. 엄마가 가는 곳을 몇 번 따라가고, 엄마가 먹는 음식을 몇 번 따라 먹다 보면 이들은 독립할 수 있다. 이런 생활을 3, 4년만 하면, 즉 자궁에서 쿵 떨어진 뒤 3, 4년만 지나면 짝짓기를 할 수 있는 완전한 어른 기린이 된다.

반면 인간은 다르다. 아기는 배 속에 있을 때에도 많은 준비와 도움이 필요하지만 배 밖으로 나오면 더하다. 갓 태어난 아기는 그냥 운다. 추울 때에도 그저 운다. 아기가 스스로 서랍을 열어 옷을 찾아 제 사이즈인지 확인하고 하의와 깔 맞춤을 확인한 뒤 머리와 팔을 끼워 윗옷을 입는다는 것은 상상도 못 한다. 아기는 엄마가 입혀주기를 기다릴 뿐이다. 배고플 때에도 마찬가지. 아기가 후식은커녕 하루 영양 권장량에 따라 음식을 만들어 먹지 못하는 것은 물론이고, 그들은 만들어진 음식을 혼자 떠먹지도 못한다. 엄마가 매끼 한 숟갈씩 먹여야 한다. 이들은 졸릴 때에도 그냥 자는 법이 없다. 엄마가 안아서 토닥여야 간신히 잠이 든다. 아기는 자신을 돌보아주는 엄마 없이는 단 하루도 살 수 없다. 하루는커녕 엄마와 아기의 관계는 십여 년간 지속된다. 유치원에 가거나 학교를 졸업할 때가 되어도, 아이에게 엄마 없는 삶은 상상할 수 없다.

게다가 이렇게 부모에게 의존하는 삶을 오래 지속할 수밖에 없었던 우리는 점차 이런 의존에 익숙해진다. 시간이 흘러 스스로 깔 맞춤을 해 옷을 입고, 음식을 만들어 먹고, 심지어 음식 재료 없이 전화만으로 요리를 눈앞에 놓이게 할 수 있을 때에도 우리는 엄마의 보살핌에서 벗어나지 못한다. 지금까지 자신을 돌보아주었던 그 느낌이 좋기 때문이다. 그래서 이런 엄마의 보살핌을 계속 받고 싶어 한다. 우리는 고민하기 시작한다. 어떻게 해야 엄마가 나를 계속 보살펴줄까?

결국 우리는 엄마가 원하는 바대로 행동하겠다고 결심한다. 엄마가 바라는 사람이 되겠다고 다짐한다. 그래야 엄마가 계속 자신을 보살펴줄 것이라 믿기 때문이다. 이렇게 우리는 엄마의 바람대로 자기를 만들어가기 시작한다. 성인이 된 우리는 오른 성적에 뛸 듯 기뻐하는 엄마를 보고 공부를 열심히 해야겠다 다짐한다. 교사라는 내 장래 희망에 엄마가 행복해하자 반드시 꿈을 이루겠다고 결심한다. 하지만 '공부를 열심히 하겠다'라는 다짐과 '교사가 되겠다'라는 꿈은 우리의 것이 아니다. 우리의 욕망이 아니다. 물론 우리는 스스로 다짐을 했고, 스스로 꿈을 가졌다고 생각한다. 하지만 그것은 착각이다. 우리는 엄마의 욕망을 내 욕망인 양 착각하고 있을 뿐이다. 철저하게 타자의 욕망이다. 타인의 사랑을 계속 받기 위해 우리는 그의 욕망을 대신 충족하고 있었던 것이다. 그의 욕망을 우리에게 전이시키고 있었던 것이다. 이렇게 욕망이 전이되는 관계는 지금도 이어지고 있다. 물론 현재 내 욕망에 영향을 미치는 것은 엄마뿐 아니라 불특정 다수들, 주변 사람들까지 추가되었다는 점은 달라졌지만.

새 구두를 신은 내 모습을 보며 이런 생각이 들었다. 구두를 사서 채워준 내 욕망에는 어떤 이들의 욕망이 섞여 있을까? 물건이 많이 팔리기를 기대하는 쇼 호스트의 욕망? 예쁜 구두를 신은 이를 부러워하는 타인의 욕망? 조금이라도 나은 외모를 가진 이에게 호의를 보이는 사회적 욕망? 내 욕망이 아닌 타인의 욕망을 나에게 채워주며 이제야 나를 사랑하게 되었다고 말하는 나는 과연 무엇일까? 내가 사랑하고 있다는 나는, 과연 누구일까?

16.2   불완전한 자기애와 부족한 자기애의 만남

사랑. 이 단어는 타자로 치기도 어렵다. ㅅ, ㅏ, ㄹ……. 자음과 모음을 하나씩 꾹꾹 눌러 써야 한다. 단어 자체가 무겁다. 이 단어가 수많은 의미를 포함하고 있기 때문이다. 더 정확히 말해 사랑의 종류가 다양하기 때문이다. 연인 간의 애정도 이 단어로 표현되고, 가족들 사이의 가족애나 반려동물에 대한 애정, 넓게는 친구 간의 우애도 이 단어로 표현된다. 연애도 안 하고 반려동물도 안 키우는 나는 자기애를 이 단어로 표현한다. 물론 이런 사랑들이 갖는 성격은 제각각이다. 연인들의 애정은 뜨거울 때에는 둘도 없다가 식어버리면 남보다 못한 관계가 되는 감정이고, 가족애는 피가 섞였다는 이유로 사랑 외에 다른 감정들이 덧붙여지기도 한다. 그래서 피처럼 끈적해지기도 한다. 자신에 대한 사랑은 뜨거운 감자 같다. 쉽게 가질 수 없지만 가지지 않을 수도 없다. 그런데 우리는 가끔 이들을 혼동한다. 가족에게 보여야 할 사랑을 연인에게 베풀기도 하고, 스스로에 대한 사랑을 타인에게 요구하기도 한다. 내 친구가 그랬다. 그도 사랑이라는 단어 속에서 어떤 종류의 사랑을 해야 할지 헤매고 있었다.

술도 잘 못 먹던 친구 C가 물처럼 술을 마시던 어느 밤, 최근 만나기 시작한 남자 친구 이야기를 꺼냈다.

"얘는 한마디로 소심해. 남들 앞에 나서서 하는 일은 절대 못 해. 그런데 우스운 건 그런 애가 회사에서 아이디어도 내고 이런저런 일을 리드하고 싶어 하는 마음은 한가득이라는 거야. 몸이 따라주지를 않으니 속으로만 끙끙 앓는 거지. 저번에도 상사에게 인정받고 싶은데 마음대로 안 되어서 힘들어하더라고. 나는 또 그 모습이 안타까워서 가만있지를 못하겠더라고. 그래서 이런저런 걸 알려주었어. 업무 아이디어도 내주고, 부서 사람들에게 줄 선물도 사주었어. 심지어 그 선물을 어떻게 전달해야 할지도 일일이 가르쳐주었어. 아, 생각해보니 그 선물 포장도 다 내가 했다. 또 한 번은 자기가 너무 하고 싶은데 도저히 몸이 안 따라주어서 못 해본 행동을 상사에게 자연스럽게 하는 동료가 있었나 봐. 그 사람을 무지 질투하기에 그러지 말라며 부장님께 잘 보이는 방법에 대해서도 발단부터 전개, 절정, 결말까지 다 알려주었어. 심지어 회식 때 어디 앉아서 어떻게 행동해야 하는지도 알려주었다니까."

이야기를 들으니 저런 남자를 도대체 어디에서 만났을까도 궁금했지만 더 궁금했던 것은 이들의 사랑이었다. 이들은 사랑이라는 단어가 가진 여러 사랑 중 어떤 사랑을 하고 있는 걸까? 연인들의 사랑? 아니면 친구들 사이의 우애? 아니면 자기애나 가족애?

이들은 열애 중인 여느 연인들과는 분명 달랐다. 만약 연인들의 연애 모습을 찍은 영상을 보고 그들이 얼마나 '진짜' 연애를 하는지 판단해주는 기계가 있다면 이들에게는 이렇게 말할 것 같았다.

"이들의 연애 지수는 3입니다."

참고로 숫자가 높을수록 진짜 연애에 가깝다는 뜻이고, 그 수치는 100까지
다. 아마 나와 내 노트북은 10 정도라 말하지 않을까. 왜냐하면 내 친구 커플에
게는 연애할 때 으레 느껴지는 달콤함이나 알콩달콩함이, 게다가 갓 생성된 연
인들 사이에서 마구 흘러넘치는 연인스러움이 전혀 느껴지지 않았기 때문이다.
심지어 나와 노트북보다도. 그래서 이들은 '친구 사이의 우애' 같은 사랑을 하
나 싶기도 했다. 친구가 힘들어하면 함께 고민하고 해결해주지 않나? 하지만
그 범주에 넣자니 이렇게까지 마음을 쓰고 구체적으로 해결해주는 친구를 본
적이 없다(아, 내 친구들만 그런가?). 결국 이 사랑은 우애와 같은 사랑은 아니
었다. 게다가 이들의 사랑이 스스로를 사랑하는 자기애일 리도 없지 않은가?
둘이 한 몸이 아닌 이상. 그리고 이들이 반려동물에 대한 애정…… 이건 패스.

이 사랑을 정확하게 묘사한 것은 바로 가족애, 그중에서도 모자간의 사랑
이었다. 이들의 관계는 아직 스스로 무언가를 할 줄 모르는 아들과 이런 아들을
돌보아야 하는 엄마 사이에서나 가능한 것이었다. 친구에게는 남자 친구를 염
려하는 여자 친구의 모습보다는 자식을 안쓰럽게 여기며 보살피는 엄마의 모
습이 비쳤고, 상대에게서는 여자 친구와 즐거운 시간을 보내려는 남자 친구의
모습보다는 엄마에게 투정 부리며 문제 해결을 은근히 바라는 아들의 모습이
오버랩되었다.

하지만 연인에게서 모자간에서나 보이는 모습이 비친다 해서 문제 될 것은
없었다. 이들은 원하는 것을 주고받으며 잘 지냈다. 엄마처럼 돌보아주고 자신
의 부족한 부분을 채워줄 이가 필요했던 한 남자는 내 친구를 만나 바라던 바를
얻었고, 평소 나에게도 엄마 같은 성품을 발휘해 사소한 것까지 챙겨주던 내 친
구는 이런 성격을 십분 발휘할 수 있는 이성을 만났다. 물론 이들은 보통 연인

처럼 상대를 얼마나 좋아하는지를 보여주고 확인함으로써 관계가 유지되지는 않았지만, 자신을 돌보아줄 이를 찾던 존재와 자신이 돌보아야 할 이를 찾던 존재가 만나 어느 연인보다 끈끈한 관계를 이어가고 있었다.

그래서인지 이들을 보면 이런 생각도 들었다. 이처럼 서로 필요로 하고 도움을 주는 관계가 또 있을까? 이들이야말로 천생연분이 아닐까? 곧 이런 생각도 들었다. 모자간에도 천생연분이라는 것이 있나? 한편으로는 둘의 관계가 뭐든 둘만 좋으면 된 것 아닌가 싶다가도, 이들의 사랑 방식이 적절한가 싶었다. 하지만 이들의 연애는 내가 살면서 손가락으로 꼽을 만큼 특이했기에 그 이유가 궁금했다. 저들은 왜 저런 방식으로 연애를 할까? 이때 심리학 수업 시간에 배운 한 개념이 떠올랐다. 스위스의 발달심리학자인 장 피아제가 주장한 개념이다.

피아제는 인간의 성장에 대해 이렇게 설명한다. 갓 태어난 인간이 가진 능력은 몇 개의 반사 능력뿐이다. 입에 닿는 것은 무엇이든 빨려는 빨기 반사, 손으로 무언가를 쥐면 절대 놓지 않으려는 파악 반사, 놀라면 두 팔을 벌려 무언가를 안으려는 모로 반사 등. 하지만 이들은 생존을 위해서만 필요한 것들이기에 이후 환경에 적응하게 되면 사라진다. 대신 학습을 통해 새로운 능력들을 익히게 되는데 이 중 하나가 대상 영속성이다. 이것은 대상이 영속한다는 것, 즉 어떤 대상이 자신의 눈앞에서 사라져도 그것이 여전히 존재하고 있다고 믿는 것이다. 이 개념이 없는 아기는 바라보던 인형을 천으로 덮어 사라지게 하면 언제 인형이란 것이 있기나 했느냐는 듯 쿨하게 다른 곳을 바라본다. 인형이 보이지 않자 사라졌다고 믿는 것이다. 반면 대상 영속성 개념을 탑재한 아기는 바라보던 인형을 사라지게 하면 놀라며 주변을 살핀다. 지금 보이지는 않지만 어딘가에는 인형이 있다고 믿는 것이다. 스위스의 심리학자 피아제는 생후 12개월쯤 되면 대부분의 아기가 이 개념을 가진다고 주장했다.

우리는 꽤 일찍, 그리고 손쉽게 대상 영속성 개념을 가진다. 눈앞에서 사물이 사라져도, 어딘가에 분명 존재한다는 것은 재빨리 안다. 하지만 이 개념을 다른 상황에 적용하는 것은 쉽게 하지 못한다. 우리는 사물이 아닌 다른 어떤 것이 사라졌을 때의 대상 영속성은 일찍 가지지도, 쉽게 가지지도 못한다. 방금 말한 '어떤 것'이란 바로 다음과 같다.

C와 남자 친구는 결국 헤어졌다. 그리고 나는 드디어 친구에게 물을 수 있었다. 둘의 신기했던 관계를 알고 계속 묻고 싶었던, 하지만 진행 중인 관계에서는 차마 꺼내지 못했던 질문을.

"너는 남자 친구에게 왜 마음을 안 주니? 너는 그의 문제를 고민해주고 해결책까지 주지만, 네가 그를 얼마나 좋아하고 그리워하는지를 말해주지는 않잖아."

친구가 말했다.

"많이 좋아한 건 아니라서 그래."

이 말이 끝나자마자 내게 떠올랐던 생각은 이것이었다. 누구를? 네 말의 목적어가 뭐야? 네가 '남자 친구를' 많이 좋아하지 않았다는 거야? 아니면 네가 '너 자신을' 많이 좋아하지 않았다는 거야?

아마 친구의 목적어는 '남자 친구'였을 것이다. 자신이 그를 많이 좋아하지 않아서 마음을 표현하지 못했다는 것일 테다. 하지만 나는 친구가 자신을 많이 사랑하지 못해서, 그에 대한 자기 마음을 제대로 표현하지 못한 것 같았다. 친구는 스스로를 사랑하는 정도도 부족했기 때문에, 타인에게, 심지어 자신의 사랑을 가장 원하는 남자 친구에게도 자신의 사랑을 마음껏 나누어줄 수 없었던 것 같았다. 친구는 혹시 자기가 누군가를 많이 사랑하게 되면, 그래서 사랑을 듬뿍 주게 되면 스스로를 덜 사랑하게 되거나 더는 스스로를 사랑하지 않게 될까 두려웠던 것 같았다. 그래서 좋아하는 이에게 마음을 주는 대신 도움을 주고 가르침을 주는 등의 다른 행동을 통해 사랑을 대신하려 했던 것 같았다. 그리고 그 모습이 내게는 아들을 챙기는 엄마의 모습으로 보였던 것이다.

친구는 어쩌면 이것을 몰랐을지도 모른다. 상대에게 사랑한다고 표현해도 자기애는 영속함을. 타인에 대한 사랑 때문에 스스로를 조금 덜 돌보더라도 곧 스스로에게로 돌아올 것임을. 사랑했던 이와 헤어지더라도 자기애는 변하지 않을 것임을. 오히려 사랑한 이후에 풍부한 경험을 갖게 된 스스로를 더 사랑하게 될 것임을. 그리고 연인에게 의존하고 동료를 질투하던 C의 예전 남자 친구 또한 자신을 돌보는 것을 잊었던 것 같았다. 자신을 사랑하는 방법을 몰랐거나 자신감이 부족했던 것 같았다. 이를 보면 가끔 이런 생각도 든다. 혹시 이래서 둘은 그렇게 잘 맞았던 걸까? 친구는 자기애의 영속성을 잘 몰랐고, 남자 친구는 자기애가 부족했기 때문에?

둘의 특이했던 만남의 이유가 결국 자기애의 불완전성 때문이지 않았을까 하는 생각이 들 때면, 누군가를 사랑한다는 것이 쉽지만은 않다는 생각을 다시 한 번 곱씹게 된다. 다른 이를 사랑하더라도 자기애는 영속함을 먼저 깨달아야 하고, 남을 사랑하기 전에 먼저 자신을 제대로 사랑해야 하니까. 무언가를 사랑한다는 것은 참 어렵다. 그것이 타인이든 자신이든.

16.3 자신을 사랑하게 될 때

현 국회의원의 논문 표절이 이슈였을 때 그 검증을 위한 텔레비전 프로그램에서 어떤 내레이션을 들었다. 정확한 문장은 기억나지 않지만 그의 자서전에 있는 구절이라고 했다. 찾아보니 거기에는 그 내레이션이 주는 느낌과 비슷한 문장들이 수두룩했다. 이런 느낌의 문장을 좋아하나 보다.

하나둘씩 모르는 것을 알아가는 재미가 새록새록 붙기 시작했다. (……) 책 속으로 서서히 빠져들면서 나는 공부를 내 것으로 만들어나갔다. (……) 깨우침의 기쁨이 느껴지면서 책은 나의 새로운 동반자가 되었다. (……) 대학 강단에 서고 싶다는 욕구가 가슴 깊은 곳에서 꿈틀거렸다. (……) 오늘도 삶을 통해 습득한 소중한 경험과 지식을 전달하는, 아주 멋진 교수가 되는 꿈을 꾼다.

성우는 이런 문장을 그의 이미지와 비슷하게, 힘 있고 굳센 어조로 내레이션 했다. 하지만 그때 내 느낌은 이랬다. 뭐라는 거야? 왜 이해가 안 되지? 어려운 단어도 없고 문장 구조가 복잡한 것도 아닌데 왜 그렇지? 문장에는 전달하려는 내용이 분명 있을 텐데, 텅 빈 듯한 이 느낌은 뭐지? 오른쪽 귀로 들어온 문장이 문장 부호까지 그대로 왼쪽 귀로 빠져나가는 듯해, 나는 이것이 그가 논문을 대필했을 거라는 내 추측 때문인가도 의심했다. 하지만 그렇지 않았다. 문장 자체의 느낌이 이랬다.

이유를 생각해보니 간단했다. 그것들이 누구나 쓰는 흔하디흔한 문장이었기 때문이다. 특정 장소와 특정인을 가리지 않고 두루 사용되어(말을 갓 배운 아이들도 몇 번씩은 종종 쓸 정도로) 이제는 원래의 의미를 알 수 없게 된 말들이기 때문이다. 신기하게도 사람들의 재미는 늘 새록새록 생기고, 공부는 항상 자기 것으로 만들어야 한단다. 책은 언제나 새로운 동반자가 되고 욕구는 늘 가슴 깊은 곳에서 꿈틀거리는가 보다. 분명 개인은 각각 전혀 다른 경험들을 했을 텐데 이를 표현하는 말은 늘 같다. 환경을 보호하자, 어른을 공경하자, 친구와 사이좋게 지내자 등, 교과서나 매체에서 수없이 쏟아내는 말이 실제로는 전혀와 닿지 않는 것과도 비슷했다.

이런 느낌을 주는 문구는 또 있다. '사랑해'는 달콤한 말이지만 영화나 드라마에서 너무 흔히 들어 와 닿지 않는다. 남자 배우가 원빈이지 않은 한 이제는 아무런 느낌이 없다. '사랑'이라는 단어의 진부함은 여기에서 끝나지 않는다. '자신을 사랑하자', 이 말도 너무 흔히, 그리고 도처에서 쓰여 이제는 본래의 의미를 알 수 없다. 모든 자기 계발서에, 모든 에세이에 이 말은 꼭 나오기 때문이다. '자신을 사랑하면 행복해집니다', '자신을 사랑해야 진정 자유로워집니다'. 자신을 이해하거나 친애하면 안 된단다. 무조건 사랑해야 한단다.

나는 이 말의 진짜 의미가 궁금했다. 너무 많이, 또 너무나 다양한 사람에게 들어 오히려 그 의미를 알 수 없게 되었지만 자신을 사랑하자는 말의 본래 뜻은 있을 텐데, 그것은 과연 뭘까? 어떻게 해야 자기를 사랑하는 것일까? 자신의 어떤 모습을 사랑하라는 것일까?

이에 대해 정확한 답은 없다. 이 답은 누구에게나 다를 테니. 어떤 이는 자기애를 자신의 아름다운 모습을 계속 아껴주는 것이라 말할 테고, 어떤 이는 자신의 착한 성격을 사랑할 수도 있다. 아름답지도, 착하지도 않은 나 또한 나름의 답을 찾았을 뿐이다. 하지만 내 답은 아주 일반적인 답이라 모두에게 적용될 것 같았다. 하지만 절대 진부하거나 한 귀로 듣고 한 귀로 빠져나가는 답은 아닐 것 같았다. 나는 몇 과정들을 거친 뒤 비로소 '자신을 사랑한다'라는 말의 진의를 알게 되었는데 그 과정이 평탄하지만은 않았다. 아래는 내가 나 자신을 사랑하기까지의 과정들이다. 심호흡을 한번 해보고 읽자.

나는 사람에 관심이 많았다. 심리학 공부를 시작한 것도 이 때문이었다. 그래서 학교에서는 인간의 일반적인 특성에 대한 수업을 들었고, 평소에는 주변 사람들을 관찰했다. 혼자 빨리 걷는 이, 주변 시선은 아랑곳없이 길에서 말다툼하는 커플, 지하철에서 미간을 찌푸린 채 앉아 있는 아줌마, 술에 취해 반쯤 눈이 풀린 아저씨 등. 이들을 보며 생각했다. 저 사람은 무슨 생각을 하며 걸을까? 저들은 왜 신촌 한복판에서 저럴까? 그는 어떤 이미지를 떠올렸기에 저런 표정일까? 그에게 오늘 무슨 일이 있었나?

하지만 답을 알 수는 없었다. 그가 무슨 생각을 하는지, 무슨 일이 있었는지, 내가 알 방법은 없었다. 그들 속을 헤집을 수도 없고, 모르는 사람에게 묻기도 애매했다. 길에서 다투는 커플에게는 가까이 가는 것도 무섭다. 이들은 정말 살벌하다. 그리고 그들이 나에게 설령 왜 빨리 걷는지, 왜 술을 마셨는지 이유를 알려주어도 내가 그들의 진짜 감정을 이해하기는 불가능할 것 같았다. 기껏해야 피상적인 공감만 하겠지. 결국 그들을 통해 내가 알 수 있는 것이라고는 이것뿐이었다. 그를 보니 내 마음이 아프네. 저 모습을 보니 그가 부러워지네.

이때 알았다. 내가 알 수 있는 것은 그들의 생각도, 그들의 느낌도 아닌, 오직 내 생각과 내 느낌뿐이라는 것을. 그들을 통해 내가 아는 것은 내가 지금 무슨 생각을 하는지, 그들을 보며 내가 어떤 느낌인지가 전부였다. 사람에 대해 관심도 많았고, 많은 것을 알고자 했지만 내가 제대로 알 수 있는 사람은 오직 '나'뿐이었다. 허탈했다. 그동안 나는 무얼 했던 걸까?

관찰 대상을 수정할 수밖에 없었다. 그때부터 나는 타인이 아닌 나를 보기 시작했다. 현재 무슨 생각을 하는지, 어떤 느낌인지 알 수 있는 유일한 사람, 바로 나를. 나는 찬찬히 나를 들여다보았다. 그리고 '나에게 보여주는 네 모습은 나만 알 테니까 숨김없이 네 모습을 전부 보여줘'라고 말을 걸며 스스로에게 다가갔다. 그리고 물었다. 아주 조심스럽게. 너는 어떤 사람이니?

이때 본 나는 참혹했다. 나는 온갖 범죄자들이 모여 있는 종합 감옥이었다. 감옥에 있는 사람들은 다양했다. 살인자, 음주 운전자, 기물 파손범, 무법자 등. 그리고 감옥 바로 옆방에는 곧 감옥으로 갈 수도 있는, 즉 범죄자와 일반인의 경계에서 왔다 갔다 하는 이들이 모여 있었다. 마조히스트, 욕심쟁이, 방랑자, 게으름뱅이, 질투에 눈이 먼 이, 열등감으로 가득 찬 이, 자학하는 이 등(이들이 곧 범죄자가 된다는 의미가 아니라 만약 내가 범죄를 저지른다면 이들의 독특한 성격 때문일 수도 있겠다는 의미이다). 텔레비전의 모자이크 너머에 있는 범죄자가 내가 사는 동네도, 내 앞집도 아닌, 내 안에 있었다. 미치도록 싫은 이를 죽이고 싶은 살인자의 충동이 내 안에 있었고, 그의 입을 칼로 찢어버리는 장면을 구체적으로 상상하고 있었다. 자존감이 떨어질 때에는 다른 이들을 한없이 질투했고, 겉으로는 물질 따위에 욕심 없는 척, 초탈한 척해도 내 안에는 누구보다 많은 욕심을 가진 욕심쟁이가 있었다. 편하게 사는 친구가 부럽지 않다는 듯 도도한 척했지만 그 속에는 열등감이 가득했고, 나는 왜 저런 삶의 방식을 선호하지 못할까 하며 스스로를 미워하고 자책하기도 했다. 나의 나태함을 다른 이유 때문이라 핑계 대는 게으름뱅이와, 규칙이란 규칙들은 모두 사라졌으면 좋겠다고 여기는 무법자도 있었다. 그리고 말도 안 되는 이와의 야한 상상을 하는 내 모습도 있었다.

놀랐다. 놀랐다 뿐이겠는가. 스스로에 대한 환상은 없었지만 이렇게까지 막장일 줄은 몰랐는데 생각보다 심각했다. 그리고 스스로가 무서워졌다. 어느 순간 이런 모습 중 하나가 불쑥 튀어나와 범죄를 저지르는 것은 아닐까 두려웠다. 만약 이런 모습들이 한꺼번에 나온다면 실시간 검색어 1위는 물론이고 내 얼굴이 온 언론에 대문짝만하게 실릴 것도 같았다. 모든 텔레비전 채널에 자막으로 내가 저지른 범죄에 대한 소식이 전해질 것이다. '[속보] 송가연, 추가 범죄 또 발견, 벌써 다섯 번째'. 이 정도라면 나는 범국가적 연구 대상이 되어 사형도 피할 수 있을 것 같았다.

나는 궁금했다. 다중 인격도 아닌, 다중 범죄 그 자체인 내 모습은 도대체 어디에서 비롯된 것일까? 이들은 대부분 지금까지 살면서 한 번도 경험하지 못한 내 모습들인데, 어떻게 해서 내 안에 있게 된 것일까?

그때 수업 시간에 배운 개념이 떠올랐다. 스위스의 정신분석학자 칼 융의 그림자. 나의 이런 모습들은 나의 그림자였다. 융은 집단 무의식 개념을 주장했다. 이것은 역사와 문화를 관통해오면서 사람들이 공유해온 모든 정신적 자료의 흔적이다. 이것은 진화를 통해 이어져왔기에 현재 우리의 성격에도 영향을 미친다. 하지만 이 성격은 직접적으로 드러나지 않고 우리의 무의식 속에서 우리의 생각과 감정, 행동에 영향을 주고 있다. 이런 집단 무의식은 '원형原型'의 형태로 이루어져 있는데, 대표적인 원형으로는 페르소나, 아니마와 아니무스, 자기, 그림자 등이 있다. 이 중, 그림자는 우리의 어둡고 사악한 측면을 말한다.

사회에서 부정되거나 악하다고 여겨지는 모습들은 더욱 겉으로 드러날 수 없기에 더 깊이 무의식에 숨어져 있다. 그렇다. 내 속에 있는 범죄자의 모습들은 바로 내 그림자였다.

나는 내 그림자들을 알게 된 이상 이들의 존재를 인정할 수밖에 없었다. 그런 모습들이 내 속에 있고, 내가 그런 생각들을 은연중에 한다는 것을 알면서 모른 척할 수는 없었다. 그것은 나를 속이는 것이었다. 게다가 그림자는 언제나 나를 따라다니는 것이 아닌가? 빛이 있는 한 나는 그림자로부터 결코 벗어날 수 없다.

이때부터 나는 분명 내 모습이지만 세상과 소통하지 못하고 감옥에 있는 이들을 하나씩 꺼내주기 시작했다. 물론 사회가 용납할 수 있는 선에서. 그리고 이런 모습들이 원하는 바를 하나씩 채워주기 시작했다. 물론 타인에게 피해가 되지 않는 선에서. 누군가를 미워하는 내 마음은 그대로 인정해주었다. 물론 그는 이런 내 마음을 모르겠지만 나는 그를 미워하고 있다는 것을 잘 알고 있다고, 충분히 이해한다고, 그럴 만하다고 스스로에게 알려주었다. 그리고 그런 마음이 결코 나쁘지 않고 충분히 그럴 수 있다며 나를 다독여주었다. 누군가를 부러워하는 마음과 열등감도 받아들여주었다. 테니스를 잘하는 언니에게 내가 열등감을 느낀다는 것을 깨닫고는 거의 매일 테니스장에 가서 연습했다. 물론 이렇게 한다고 해서 동작이 쉽게 몸에 익을 리는 없다. 하지만 스스로에게, 보다 정확히 말해 스스로의 열등감에 이렇게 말할 수는 있었다.

"그래도 내가 너를 충족해주려고 이렇게 노력했잖아. 다음번에는 좀 더 잘할 테니 이제 좀 만족이 되지 않아?"

그런데 신기했다. 이렇게 내 욕구들을 인정해주고 충족해주자 스스로에 대해 조금 더 만족하게 되었다. 굶주렸던 욕구들을 채워주자 삶이 만족스러워졌기 때문이다. 그리고 그 끝에는 나에 대해 만족하고 있고 나를 사랑하고 있는 내가 있었다. 스스로에 대한 만족감이 높아지자 스스로를 사랑하게 된 것이다.

나는 내가 착해서 사랑한 것이 아니었다. 예뻐서 사랑한 것이 아님은 말할 필요도 없고. 아이러니하게도 나는 내 안에 범죄자의 모습이 있었기에 나를 더 사랑하게 되었다. 그 모습을 인정해주고 욕구들을 나름 충족해준 결과 나를 사랑하게 되었다.

그래서 결국 나는 행복해졌을까? '자신을 사랑하면 행복해질 수 있다'라는 말처럼? 잘 모르겠다. 그런데 내가 조금 달라지기는 했다. 나는 조금 더 이기적이게 되었다. 스스로를 위해 행동하는 것에 대해 거부감이 많이 줄었기 때문이다. 나는 지나가는 남자 중, 내 취향인 이가 있으면 그가 좀 민망해하더라도 대놓고 쳐다본다. 도서관에서 빌린 책도 반납일 직전까지 연장하고 또 연장한다. 내 취향인 이를 계속 보려는 것과 게으른 것이 전부 눈이 호강하고픈 내 욕구와 몸이 편안해지고픈 내 욕심이겠거니 생각하며 이들을 최대한 만족시키려 한다. 물론 타인에게 피해 주지 않는 선에서(물론 이기적으로 행동하면서 어떻게 타인에게 피해를 주지 않느냐고 되물을 수도 있다. 하지만 내가 가진 그림자 욕구들이 종합 감옥을 연상케 할 만큼 엄청나다는 것을 알고 나면 이들 중 타인에게 피해를 주지 않을 정도로 아주 일부만 욕심을 채워주어도 어느 정도 만족했다. 몇 년 동안 연애를 못 해본 이에게는 가벼운 키스만으로도 세상을 다 가진 느낌이 드는 것과 비슷할 것이다).

그리고 내 욕심을 확실히 알게 되니, 타인과의 관계도 명확해졌다. 내 욕심인 것을 알고, 또 그런 욕심을 채우기 위해 하는 일에 대해 "너를 위한 일이야"

라고 말하며 타인을 속이지 않게 되었다. 이제 나는 "이것은 내 욕심을 위해 하는 일이야"라고 당당히 말한다. 또 내 욕심을 제대로 채워주지 못해 스스로에게 화가 난 것을 "너 때문에 화가 났어"라며 상대에게 괜한 화풀이도 하지 않게 되었다. 오히려 "내 욕심은 ○○인데, 이를 채워주지 못해 지금 내가 조금 예민해"라고 뻔뻔하게 말하게 되었다. 그리고 내 욕심을 어떻게 충족할지에만 관심을 둘 뿐, 타인의 욕심이 무엇인지, 그 욕심을 어떻게 충족하는지에 대해서는 관심을 갖지 않게 되었다. 즉 타인에 대한 쓸데없는 질투가 많이 사라졌다. 내 욕심을 채우기에도 버거웠기에 타인의 욕심이 눈에 들어오지 않았다. 내 욕심을 제대로 알고 나니, 내 욕심·화·욕구와, 타인의 욕심·화·욕구 사이의 경계까지도 확실히 알게 되었다. 그래서 타인에게 불필요한 신경을 쓰지 않게 되어 나에게 더 집중할 수 있게 되었다.

나는 아직도 가끔 의문이 든다. 나는 과연 나를 진짜 사랑하고 있을까? 제대로 사랑하고 있을까? 내가 스스로에게 하는 것이라고는 단지 내 숨겨진 모습들을 알아주고 충족해주고만 있을 뿐인데? 이는 알 수 없다. 그런데 나를 사랑하게 되는 모든 과정을 거치고 난 뒤 깨달은 것은 있다. 그건 바로 '자신을 사랑하라'라는 문장이 결코 진부하지 않다는 것이다. 누구나, 그리고 도처에서 써서, 이미 많은 곳에서 의미를 소진해버려 너덜너덜해진, 무슨 의미인지 알 수 없는 껍데기 같은 문장은 아니라는 것이다. 오히려 '자신을 사랑하라'라는 문장 속에는 수많은 내용이 담겨 있었다. 여기에는 자기 안에 갇혀 한 번도 빛을 보지 못한 수많은 모습, 그리고 이 모습을 이해하고 받아들이기까지의 굴곡들, 또 이들을 만족하기 위해 애쓴 노력들, 이를 통해 스스로에 대해 만족하게 되고 결국 자신을 사랑하게 되는 수많은 과정이 빼곡히 담겨 있었다. 그래서인지 가끔은 이런 생각도 든다. 혹시 '자신을 사랑하라'라는 문장에서 수없이 많은 의미를 발견하게 될 때, 이때가 바로 자신을 진짜 사랑하게 된 때가 아닐까?